westermann

Ingo Patett

Programmieren mit Python

1. Auflage

Bestellnummer 09560

Die in diesem Werk aufgeführten Internetadressen sind auf dem Stand zum Zeitpunkt der Drucklegung. Die ständige Aktualität der Adressen kann vonseiten des Verlages nicht gewährleistet werden. Darüber hinaus übernimmt der Verlag keine Verantwortung für die Inhalte dieser Seiten.

service@westermann.de
www.westermann.de

Bildungsverlag EINS GmbH
Ettore-Bugatti-Straße 6-14, 51149 Köln

ISBN 978-3-427-**09560**-6

westermann GRUPPE

Vorwort

Dieses Buch ermöglicht dem Leser im Selbststudium oder unter Anleitung das Erlernen der Programmiersprache Python. Python ist eine leicht zu erlernende Programmiersprache, mit deren Hilfe sowohl einfache Programme als auch anspruchsvolle Projekte realisiert werden können. Ende der 1980er-Jahre wurde Python entwickelt und ist seitdem einigen Wandlungen unterworfen. Eine große Veränderung erfuhr die Programmiersprache beim Übergang von Python 2 zu Python 3. Dieses Buch konzentriert sich ganz auf Python 3, welches in der Version 3.8.4 in der 64-bit-Variante verwendet wird. Als Betriebssystem kommt Windows 10 zum Einsatz. Inhalte und Aufgaben können aber auch unter Linux oder einem anderen Betriebssystem umgesetzt werden. Dazu ist die entsprechende Version von Python zu installieren.

Generell werden für dieses Buch allgemeine Grundkenntnisse im Umgang mit dem PC vorausgesetzt. Die einzelnen Kapitel sind überschaubar gestaltet und bauen aufeinander auf. Übungen bzw. Aufgabenstellungen führen oft über mehrere Kapitel hinweg und betrachten Sachverhalte aus verschiedenen Blickwinkeln. Im Kapitel „Arbeit mit Datenbanken" werden minimale Kenntnisse der grundlegenden SQL-Befehle vorausgesetzt. Auch sollten für einige Übungsaufgaben Grundkenntnisse zum Erstellen einer HTML-Seite vorhanden sein.

Die Ansprache erfolgt aus Gründen der besseren Lesbarkeit meist in der männlichen Form. Selbstverständlich sind Männer und Frauen immer gleichermaßen gemeint.

inkl. E-Book

Dieses Lehrwerk ist auch als BiBox erhältlich. In unserem Webshop unter **www.westermann.de** finden Sie hierzu unter der Bestellnummer des Ihnen vorliegenden Bandes weiterführende Informationen zum passenden digitalen Schulbuch.

Inhaltsverzeichnis

1 Einführung

In diesem Abschnitt wird ein kurzer Überblick über die Programmiersprache Python und die im Buch verwendete Version gegeben. Das erste Programm wird das klassische „Hello World“ sein, mit dem wohl fast jeder eine neue Programmiersprache erlernt. Es werden dabei drei Varianten vorgestellt, wie man dieses Programm erstellen und ausführen kann: Zunächst die Umsetzung im interaktiven Modus des Python-Interpreters, danach die klassische Variante mit einem beliebigen Editor und der Ausführung des Programms per Konsolenanweisung und schließlich die Variante mithilfe der frei verfügbaren Entwicklungsumgebung „PyCharm“. Da die letzte Variante Grundlage für den Rest des Buches ist, wird PyCharm etwas genauer vorgestellt.

1.1 Die Programmiersprache Python

Python ist eine leicht zu erlernende Programmiersprache, welche sich sowohl für Programmieranfänger als auch für Programmierer mit Erfahrung in anderen Programmiersprachen eignet. Im Vergleich mit anderen poluären Sprachen wie C++, Java oder C# besitzt Python eine einfache, aber sehr mächtige Syntax. Python wurde von Guido van Rossum mit dem Ziel entworfen, mithilfe weniger Schlüsselwörter komplexe Programme schreiben zu können, welche trotzdem sehr übersichtlich sind. Dabei legte er großen Wert auf eine einfache Standardbibliothek, welche aber leicht und flexibel erweitert werden kann. Python ist eine interpretierte Sprache, wodurch sich bei der Programmentwicklung erheblich Zeit sparen lässt, da Kompilieren und Linken nicht nötig sind. Außerdem kann der Interpreter interaktiv genutzt werden, sodass man sehr einfach mit den Fähigkeiten der Sprache experimentieren kann.

Ende der 1980er-Jahre begann van Rossum mit der Entwicklung von Python. Die erste Vollversion, Python 1.0, erschien im Jahre 1994. Diese Version wurde in den Folgejahren kontinuierlich weiterentwickelt und wurde schließlich zur Version Python 2.0, welche am 16. Oktober 2000 veröffentlicht wurde. Neuerungen waren dabei unter anderem die Unterstützung für den Unicode-Zeichensatz und die automatische Speicherbereingung (Garbage Collection). Ende 2008 wurde dann Python 3.0 freigegeben. Bei dieser Version wurden größere Veränderungen an der Sprache vorgenommen. So wurde versucht, Altlasten aus früheren Python-Versionen loszuwerden. Es kam zu größeren Veränderungen in den Bibliotheken, Funktionen und Methoden wurden angepasst und Redundanzen entfernt. Dadurch wurde Python 3 allerdings teilweise inkompatibel mit früheren Versionen. Momentan findet in der Programmierwelt ein langer Übergang von Python 2 zu Python 3 statt. Um diesen erträglich zu gestalten, wurde zusätzlich die Version Python 2.7 veröffentlicht. Diese letzte Version von Python 2 erhält aber seit 01. Januar 2020 keinen Support mehr. Am 14. Oktober 2019 erschien Python 3.8. Diese Version wird auch im vorliegenden Buch verwendet.

Python kann auf der Seite www.python.org/downloads/ heruntergeladen und danach auf dem Rechner installiert werden.

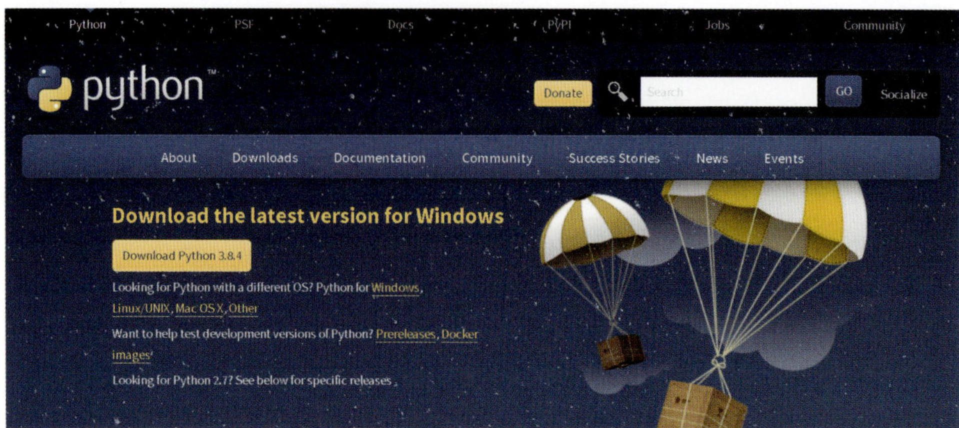

Abb. 1.1: Internetseite zum Download von Python

Die aktuellste auf dem Rechner installierte Python-Version wird unter Windows 10 wie folgt ermittelt:

1. Im Menü „Start“ auf „Ausführen“ klicken.
2. Im Feld „Öffnen“ den Befehl cmd.exe eingeben und „OK“ drücken.
3. In dem nun geöffneten Kommandozeilenfenster kann man mit dem Befehl python -V bzw. python - -version die aktuelle Version abfragen.

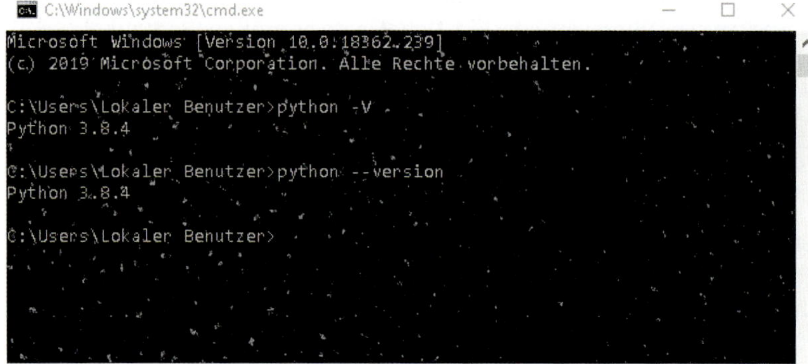

Abb. 1.2: Aktuelle Python-Version

Mit diesen beiden Befehlen erhält man aber nur die aktuelle Version des Standard-Python-Interpreters. Das bedeutet, es können durchaus noch weitere Python-Versionen installiert sein.

1.2 Das erste Programm

Auftrag

Es soll ein Programm in Python entwickelt werden, das „Hello World“ auf dem Bildschirm anzeigt.

Um diese Aufgabe zu lösen, muss das Programm in Python geschrieben und anschließend durch den Python-Interpreter ausgeführt werden. Der Quelltext für ein HelloWorld-Programm ist denkbar einfach und sieht wie folgt aus:

Quellcode: Programm „Hello World“

```
print("Hello World")
```

Nähere Erklärungen zu dieser Zeile sind in den nachfolgenden Kapiteln zu finden. Im Augenblick soll es nur darum gehen, wie und wo der Quelltext eingegeben und ausgeführt wird. Es werden nun drei Möglichkeiten vorgestellt, wie dieses geschehen kann. In der ersten Variante wird der Python-Interpreter im interaktiven Modus genutzt. Diese Vorgehensweise ist immer dann nützlich, wenn man schnell etwas ausprobieren möchte. Für das Schreiben und Ausführen von komplexen Python-Programmen ist sie aber nicht geeignet. Bei der zweiten Variante handelt es sich um die klassische Vorgehensweise, bei der mit einem beliebigen Texteditor eine Python-Datei erstellt und anschließend per Konsolenanweisung ausgeführt wird. Diese wird hier nur der Vollständigkeit halber erwähnt, da sie heutzutage seltener in Gebrauch ist. In der Regel wird für die Programmentwicklung eine Entwicklungsumgebung (IDE) verwendet. Fast alle bekannten IDEs bieten Extensions für Python an, sodass diese zum Entwickeln von Python-Programmen genutzt werden können. Zu erwähnen sind in diesem Zusammenhang under anderem:

- Visual Studio
- Visual Studio Code
- Eclipse
- IDLE
- PyCharm

Die meisten der hier erwähnten IDEs sind kostenlos oder es gibt eine kostenlose Variante für Schüler und Studenten. In diesem Buch wird durchgängig PyCharm verwendet.

Erste Variante (Interaktiver Modus)

Man kann Python im interaktiven Modus aufrufen, indem man den Interpreter im Kommandozeilenfenster mit dem Befehl python ohne Parameter aufruft.

Danach werden einige Informationen über die aktuelle Python-Version angezeigt und es erscheint ein Eingabeprompt (>>>). Hinter diesem kann beliebiger Python-Code eingegeben und mithilfe der Enter-Taste ausgeführt werden. Abb. 1.3 zeigt die Ein- und Ausgabe im Fall von „Hello World“.

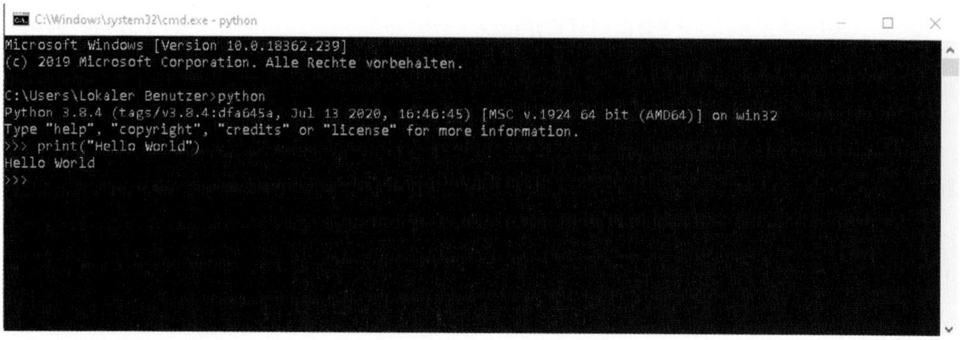

```
C:\Windows\system32\cmd.exe - python
Microsoft Windows [Version 10.0.18362.239]
(c) 2019 Microsoft Corporation. Alle Rechte vorbehalten.

C:\Users\Lokaler Benutzer>python
Python 3.8.4 (tags/v3.8.4:dfa645a, Jul 13 2020, 16:46:45) [MSC v.1924 64 bit (AMD64)] on win32
Type "help", "copyright", "credits" or "license" for more information.
>>> print("Hello World")
Hello World
>>>
```

Abb. 1.3: „Hello World" im interaktiven Modus

Durch diese Vorgehensweise ist es möglich, kleine Programmteile und Anweisungen auszuprobieren. Der Interpreter lässt sich beispielsweise auch als Taschenrechner benutzen. Dabei sind aber einige Dinge zu beachten, auf die erst später im Buch eingegangen wird. Als Beispiel sei hier die simple Rechenaufgabe (8 – 5) * 2 vorgestellt (Abb. 1.4).

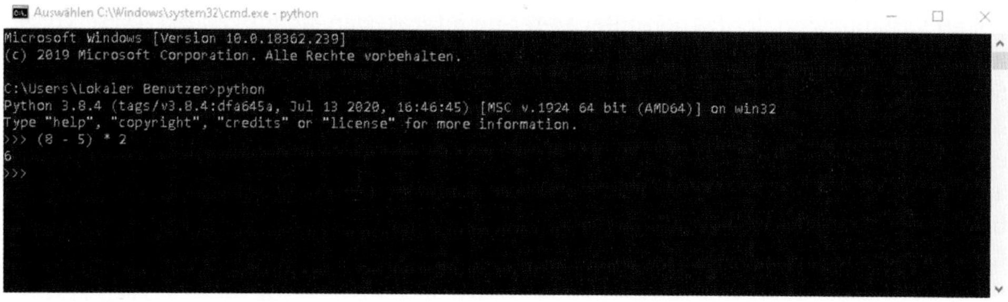

```
Auswählen C:\Windows\system32\cmd.exe - python
Microsoft Windows [Version 10.0.18362.239]
(c) 2019 Microsoft Corporation. Alle Rechte vorbehalten.

C:\Users\Lokaler Benutzer>python
Python 3.8.4 (tags/v3.8.4:dfa645a, Jul 13 2020, 16:46:45) [MSC v.1924 64 bit (AMD64)] on win32
Type "help", "copyright", "credits" or "license" for more information.
>>> (8 - 5) * 2
6
>>>
```

Abb. 1.4: Rechenbeispiel im interaktiven Modus

Zweite Variante (klassisch)

Die Zeilen des Quellcodes werden in einen beliebigen Texteditor eingegeben und unter dem Namen **hello_world.py** in einer Datei abgespeichert. Diese Datei wird in diesem Beispiel einfach auf C:\ abgelegt. Danach wird im Kommandozeilenfenster mithilfe der Befehlszeile

python hello_world.py

das Programm ausgeführt und folgende Bildschirmausgabe erzeugt:

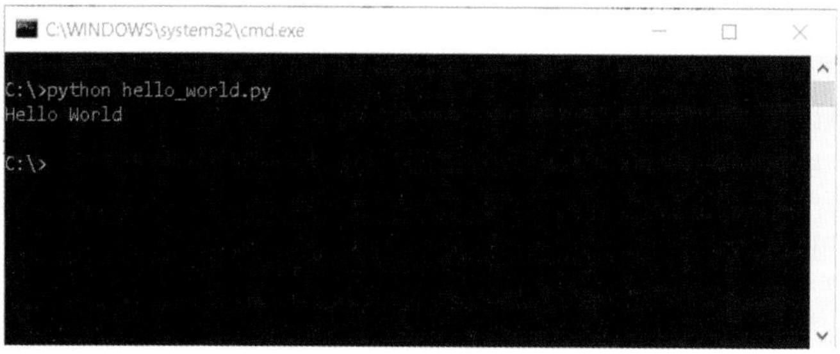

```
C:\WINDOWS\system32\cmd.exe

C:\>python hello_world.py
Hello World

C:\>
```

Abb. 1.5: Ausführen der Datei **hello_world.py**

In den meisten Fällen liegt die auszuführende Datei aber nicht auf C:\. Um Python-Dateien aus einem belieligen Verzeichnis auszuführen, muss hinter dem Befehl python die Datei mit dem vollständigen Dateipfad angegeben werden. Alternativ kann man auch in das Verzeichnis wechseln und von dort aus das Program starten.

Dritte Variante (PyCharm)

Da die erste Variante der Programmerstellung nicht sehr bequem ist, wird jetzt eine integrierte Entwicklungsumgebung (IDE) für die Erstellung und Ausführung von Python-Programmen verwendet. Wie zuvor schon erwähnt, bieten die meisten IDEs Extentions für Python an. Somit kann man problemlos mit seiner gewohnten Entwicklungsumgebung Python-Programme entwickeln und ausführen.

In diesem Buch wird die kostenlose und quelloffene IDE „PyCharm Community Edition" verwendet. Diese IDE gilt als komfortable Entwicklungsumgebung mit vielen Funktionen, sie enthält u. a. mehrere Editoren, einen Debugger und unterstützt vorzüglich die Verwaltung großer Projekte. Sie ist aber trotzdem übersichtlich und einfach zu bedienen. PyCharm kann schnell und einfach installiert werden, es gibt Versionen für Windows, Mac OS X und Linux. Daher wird diese IDE von sehr vielen Python-Entwicklern genutzt. Die aktuelle Version kann unter www.jetbrains.com/pycharm/ herunterlanden und installiert werden.

Abb. 1.6: Internetseite zum Download von PyCharm

Nach der Installation kann das Programm **hello_world.py** erstellt werden. Dazu sind folgende Schritte notwendig:

1. **PyCharm starten**
   Gestartet wird PyCharm durch einen Doppelklick auf das Programmsymbol.

2 **Projekt anlegen**
Nach dem Start ist folgendes Fenster zu sehen:

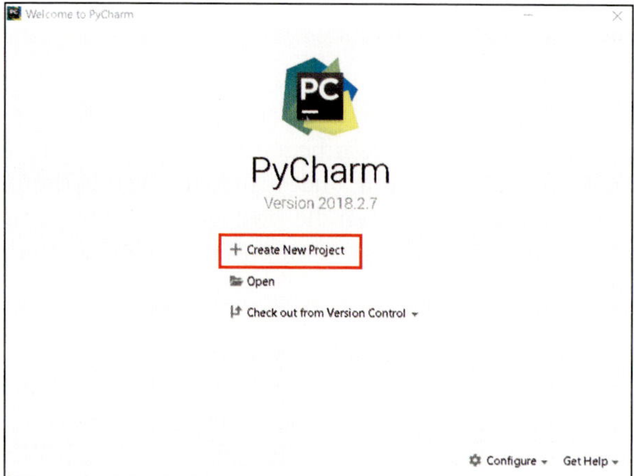

Abb. 1.7: Neues Projekt unter PyCharm anlegen

Durch Klick auf „Create New Project" wird ein neues Projekt angelegt. Es erscheint ein Fenster, in dem das Projektverzeichnis und der Projektname eingegeben werden können (Abb. 1.8).

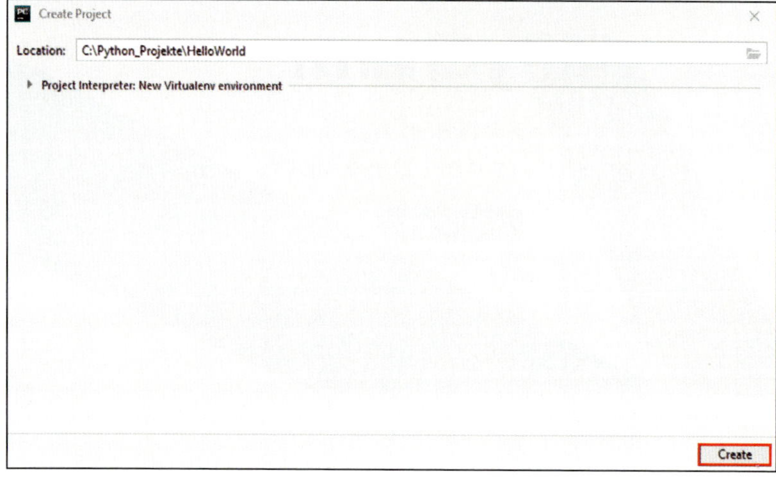

Abb. 1.8: Projektname vergeben und Projekt erstellen

In diesem Fall wird im Verzeichnis „Python_Projekte" das Projekt „HelloWorld" erstellt. Durch Betätigen des Create-Buttons wird dieser Vorgang abgeschlossen.

3 **Neue Python-Datei anlegen**
Nach dem Bestätigen mit „Create“ wird ein neues Projekt angelegt und in der Entwicklungsumgebung angezeigt (Abb. 1.9).

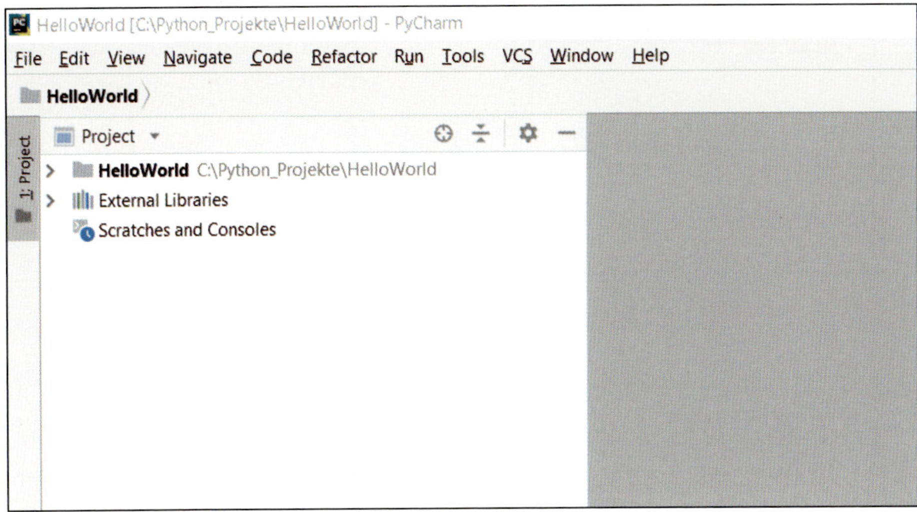

Abb. 1.9: Neue Datei im aktuellen Python-Projekt anlegen

Zu diesem Projekt kann man nun verscheidene Python-Dateien hinzufügen. Dazu wählt man im Menü den Punkt „File“ aus, dort wiederum den Punkt „New“ und in dem Fenster, welches dann angezeigt wird, wieder den Punkt „File“. Wenn alles richtig gemacht wurde, erscheint ein Eingabefenster, in welchem der Name der Datei eingeben werden kann. In diesem Beispiel wird **hello_world.py** verwendet.

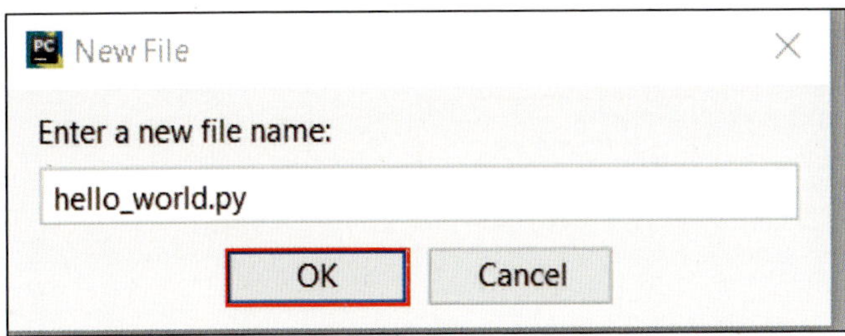

Abb. 1.10: Eingabefenster für den Dateinamen

Die Eingabe wird mit „OK“ bestätigt und somit die entsprechende Datei im Projektordner erzeugt.

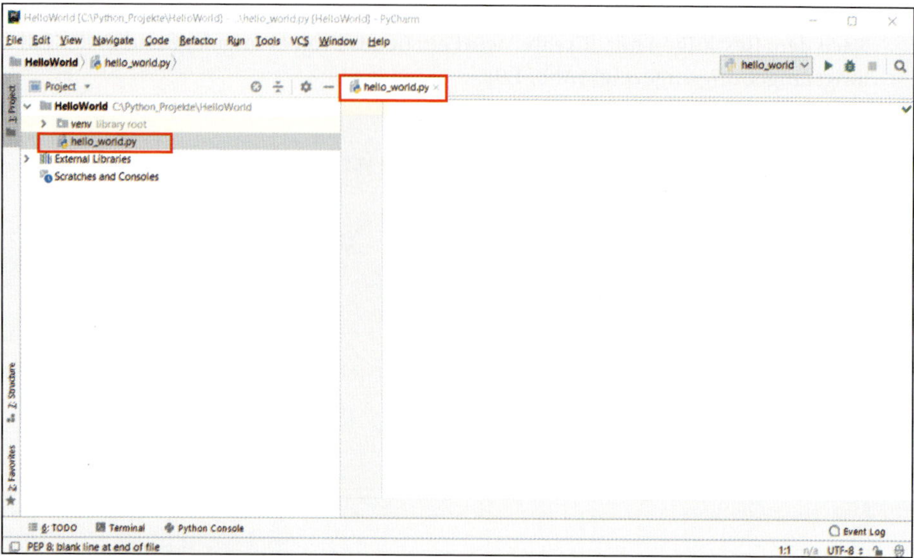

Abb. 1.11: Projektordner mit der neuen Datei

4 **Programm schreiben**
Nun kann der Quelltext von „Hello World" eingegeben werden. In unserem Fall reicht es, die Anweisung

```
print("Hello World")
```

in die leere Datei zu schreiben (Abb. 1.12).

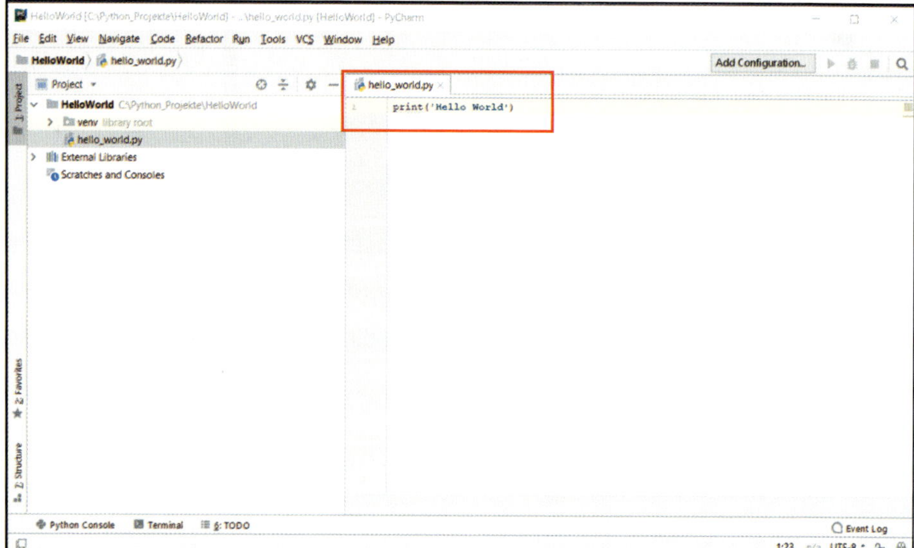

Abb. 1.12: Programm „Hello World" in PyCharm

5 **Programm starten**
In der Menüleiste wird nun der Menüpunkt „Run“ ausgewählt (alternativ kann auch die Tastenkombination Alt+Umschalt+F10 verwendet werden) und in dem darauffolgenden Fenster wird das Programm **hello_world.py** gestartet. Das Programm wird nun ausgeführt und das Ergebnis wird in einem separaten Fenster im unteren Teil von PyCharm dargestellt (Abb. 1.13).

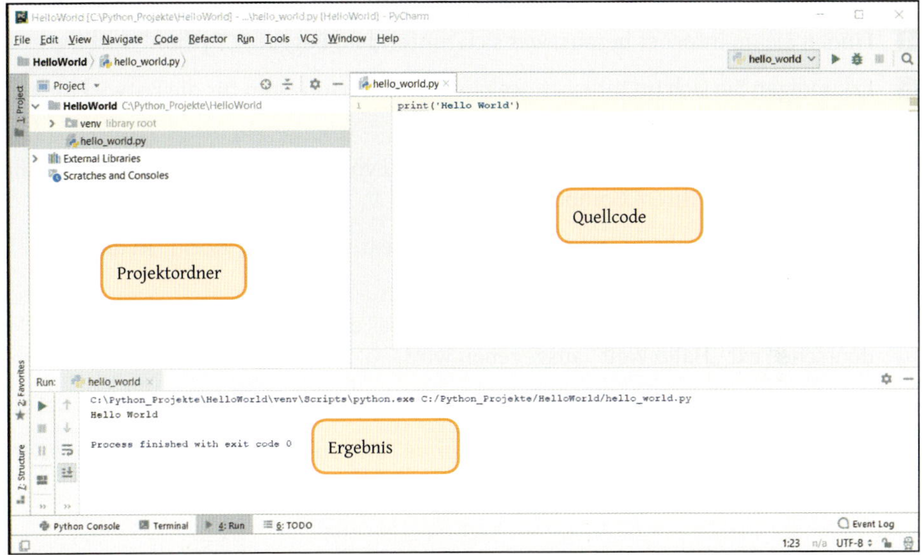

Abb. 1.13: Ausführen von „Hello World“

PyCharm kann nun geschlossen werden. Nach erneutem Start von PyCharm steht das Projekt wieder zur Verfügung. Mit dem Befehl

File | New Project

kann ein weiteres Projekt angelegt werden. Allerdings sollte das aktuelle Projekt vorher und auch zwischendurch gespeichert werden. Dazu dient der Menübefehl

File | Save All.

Hiermit werden alle notwendigen Dateien für das Projekt angelegt und gesichert.

1.3 Aufgaben

1 Ermitteln Sie im Internet die momentan aktuellste Python-Version.

2 Erkundigen Sie sich über die Arbeitsweise eines Interpreters.

3 Machen Sie sich darüber sachkundig, wodurch sich ein Interpreter von einem Compiler unterscheidet.

4 Finden Sie im Internet heraus, was sich hinter dem Begriff „CPython" verbirgt.

5 Erkundigen Sie sich im Internet, welche IDEs am häufigsten für die Entwicklung von Python-Programmen verwendet werden.

6 Laden Sie die aktuelle Version von Python und von PyCharm herunter und installieren Sie diese auf Ihrem Computer.

7 Legen Sie ein Projekt an, geben Sie den Quelltext von „Hello World" in die Datei **hello_world.py** ein und starten Sie diese.

8 Verändern Sie den Quelltext so, dass anstatt des englischen Textes „Hello World" der deutsche Text „Hallo Welt" ausgegeben wird.

9 Speichern Sie das Projekt ab und ermitteln Sie, welche Dateien wo angelegt werden.

10 Starten Sie noch einmal das Programm ohne Hilfe von PyCharm aus der Windowskonsole heraus.

2 Grundlagen

Wenn man eine Programmiersprache benutzten möchte, muss man die Syntaxregeln dieser Sprache beachten. Das Wort Syntax kommt aus dem Griechischen und bedeutet Satzbau. Die Syntax beschreibt, welche Schlüsselwörter wie benutzt werden dürfen. Außerdem gibt es ist eine Art Grammatik, an die sich der Programmierer zu halten hat. Wird gegen die Regeln verstoßen, wird ein sogenannter Syntaxfehler angezeigt. In diesem Abschnitt werden einige wichtige Syntaxregeln für Python vorgestellt, nachdem der grundlegende Aufbau eines Python-Programms beschrieben wurde. Weiterhin werden die Schüsselwörter, welche verwendet werden dürfen, besprochen und zum Schluss wird auf das Anlegen und Verwenden von Modulen und deren Namensräume eingegangen. Dieses Kapitel bezieht sich weiter auf das kurze "Hello World"-Programm aus dem ersten Kapitel.

2.1 Aufbau eines Python-Programms und Blöcke

Grundsätzlich besteht ein Python-Programm aus einzelnen Anweisungen oder Anweisungsblöcken. In einfachsten Fall, wie in „Hello World", enthält das ganze Programm nur eine Anweisung, welche interpretiert und ausgeführt wird. Die Anweisung

```
print("Hello World")
```

besteht aus dem Befehlt print, welcher etwas auf dem Bidschirm ausgibt, und dem Text, welcher ausgegeben werden soll. Dieser wird innerhalb der runden Klammern in Hochkommas eingeschlossen angegeben. Allerdings sind Programme in der Regel nicht so simpel aufgebaut und bestehen aus vielen Anweisungen, welche sinnvoll strukturiert werden müssen. Python macht hier dem Programmierer genaue Vorgaben, an die er sich zu halten hat. Die Strukturierung oder auch die Bildung von Programmblöcken von Python-Programmen unterscheidet sich wesentlich von anderen Sprachen. Viele moderne Programme benutzen geschweifte Klammern, Befehle wie „begin" und „end" oder Ähnliches, um Programmblöcke zu kennzeichnen. Leerzeichen werden in der Regel vom Compiler bzw. Interpreter ignoriert und Programmblöcke müssen weder eingerückt noch anderweitig strukturiert werden. Der Lesbarkeit wegen wird das Einrücken aber emfohlen und in der Praxis auch so gehandhabt.

Python beschreitet jedoch einen anderen Weg: Leerzeichen haben eine Bedeutung und das Einrücken von Programmzeilen ist zur Bildung von Programmblöcken unbedingt notwendig. Dies führt automatisch dazu, dass man lesbaren Quellcode schreibt. In der Praxis bedeutet es, dass Anweisungen, die zusammengehören, die gleiche Einrückungstiefe haben müssen. Jeder Abschnitt aus Anweisungen mit der gleichen Einrückungstiefe wird auch „Block" genannt. Die allgemeine Syntax für Böcke lautet:

Syntax:
Blöcke

```
Anweisungskopf:
    Anweisung1
    Anweisung2
    ...
    AnweisungN
```

Ein Anweisungsblock besteht in der Regel aus einem Anweisungskopf und einem Anweisungskörper mit einer oder mehreren Anweisungen, die alle gleich eingerückt sind. Dieses wird im folgenden Beispiel noch einmal verdeutlich. Dabei spielt der Inhalt erst einmal keine Rolle. Es geht nur um das Prinzip der Blockbildung.

Beispiel

```
if a > b:          ← Anweisungskopf
    a = a + 2      ← Anweisungskörper
    print(a)
else:              ← Anweisungskopf
    b = b - 3      ← Anweisungskörper
    print(b)
```

Blöcke können auch ineinander verschachtelt werden. Dazu wird der Unterblock weiter eingerückt. Darauf wird später im Buch genauer eingegangen. Hier nur einmal ein kleines Beispiel:

Beispiel

```
if a > b:                                    # Block 1
    x = a + b                                    # Block 2
    if x < 20:                                   # Block 2
        print("x ist kleiner als 20")                # Block 3
    else:                                        # Block 2
        print("x ist größer gleich 20")              # Block 4
    print("und hat den Wert", x)                 # Block 2
else:                                        # Block 1
    x = a - b                                    # Block 5
    print(x)                                     # Block 5
print("Das Programm wurde beendet")          # Block 1
```

Da die Anzahl der Leerzeichen und wie diese erzeugt werden eine große Rolle in Python spielt, gibt es Empfehlungen und Hinweise, an die man sich halten sollte. Damit werden später in der Programmierpraxis Probleme vermieden.

1. Es sollte auf keinen Fall ein Mix aus Tabulator und Leerzeichen benutzt werden.
2. Auch, wenn man nur einen einzelnen Tabulator benutzen könnte, ist es ratsam, diesen ganz zu vermeiden und stattdessen nur Leerzeichen zu benutzen.
3. In der Regel werden zwei oder vier Leerzeilen pro Einrückungszeile verwendet.
4. Es sollte immer ein einheitlicher Stil für das ganze Programm verwendet werden.

2.2 Groß- und Kleinschreibung und Semikolons

Python ist case sensitive, d. h., es wird zwischen Groß- und Kleinschreibung unterschieden. So sind in Python print und Print zwei unterschiedliche Bezeichner. Hier schleichen sich, besonders am Anfang, oft Syntaxfehler ein. Viele Schreibfehler sind auf den ersten Blick kaum zu erkennen, aber glücklicherweise werden Syntaxfehler in PyCharm mit einer roten Wellenlinie gekennzeichnet (Abb. 2.1). In vielen Fällen handelt es sich dabei um Fehler, die auf die Groß- und Kleinschreibung von Wörtern zurückzuführen sind.

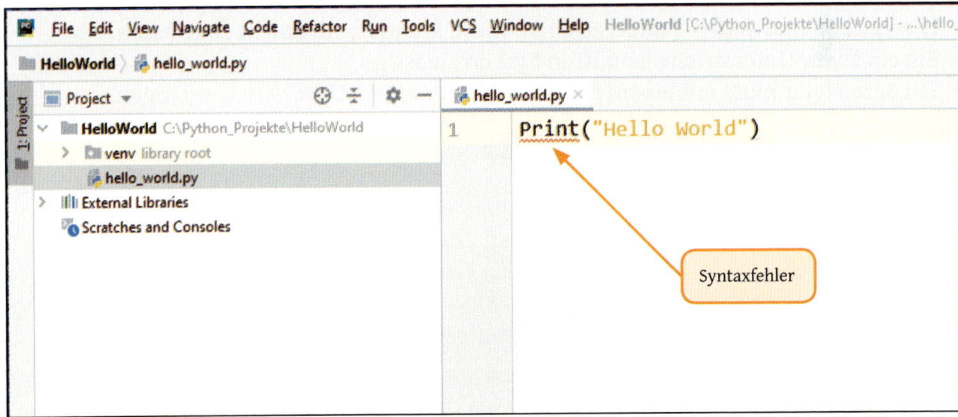

Abb. 2.1: Kennzeichnung von Syntaxfehlern

Der Gebrauch von Semikolons in Python hat eine andere Bedeutung als in Sprachen wie C++ oder Java. In der Regel braucht zum Abschluss einer Anweisung kein Semikolon gesetzt zu werden (siehe dazu auch das „Hello World"-Beispiel). Sollen aber mehrere Anweisungen in eine Zeile geschrieben werden, muss man diese voneinander trennen. Dazu wird ein Semikolon als Seperator verwendet.

Beispiele

```
print("Hello World"); print("Mein erstes Programm")

a = 20; b = 30; c = 40;
```

Da es aber aus Lesbarkeitgründen vermieden werden sollte, mehrere Anweisungen in eine Zeile zu schreiben, spielt die Verwendung von Semikolons in Python-Programmen eine untergeordente Rolle. Die Verwendung eines Semikolons hinter einer Anweisung führt zwar nicht zu einem Fehler, aber es entspricht nicht dem „Python-Stil“. Ein Fehler ist es allerdings, wenn zwei oder mehr Semikolons hintereinander geschrieben werden.

Beispiele

```
print("Hello World");;     # Fehler

print("a");;; print(b)     # Fehler
```

2.3 Bezeichner und Literale

Mithilfe von Bezeichnern wird z. B. eine Variable, eine Klasse oder eine Methode eindeutig identifiziert. Man spricht in diesem Zusammenhang auch von Variablen-, Klassen- oder Methodennamen. Diese Namen müssen innerhalb eines Namensraums eindeutig sein und können im Rahmen der nachstehenden Regeln frei gewählt werden.

- Ein Bezeichner darf nur alphanumerische Zeichen und Unterstriche enthalten.
- Leerzeichen und andere Sonderzeichen, wie #, §, $ usw., sind nicht zugelassen.
- Ein einzelner Unterstrich allein ist in Python zulässig.
- Ein Bezeichner muss mit einem Buchstaben oder einem Unterstrich anfangen.

Beispiele

```
Person
umsatz_
_name
anzahl_autos
x_abstand
y1
```

Bei der Wahl der Bezeichner hält sich dieses Buch an die Namenskonventionen, welche in der Python-Welt üblich sind. Dabei beginnen alle Bezeichner für Klassen mit einem großen Buchstaben. Innerhalb des Bezeichners wechseln dann Groß- und Kleinschreibung ab.

Beispiele

```
PersonalAkte
GameObject
```

Namen für Module, Methoden und Variablen beginnen mit einem kleinen Buchstaben. Für eine bessere Lesbarkeit werden einzelne Wörter in den Bezeichnern durch Unterstriche getrennt.

Beispiele

```
schreibe_daten
berechne_durchschnitt
anzahl_mitarbeiter
```

Bei einem Literal handelt es sich um ein Programmelement, das direkt einen Wert darstellt. Es gibt u. a. Ganzzahl-, Gleitkomma-, Zeichen-, Boolesche und binäre Literale.

Typ	Beispiel
Ganzzahlliteral	`133                # Dezimal-Literal` `0x5ffff oder 0x5FFFF  # Hexadezimal-Literal`
Komplexe Zahl	`6j      # Komplexe Zahl`

Gleitkommaliteral	`66.45`
	`66.45e0  # 66,45`
	`66.45E1  # 664,5`

Zeichen- und Zeichenfolgenliteral	`'a'` `"Hello World"`
Boolesches Literal	`True     # Groß- und Kleinschreibung` `False    # beachten!!!`

Binäres Literal	`0B00001101   # dezimal 13`
	`0b00001101   # dezimal 13`
	`0B0000_1101  # dezimal 13`

2.4 Schlüsselwörter

Bei den Schlüsselwörtern handelt es sich um reservierte Wörter, die eine besondere Bedeutung in Python besitzen. Sie können nur im vorgesehenen Zusammenhang verwendet werden und sind als Bezeichner nicht erlaubt. Im Gegensatz zu anderen Programmiersprachen besitzt Python eine recht überschaubare Anzahl an Schlüsselwörtern.

Schlüsselwörter				
and	as	assert	break	class
continue	def	del	elif	else
except	False	finally	for	from
global	if	import	in	is
lambda	None	nonelocal	not	or
pass	raise	return	try	True
while	with	yield		

Schlüsselwörter können in PyCharm leicht erkannt werden, weil sie sich farblich von anderen Wörtern unterscheiden. Man spricht in diesem Zusammenhang auch von **Syntaxhervorhebung** oder von ***syntax highlighting.***

2.5 Kommentare

Kommentare dienen dazu, Notizen oder Bemerkungen direkt in den Programmquelltext aufzunehmen. Der Text in Kommentaren unterliegt keinen Einschränkungen und kann beliebig gestaltet werden. Alle Kommentare werden beim Ausführen des Programms ignoriert. Mithilfe von Kommentaren ist der Programmierer in der Lage, sein Programm für Leser verständlicher zu machen. Aber auch wenn es in diesem Zusammenhang verlockend erscheint, jede Programmzeile zu kommentieren, sollten Kommentare nur sehr gezielt eingesetzt werden.
Folgende Kennzeichnungen für Kommentare sind möglich:

Syntax: Kommentare

`#`	Einzeiliger Kommentar, reicht bis zum Ende der jeweiligen Zeile
`"""......"""`	Mehrzeiliger Kommentar, reicht über mehrere Zeilen (jeweils drei Anführungstriche oben am Anfang und am Ende, ohne Leerzeichen dazwischen).

Beispiele

```
# Dies ist ein Kommentar in einer Zeile.

""" Dieser Kommentar
    geht über
    mehrere Zeilen. """
```

In PyCharm unterliegen Kommentare auch dem *syntax highlighting* und können somit leicht vom Rest des Quellcodes unterschieden werden.
Die Kommentarfunktionalität wird von Programmierern auch gerne zum Testen von Programmen verwendet. Dazu werden unvollständige, fehlerhafte oder im Augenblick überflüssige Programmteile nicht gelöscht, sondern erst einmal „auskommentiert". Somit steht der Quellcode weiterhin zur Verfügung, wird aber bei der Programmausführung ignoriert. Im nachfolgenden Quelltext wurden die ersten beiden Zeilen auskommentiert:

Quellcode: „Hello World" mit Kommentaren

```
# print('Das ist mein erstes Programm')
# print('----------------------------')
print('Hello World')
```

2.6 Module und Namensräume

In Python ist ein Modul eine Datei, welche Definitionen und Anweisungen enthält. Der Modulname entspricht dem Dateiamen. Im Beispiel „Hello World" ist das Programm in der Datei **hello_world.py** gespeichert und damit ist er Modulname hello_world. Jedes Modul hat seinen eigenen Namensraum und die Bezeichner, welche innerhalb dieses Moduls definiert wurden, sind auch nur in diesem gültig. Unter einem Namensraum versteht man einen Raum innerhalb eines Programms, in dem ein Bezeichner (z. B. der Name einer Variablen oder einer Funktion) gültig ist.

Durch die Definition von Namensräumen werden z. B. Konflike vermieden, welche auftreten, wenn Bezeichner aus unterschiedlichen Modulen denselben Namen besitzen.

Generell gibt es in Python nur drei Namensräume:

1. Lokaler Namensraum: Hier sind die Bezeichner nur innerhalb einer Methode gültig.
2. Modularer Namensraum: Hier sind die Bezeichner nur innerhalb des Moduls (Datei) gültig.
3. Namensraum von Python: Alle Bezeichner, welche von Python selbst zur Verfügung gestellt werden, sind überall im Programm gültig.

Das Importieren von Modulen erfolgt mithilfe des Schlüsselwortes import, gefolgt vom Namen des Moduls, welches importiert werden soll.

Beispiele

Datei 1: spezielle_funktionen.py

Quellcode:

```
.......                  # Hier werden die Funktionen implementiert.
```

Datei 2: hauptprogram.py

Quellcode:

```
import spezielle_funktionen # Nun können die Funktionen aus diesem Modul
                            # im Hauptprogramm genutzt werden.
```

Im Beispiel werden zwei Dateien angelegt. Einmal die Datei **spezielle funktionen.py**, welche damit auch automatisch den Namensraum spezielle_funktionen erhält, und einmal die Datei **hauptprogramm.py** mit einem entsprechenden Namensraum. Um die Funktionen aus der Datei **spezielle_funktionen.py** nutzen zu können, wird dieses Modul mit dem Befehl import spezielle_funktionen in das Hauptprogramm eingebunden.

Man kann auch schon bestehende Module in das Programm einbinden. Im folgenden Fall wird die mathematische Bibiothek eingebunden, um die Sinusfunktion zu benutzen.

Beispiel

```
import math
x = math.sin(winkel)
```

Man kann auch nur einzelne Funktionen aus Modulen einbinden. Dieses geschied durch das Schlüsselwort from. Für das vorherige Beispiel würde es wie folgt aussehen:

Beispiel

```
from math import sin
x = sin(winkel)
```

Jetzt kann diese Funktion auch ohne den vorangestellten Modulnamen benutzt werden.

Generell hat es sich als Standard durchgesetzt, dass alle Module, welche später gebraucht werden, gleich am Anfang in den Quelltext eingebunden werden. Dies dient vor allem der Lesbarkeit des Quelltextes. Eine Notwendigkeit dazu besteht aber nicht.

2.7 Built-in-Funktionen

Nicht alle Funktionen und Methoden müssen durch eine import-Anweisung eines entsprechenden Moduls in das Programm eingebunden werden. So wurde in unserem Beispiel die Funktion print() verwendet, ohne dass ein Modul importiert werden musste. Der Python-Interpreter besitzt eine Reihe solcher Funktionen. Diese werden Built-in-Funktionen genannt. Built-in-Funktionen sind immer und überall in Python-Programmen verfügbar. Die nachfolgende Tabelle zeigt eine Liste.

Built-in-Funktionen						
abs()	all()	any()	ascii()	bin()	bool()	breakpoint()
bytearray()	bytes()	callable()	chr()	classmethod()	compile()	complex()
delattr()	dict()	dir()	divmod()	enumerate()	eval()	exec()
filter()	float()	format()	frozenset()	getattr()	globals()	hasattr()
hash()	help()	hex()	id()	input()	int()	isinstance()
issubclass()	iter()	len()	list()	locals()	map()	max()
memoryview()	min()	next()	object()	oct()	open()	ord()
pow()	print()	property()	range()	repr()	reversed()	round()
set()	setattr()	slice()	sorted()	staticmethod()	str()	sum()
super()	tuple()	type()	vars()	zip()	__import__()	

Auf die Funktionalität dieser Funktionen wird in den weiteren Kapiteln eingegangen.

2.8 Aufgaben

1 Legen Sie eine neue Python-Datei **test.py** an und starten Sie das Programm. Finden Sie heraus, was im Ausgabefenster ausgegeben wird.

2 Geben Sie in die Datei **test.py** nun folgende Zeile ein und starten Sie das Programm.

```
print(__name__)
```

In der Built-In-Variablen __name__ steht der aktuelle Modulname. Wie lautet dieser?

3 Bauen Sie in das kleine Programm „Hello World" bewusst einige Fehler ein (falsche Groß- und Kleinschreibung, Klammer löschen oder einen Buchstaben entfernen) und starten Sie es. Ermitteln Sie, welche Fehlermeldungen Sie erhalten und wo diese in PyCharm angezeigt werden.

4 Im nachstehenden Quelltext sind sechs Syntaxfehler enthalten. Finden Sie diese ohne PyCharm und überprüfen Sie Ihr Ergebnis erst dann durch Eingabe des Quelltextes. Hinweis: Syntaxfehler werden in PyCharm mit einer roten Wellenlinie gekennzeichnet.

```
"" print('Das ist mein erstes Programm') """
# print('----------------------------')
Print(Hello World");; printt "Das hat geklappt")
```

5 Formatieren Sie den folgenden Quellcode durch Einrückungen so, dass korrekte Blöcke entstehen. Zu welchem Block eine Ausgabe gehört, ist im Ausgabetext angegeben. Hinweis: if < 10: soll ein Unterblock des else-Blocks darüber sein.

```
a = 33
print("Block1")
if a == 3:
print("Block2")
print("Block2")
else:
print("Block3")
print("Block3")
if a < 10:
print("Block4")
print("Block4")
print("Block4")
print("Block3")
print("Block1")
```

6 Entscheiden Sie, ob es sich bei den nachfolgenden Namen um korrekte Bezeichner handelt:

- _haus
- ersterMonat
- 12_Monat
- berechne_den_monatsumsatz
- _x_

- anzahl-Mitarbeiter
- §1
- paragraph1
- preisIn$
- beispiel#
- y_y_y
- schließeAnwendung

7 Entscheiden Sie, ob es sich bei den nachfolgenden Angaben um korrekte Literale handelt:

- 12,4
- 12.4
- Oy6ACFF
- ‘d‘
- Sommer
- 0C0000_0001
- 192371
- 2017
- 2017j
- z
- True

8 Kennzeichnen Sie im folgenden Quelltext sämtliche Schlüsselwörter. Überprüfen Sie Ihr Ergebnis in PyCharm.

```
import berechnungsmodul as bm

a = 3
b = 4
if a == 4 and b == 4:
    print("a und b haben den Wert 4")
    bm.berechne_variante_x(a,b)
else:
    print("a und b haben nicht gemeinsam den Wert 4")
    bm.berechne_variante_y(a,b)
```

9 Kennzeichnen Sie im folgenden Quelltext sämtliche Built-in-Funktionen. Überprüfen Sie Ihr Ergebnis in PyCharm.

```
a = 3
b = 4
umsaetze = (20, 30, 40)
s = "hallo"
summe = sum(umsaetze)
print("summe Umsätze: ", summe )
maximum = max(a, b)
print("maximum: ", maximum )
print("Anzahl Buchstaben von -- hallo --:", len(s))
```

10 Fügen Sie über den Quelltext von „Hello World" folgenden Kommentar ein und ergänzen Sie die Angaben. Verwenden Sie dafür nur Einzeilenkommentare.

```
========================================
Autor: Ihr Name
Datum: aktuelles Datum
========================================
```

3 Elementare Sprachbestandteile

In diesem Kapitel werden elementare Sprachbestandteile wie etwa Variablen, Konstanten und Operatoren behandelt. In diesem Zusammenhang wird auch auf die Umwandlung von Datentypen eingegangen. Außerdem werden die Grundlagen für die Ein- und Ausgabe im Konsolenfenster gelegt bzw. vertieft und die Verwendung von Methoden angesprochen.

Auftrag

Es soll ein Programm entwickelt werden, in das der Benutzer zwei ganze Zahlen eingeben kann und welches danach die Summe dieser Zahlen berechnet und ausgibt. Die Ausgabe im Konsolenfenster soll wie folgt aussehen:

Überschrift: Berechnung der Summe von zwei ganzen Zahlen
Ausgabe im Fenster:
Geben Sie die erste Zahl ein: 23
Geben Sie die zweite Zahl ein: 15
Die Summe der beiden Zahlen ist 38

Die Lösung dieser Aufgabe ist im nachfolgenden Quellcode ersichtlich.

Quellcode: Berechnung der Summe von zwei ganzen Zahlen

```
print('Berechnung der Summe von zwei ganzen Zahlen \n')
zahl1 = int(input('Geben Sie die erste Zahl ein: '))
zahl2 = int(input('Geben Sie die zweite Zahl ein: '))
summe = zahl1 + zahl2
print('Die Summe der beiden Zahlen ist', summe)
```

Der Quellcode wird nun etwas genauer betrachtet. Dazu wird dieser in einzelne Abschnitte aufgeteilt, deren Bedeutung in der nachfolgenden Tabelle aufgelistet ist.

print('Berechnung der Summe von zwei ganzen Zahlen \n')	Ausgabe der Überschrift im Konsolenfenster
zahl1 = int(input('Geben Sie die erste Zahl ein: '))	Lesen und Speichern der ersten Zahl und Umwandeln des Datentyps bei gleichzeitiger Ausgabe von Text
zahl2 = int(input('Geben Sie die zweite Zahl ein: '))	Lesen und Speichern der zweiten Zahl und Umwandeln des Datentyps bei gleichzeitiger Ausgabe von Text
summe = zahl1 + zahl2	Berechnung der Summe
print('Die Summe der beiden Zahlen ist', summe)	Ausgabe der Summe im Konsolenfenster

Wenn man die einzelnen Abschnitte zusammenfasst, kristallisieren sich folgende Themenbereiche heraus, welche im Anschluss ausführlich behandelt werden:

- Ein- und Ausgabe in der Konsole
- Umwandlung von Datentypen
- Berechnungen, die im Abschnitt „Rechenoperatoren“ angesprochen werden

3.1 Variablen und Konstanten

Wie in unserem Programm zu sehen ist (Zeilen 2 und 3), müssen die Werte, welche in das Programm eingegeben wurden, erst einmal gespeichert werden, damit man damit weiterarbeiten kann. Dafür werden Variablen verwendet. Generell kann man also sagen, dass Variablen zum Speichern von Informationen dienen. In den meisten Programmiersprachen ist es so, dass die Variablen einen Datentyp und einen frei wählbaren Namen besitzen. Der Datentyp einer Variablen legt deren Wertebereich sowie die Größe ihres Speicherplatzes fest. Außerdem bestimmt er die Operationen und Funktionen, die für diesen Datentyp angewendet werden können.

In Python wird dies etwas anders gehandhabt. Zunächst einmal haben die Variablen in Python keinen bestimmten Datentyp. Deshalb müssen sie auch nicht extra deklariert werden. Benötigt man z. B. eine Variable x mit dem Wert 100, so erreicht man dies einfach mit der folgenden Anweisung:

```
x = 100
```

Der Name ist dabei frei wählbar, muss aber ein gültiger Bezeichner sein (siehe Kapitel 2). In der Regel wird für Variablennamen die Underline-Notation verwendet. Über den Namen kann die Variable später angesprochen werden.
Variablen können an beliebiger Stelle innerhalb einer Klasse oder Methode angelegt und verwendet werden. Um die Lesbarkeit des Quelltextes zu erhöhen, wird aber empfohlen, dies jeweils am Anfang einer Klasse oder Methode zu tun.

Beispiele
anzahl_mitarbeiter
preis_pro_kilo
name

Konstanten, bei denen die Werte nach der Zuweisung nicht mehr geändert werden können, gibt es in Python nicht. Hier gilt nur die Regel, dass man normale Variablen verwendet und diese nach der Initialisierung nicht mehr verändert. Das hängt aber stark von der Disziplin des Programmieres ab und wird vom Interpreter nicht überprüft. Kenntlich machen kann man solche „speziellen“ Variablen, indem man sie z. B. nur mit großen Buchstaben schreibt.

Beispiele
PI = **3.14**
MAX_VALUE = **1000**

3.2 Datentypen

Wie zuvor erwähnt, müssen bei der Variablendeklaration in Python keine Datentypen angeben werden (anders als z. B. in C# oder Java). Python kennt diese Datentypen intern aber trotzdem. So ist es u. a. manchmal notwendig, Variablen in einen anderen Datentyp zu wandeln. Deshalb ist es wichtig, die einzelnen Datentypen von Python zu kennen. Es gibt die folgenden drei elementaren Datentypen: Zahlen (numerische Datentypen), Zeichen und Boolesche Datentypen.

Numerische Datentypen

In Python werden die numerischen Datentypen in Ganzzahl- , Gleitkommazahl- und komplexe Datentypen unterteilt. Eine Übersicht zeigt die Tabelle:

Datentyp	Art
int	Ganzzahl-Datentyp
float	Gleitkommazahl-Datentyp
complex	Datentyp für komplexe Zahlen

Der Ganzzahl-Datentyp besitzt keine Nachkommastellen und wird im Computer immer genau dargestellt.

Beispiele

anzahl_monate = **12**
einwohner = **4300971**
x_wert = **-4477**
summe = **0**

Der Gleitkomma-Datentyp enthält Kommastellen. Der Computer kann jedoch nicht jede Zahl genau darstellen. Dies kann selbst bei einfachen Rechnungen zu Rundungsfehlern führen. Die Genauigkeit ist auch abhängig von dem Computer, auf dem das Programm läuft. Informationen über die Genauigkeit und die interne Abbildung der Gleitkommazahlen für die aktuelle Maschine kann man über die folgenden Codezeilen ermitteln:

```
import sys
print(sys.float_info)
```

Damit eine Zahl als Gleitkommazahl interpretiert wird, reicht es aus, dass man einen Punkt hinter die entsprechende Zahl schreibt. Bei der Anweisung x = 2 wäre x eine ganze Zahl. Bei der Anweisung x = 2. oder x = 2.0 wäre x eine Gleitkommazahl.

Beispiele

preis = **12.34**
verfallszeit = **1.333334453453212345**
abweichung = **-234.55555555**
preis = **234.**

Komplexe Zahlen haben einen realen und einen imaginären Teil. Beide Teile sind aber Gleitkommazahlen. Den realen bzw. den imaginären Teil einer komplexen Zahl z kann man sich durch z.real bzw. z.imag anzeigen lassen. Wenn man an eine normale Zahl ein „j“ anhängt, wird diese Zahl als komplexe Zahl interpretiert. Dabei entspricht der Zahlenwert dem imaginären Anteil. Der reale Teil hat den Wert 0. Um auch einen realen Teil zu erhalten, kann man einfach die komplexe Zahl zu einer ganzen oder Gelitkommazahl hinzuaddieren. Dies wird im folgenden Beispiel verdeutlicht.

Quellcode: Beispiel „Komplexe Zahlen“

```
x = 81
z = 45j
print("Realer Teil von z: ", z.real)
print("Imaginärer Teil von z: ", z.imag)
print()
print("Realer Teil von x vor der Addition: ", x.real)
print("Imaginärer Teil von x vor der Addition: ", x.imag)
print()
x = x + z
print("Realer Teil von x nach der Addition: ", x.real)
print("Imaginärer Teil von x nach der Addition: ", x.imag)
```

Nach dem Ausführen des Programms erhält man folgendes Ergebnis:

```
test
Realer Teil von z:  0.0
Imaginärer Teil von z:  45.0

Realer Teil von x vor der Addition:  81
Imaginärer Teil von x vor der Addition:  0

Realer Teil von x nach der Addition:  81.0
Imaginärer Teil von x nach der Addition:  45.0

Process finished with exit code 0
```

Abb. 3.1: Beispiel „Komplexe Zahlen“ (Ausgabe)

Boolescher Datentyp

Im eigentlichen Sinn gehört der Boolesche Datentyp in Python auch zu den numerischen Datentypen. Allerdings kann dieser als Wert nur die Literale „True“ oder „False“ annehmen. Logische Ausdrücke liefern immer einen Booleschen Wert zurück.

Beispiele

anmeldung_ok = False
ist_eingabe_ok = True
is_running = False

Zeichen-Datentyp (Unicode-Strings)

Zeichen und Zeichenfolgen werden in Python in sogenannten **Strings** gespeichert. Ein String kann beliebig viele Zeichen enthalten. Dabei wird der Unicode-Standard voll unterstützt und die Speicherung von Zeichen geht somit weit über die Möglichkeiten des ASCII-Codes hinaus. Dadurch sind die Zeichen nicht nur auf Zahlen und Buchstaben begrenzt, sondern sie können auch Sonderzeichen wie !, ", §, $, %, / sowie Buchstaben anderer Alphabete enthalten. Strings stellen immer Arrays dar. Einen gesonderten Datentyp für ein einzelnes Zeichen gibt es in Python nicht. Ein einzelnes Zeichen ist auch immer ein Array. In diesem speziellen Fall enthält das Array nur ein Zeichen und hat somit eine Länge von 1. Generell wird eine Zeichenfolge (Text) oder ein einzelnes Zeichen in Python durch doppelte Anführungszeichen eingeschlossen und dadurch als String gekennzeichet.

Beispiele

```
zeichen = "a"
name = "Lehmann"
ausgabe = "Dies ist eine wichtige Mitteilung"
print("Hello World")
```

3.3 Typkonvertierung

Manchmal ist es notwenig, den Typ einer Variablen oder eines Literals in einen anderen Typ umzuwandeln. Es soll z. B. ein Gleitkomma-Datentyp in einen Ganzzahl-Datentyp umgewandelt werden. Dieses kann mithilfe der Typkonvertierung geschehen. Dazu stellt Python entsprechende Funktionen zur Verfügung:

1 int(...)
Wandelt einen Gleitkomma-Wert oder einen String in einen Ganzzahl-Wert um. Dabei ist zu beachten, dass bei der Typkonvertierung eines Gleitkomma-Wertes einfach die Nachkommastellen entfernt werden. Aus der Gleitkommazahl 15.345 wird also die Ganzzahl 15. Bei Typkonvertierung eines Strings muss die Zeichenfolge des Strings in einen Ganzzahl-Wert konvertierbar sein, ansonsten wird bei der Ausführung des Programms ein Fehler erzeugt.

Beispiele

```
a = int(2.3456)     # ergibt a = 2
a = int("55")       # ergibt a = 55
a = int("55.44")    # Fehler
a = int("Hallo")    # Fehler
```

2 float(...)
Wandelt einen Ganzzahl-Wert oder einen String in einen Gleitkomma-Wert um. Auch hier ist zu beachten, dass der String in einen Gleitkomma-Wert umgewandelt werden kann. Ansonsten wird wieder eine Fehlermeldung erzeugt.

Beispiele

```
a = float(2)          # ergibt a = 2.0
a = float("55")       # ergibt a = 55.0
a = float("55.44")    # ergibt a = 55.44
a = float("Hallo")    # Fehler
```

3 str(...)
Wandelt einen Ganzzahl- oder Gleitkomma-Wert in einen String um.

Beispiele

```
a = str(2)         # ergibt a = "2"
a = str(5.44)      # ergibt a = "55.44"
a = str("Hallo") # ergibt a = "Hallo"
```

3.4 Operatoren

Nun soll die Zeile

```
summe = zahl1 + zahl2
```

aus unserem Beispielprogramm (siehe S. 28) näher betrachtet werden. Hier werden die Zahlen, die durch den Benutzer eingegeben wurden, addiert. Um dies in Programmen auszudrücken, werden Operatoren verwendet. Generell kann man festhalten, dass Operatoren Symbole sind, die Verarbeitungsaktionen in Ausdrücken auslösen. In einem Ausdruck werden die Operatoren hinsichtlich der Ausführungsreihenfolge nach Prioritäten eingeteilt. Die Ausführungsreihenfolge kann auch durch das Setzen von runden Klammern festgelegt werden. Der Inhalt der Klammern wird immer zuerst ausgewertet, da ihm die höchste Priorität zukommt. Für die Addition im Beispiel wird der arithmetische Operator + verwendet. Es gibt aber noch eine Reihe anderer Operatoren, die nachstehend im Einzelnen betrachtet werden sollen.

3.4.1 Arithmetische Operatoren

Arithmetische Operatoren, auch Rechenoperatoren genannt, führen mathematische Berechnungen durch. Sie erwarten in der Eingabe Ganz- oder Gleitkommazahlen und liefern ein numerisches Ergebnis. Der Modulo-Operator % erwartet nur Ganzzahlen. Python rechnet nach den üblichen mathematischen Regeln, d. h., es gilt Punkt- vor Strichrechnung. Allerdings kann diese Regelung – wie in der Mathematik auch – durch das Setzen von runden Klammern geändert werden. Außerdem muss bei der Division darauf geachtet werden, dass nicht durch die Zahl Null geteilt wird, da dies mathematisch nicht definiert ist und zur Laufzeit der Anwendung einen entsprechenden Fehler auslöst. Die nachfolgende Tabelle zeigt eine Übersicht der arithmetischen Operatoren.

Operator	Bezeichnung	Bedeutung	Beispiel

+	Addition	a + b ergibt die Summe von a und b.	`x = 2`
			`y = 3`
			`# Die Summe ist 5.`
			`summe = x + y`

–	Subtraktion	a – b ergibt die Differenz von a und b.	`x = 2`
			`y = 3`
			`# Die Differenz ist -1.`
			`differenz = x - y`

*	Multiplikation	a * b ist das Produkt aus a und b.	`x = 2`
			`y = 3`
			`# Das Produkt ist 6.`
			`produkt = x * y`

/	Division	a / b ist der Quotient von a und b.
		Dabei ergibt die Division zweier Ganzzahl-Werte immer einen Gleitkomma-Wert.
			`x = 2`
			`y = 3`
			`# Der Quotient ist 0,666.`
			`quotient = x / y`

//	Floor Division (Ganzzahldivision)	a // b ist der Quotient von a und b.
		Allerdings wird hier als Ergebnis ein Ganzzahl-Wert erzeugt. Die Nachkommastellen werden verworfen.
			`x = 2`
			`y = 3`
			`# Der Quotient ist 0.`
			`quotient = x // y`
			`# Weitere Beispiele`
			`z = 23 // 11  # z ist 2`
			`z = 300 // 7  # z ist 42`

%	Modulo	a % b ist der Rest der ganzzahligen Division von a und b.	`x = 2`
			`y = 3`
			`# Der Rest ist 2.`
			`rest = x % y`
			`# Weitere Beispiele`
			`rest = 5 % 3  # rest ist 2`
			`rest = 25 % 5 # rest ist 0`
			`rest = 123 % 60 # rest ist 3`

**	Exponential	a**b ist der Potenzwert von a hoch b.
		a ist die Basis und b der Exponent. Wenn der Exponent negativ ist, wird ein Gleitkommawert zurückgegeben.
			`x = 2`
			`y = 3`
			`# Das Ergebnis ist 8.`
			`ergebnis = x**y`
			`# Weitere Beispiele`
			`z = 2 ** -3  # z ist 0,125`
			`z = -2 ** -3  # z ist -0,125`
			`z = -2 ** 3  # z ist -8`

3.4.2 Zuweisungsoperatoren

Die einfache Zuweisung ist uns hier schon des Öfteren begegnet. Der einfache Zuweisungsoperator = bewirkt, dass in einem gegebenen Objekt ein Wert gespeichert wird. Dabei steht auf der linken Seite immer das Objekt, dem etwas zugewiesen werden soll, und auf der rechten Seite immer der Wert, der zugewiesen wird.

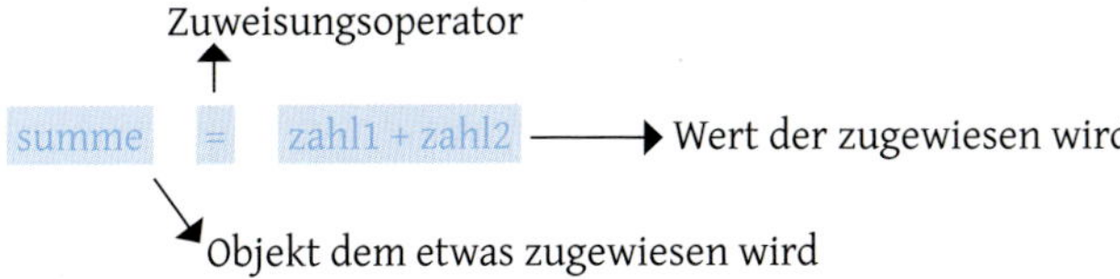

Es gibt aber auch Zuweisungsoperatoren, die im Zusammenhang mit anderen Operatoren eine verkürzte Schreibweise für Ausdrücke darstellen (siehe folgende Übersicht).

Operator	Bezeichnung	Bedeutung	Beispiel
=	Einfache Zuweisung	Speicherung des Wertes in einem Objekt	`a = a + 3`

+=	Zuweisung mit Addition	Addition eines Wertes zum Objekt mit gleichzeitiger Zuweisung des Ergebnisses	`a += 3`
			Entspricht:
			`a = a + 3`

-=	Zuweisung mit Subtraktion	Subtraktion eines Wertes vom Objekt mit gleichzeitiger Zuweisung des Ergebnisses	`a -= 3`
			Entspricht:
			`a = a - 3`

*=	Zuweisung mit Multiplikation	Multiplikation eines Wertes mit einem Objekt mit gleichzeitiger Zuweisung des Ergebnisses	`a *= 3`
			Entspricht:
			`a = a * 3`

/=	Zuweisung mit Division	Division des Objektes durch einen Wert mit gleichzeitiger Zuweisung des Ergebnisses	`a /= 3`
			Entspricht:
			`a = a / 3`

//=	Zuweisung mit ganzzahliger Division	Ganzzahlige Division des Objektes durch einen Wert mit gleichzeitiger Zuweisung des Ergebnisses	`a //= 3`
			Entspricht:
			`a = a // 3`

%=	Zuweisung mit Modulo	Berechnung von Modulo mit gleichzeitiger Zuweisung des Ergebnisses	`a %= 3`
			Entspricht:
			`a = a % 3`

**/	Zuweisung mit Potenzrechnung	Berechnung des Potenzwertes mit gleichzeitiger Zuweisung des Ergebnisses	`a **= 3`
			Entspricht:
			`a = a ** 3`

3.4.3 Relationale Operatoren (Vergleichsoperatoren)

Relationale Operatoren werden auch Vergleichsoperatoren genannt, weil sie Ausdrücke miteinander vergleichen und ein logisches Ergebnis liefern, also entweder „True“ (wahr) oder „False“ (falsch).

Operator	Bezeichnung	Bedeutung	Beispiel
==	Gleichheit	a == b ergibt True, wenn a und b gleich sind.	`if x == 10:` ...
!=	Ungleichheit	a != b ergibt True, wenn a und b ungleich sind.	`if x != 10:` ...
<	Kleiner	a < b ergibt True, wenn a kleiner b ist.	`if x < 10:` ...
>	Größer	a > b ergibt True, wenn a größer b ist.	`if x > 10:` ...
<=	Kleiner gleich	a <= b ergibt True, wenn a kleiner oder gleich b ist.	`if x <= 10:` ...
>=	Größer gleich	a >= b ergibt True, wenn a größer oder gleich b ist.	`if x >= 10:` ...

3.4.4 Boolesche Operatoren (logische Operatoren)

Boolesche Operatoren werden auch logische Operatoren genannt. Sie stammen aus der Booleschen Algebra und dienen der logischen Verknüpfung von Aussagen. Mit ihrer Hilfe werden einzelne Vergleichsoperationen zu komplexeren Bedingungen zusammengefügt.

Operator	Bezeichnung	Bedeutung	Beispiel
not	Negation	Invertiert den Ausdruck	`if not x == 10:` ...
and	Und	Ergibt True, wenn beide Operanten True sind	`if x == 10 and y < 20:` ...
or	Oder	Ergibt True, wenn mindestens ein Operant True ist	`if x == 10 or y == 10:` ...

Die Wahrheitstabelle der einzelnen Operatoren sieht wie folgt aus:

x	y	x and y	x or y	not x	not y	not (x and y)	not (x or y)
True	True	True	True	False	False	False	False
True	False	False	True	False	True	True	False
False	True	False	True	True	False	True	False
False	False	False	False	True	True	True	True

3.4.5 Bit-Operatoren

Bit-Operatoren arbeiten auf der Bit-Ebene und können nur für ganzzahlige Typen verwendet werden. Dabei wird jedes einzelne Bit miteinander verglichen und je nach Operator wird für dieses Bit ein Ergebnis erzeugt.

<table>
<tr><th>Operator</th><th>Name</th><th>Bedeutung</th><th>Beispiel</th></tr>
<tr><td>~</td><td>Bitweise Negation</td><td>Invertiert den Ausdruck</td><td>x = 1
x = ~x # x ist -2

Bitdarstellung:
x: 0000 0001 ergibt
~x: 1111 1110</td></tr>
<tr><td>&</td><td>Bitweises Und</td><td>Ergibt True, wenn beide Operanten True sind</td><td>x = 1
y = 3
z = x & y # z ist 1

Bitdarstellung:
x: 0000 0001 &
y: 0000 0011
z: 0000 0001</td></tr>
<tr><td>|</td><td>Bitweises Oder</td><td>Ergibt True, wenn mindestens ein Operant True ist</td><td>x = 1
y = 3
z = x | y # z ist 3

Bitdarstellung:
x: 0000 0001 |
y: 0000 0011
z: 0000 0011</td></tr>
<tr><td>^</td><td>Bitweises Exclusiv-Oder (XOR)</td><td>Ergibt True, wenn genau ein Operant True ist</td><td>x = 1
y = 3
z = x & y # z ist 2

Bitdarstellung:
x: 0000 0001 &
y: 0000 0011
z: 0000 0010</td></tr>
<tr><td><<</td><td>Shift links</td><td>Verschiebt die Bits eines Wertes um eine bestimmte Anzahl nach links. Alle Bits auf der rechten Seite werden mit Nullen aufgefüllt.</td><td>x = 1
y = 3
z = x << y # z ist 8

Bitdarstellung:
x: 0000 0001 <<
y: 0000 0011
z: 0000 1000</td></tr>
</table>

Operator	Name	Bedeutung	Beispiel

>>	Shift rechts	Verschiebt die Bits eines Wertes um eine bestimmte Anzahl nach rechts. Alle Bits auf der linken Seite werden mit Nullen aufgefüllt.	`x = 3`
			`y = 1`
			`z = x >> y # z ist 1`
			`Bitdarstellung:`
			`x: 0000 0011 >>`
			`y: 0000 0001`
			`z: 0000 0001`

Die Ergebnisse pro Operator, bezogen auf ein einzelnes Bit, sind in der nachfolgenden Tabelle noch einmal dargestellt.

x	y	x & y	x | y	x ^ y	~x	~y
1	1	1	1	0	0	0
1	0	0	1	1	0	1
0	1	0	1	1	1	0
0	0	0	0	0	1	1

3.4.6 Identity-Operatoren

Identity-Operatoren, auch Identitäts-Operatoren genannt, dienen dazu, Referenzen auf Objekte miteinader zu vergleichen.

Operator	Bedeutung	Beispiel

is	Gibt True zurück, wenn beide Werte auf dasselbe Objekt zeigen, ansonsten False.	`x = 1000`
		`print(type(x) is int)`
		
		`# Ausgabe True`

is not	Gibt True zurück, wenn beide Werte nicht auf dasselbe Objekt zeigen, ansonsten False.	`x = 1000`
		`print(type(x) is not flot)`
		
		`# Ausgabe True`

3.4.7 Membership-Operatoren

Mithilfe von Membership-Operatoren lässt sich festellen, ob ein bestimmtes Element in einer Wertesammlung vorhanden ist.

Operator	Bedeutung	Beispiel

in	Gibt True zurück, wenn ein Wert in einer bestimmten Wertesammlung gefunden wurde. Ansonsten wird False zurückgegeben.	`liste = [1, 2, 3, 4]`
		`x = 2`
		`print(x in liste)`
		`# Ausgabe True`

Operator	Bedeutung	Beispiel

not in	Gibt True zurück, wenn ein Wert in einer bestimmten Wertesammlung nicht gefunden wurde. Ansonsten wird False zurückgegeben.	`liste = [1, 2, 3, 4]`
		`x = 2`
		`print(x not in liste)`
		`# Ausgabe False`

3.5 Arbeit mit der Konsole

Nun bleibt noch der letzte Teil des Beispielprogramms übrig, d. h. alles, was mit der Ein- und Ausgabe im Konsolenfenster zu tun hat. Konsolenprogramme sind sehr nützlich, um schnell Algorithmen auszuprobieren, ohne lange eine Benutzeroberfläche erstellen zu müssen. Man kann sich so auf das Wesentliche des Algorithmus konzentrieren. Trotzdem ist es notwendig, grundlegende Ein- und Ausgabebefehle zu haben, um mit dem Programm interagieren zu können. Hierfür werden die Built-in-Methoden von Python verwendet.

Konsolenausgabe

Zur Ausgabe von Zeichenketten, Zahlen und weiteren Elementen verwendet man folgende Befehle:

Syntax:
Konsolenausgabe in Python

```
print(…)          # Ausgabe ohne Zeilenwechsel

print("…\n")      # Ausgabe mit Zeilenwechsel
```

In die runden Klammern wird der Inhalt geschrieben, welcher ausgegeben werden soll. Dies können einfacher Text, Zahlen, der Inhalt von Variablen oder eine Kombination aus allen sein. Durch den Operator , können verschiedene Inhalte miteinander verknüpft werden. Es ist auch möglich, Berechnungen und Vergleiche innerhalb des Ausgabebefehls auszuführen und das Ergebnis anzuzeigen. Dabei wandelt der Befehl für die Ausgabe automatisch alle Datentypen in String um und verknüpft sie zu einer einzigen Zeichenkette.

Beispiele

```
print("Hello World")
print("Die Summe der beiden Zahlen ist ",  summe)
print()                                              # Leerzeile
print("Ausgabe: ", 23 + 23)                          # Ausgabe: 66
```

Um etwa die Ausgabe von Gleitkommazahlen zu formatieren, kann eine Variante von print() genutzt werden, die mit nummerierten Platzhaltern arbeitet. Dabei wird an die entsprechenden Stellen der Ausgabe der Zahlen eine fortlaufende Nummer in geschweifte Klammern gesetzt. Am Ende des Textes werden dann, durch Komma getrennt, die Inhalte in der .format()-Methode aufgelistet, welche an die Stellen der Platzhalter geschrieben werden sollen. Am besten lässt sich dieses anhand eines Beispiels aufzeigen. Die Ausgabe

```
print("Der Durchschnittspreis beträgt ",  durchschnitt,  " Euro")
```

würde dann wie folgt aussehen:

```
print("Der Durchschnittspreis beträgt {0} Euro" .format(durchschnitt))
```

Diese Ausgabe kann nun noch formatiert werden, indem die Ausgabe des Durchschnittspreises auf zwei Nachkommastellen begrenzt wird. Dazu wird nach der Nummer des Platzhalters ein Doppelpunkt (:) angegeben und danach ein Punkt (.), die Anzahl der Nachkommastellen und zum Abschluss ein f.

```
print("DerDurchschnittspreisbeträgt{0:.2f}Euro".format(durchschnitt));
```

In diesem Fall wird die Ausgabe auf zwei Nachkommastellen begrenzt.

Beispiele

```
print("Der erste Wert ist {0} und der zweite Wert ist {1}"
.format(wert1, wert2))
print("Die Abweichung beträgt {0:6.8f} " .format(abweichung))
print ("Exponentialschreibweise {0:e} " .format(x));
```

Es gibt noch weitere Möglichkeiten, die Ausgabe zu formatieren. Aber hier soll die Arbeit mit der Konsole auf das Wesentliche beschränkt werden, damit man sich auf die Algorithmen konzentrieren kann.

Zu guter Letzt wird noch kurz die Benutzung einiger wichtiger Escape-Sequenzen betrachtet, wie z.B. \n für den Zeilenumbruch. Für alle Escape-Sequenzen gilt, dass sie durch einen Backslash eingeleitet werden müssen. Ansonsten können sie an beliebiger Stelle in die Ausgabe eingebaut werden. Die nachfolgende Übersicht erläutert einige Escape-Sequenzen:

Escape-Sequenz	Bedeutung
\\	Ausgabe des Backslash
\“	Ausgabe von Anführungsstrichen
\n	Zeilenumbruch
\t	Standardtabulator

Beispiele

```
print("Hello World \n")
print("Ausgabe eines Backslash \\")
print("\"")
```

Zum Abschluss wird ein Programm gezeigt, welches verschiedene Möglichkeiten der Ausgabe in einem Konsolenfenster demonstriert. Abb. 3.2 zeigt, welche Ausgabe nach dem Starten des Programms erscheint.

Quellcode: ausgaben_beispiele.py

```
s = "Beispieltext"
i = 12
d = 44.6453237
print("Hier kommen die Beispiele:")
print()
print("Erste Variante der Ausgabe von Variablen")
print("Text: ", s ,
   "  Ganze Zahl: ",  i ,
   "  Gleitkommazahl: " , d , "\n")
print("Zweite Variante der Ausgabe von Variablen")
print("Text: {0} Ganze Zahl: {1} Gleitkommazahl: {2} \n".format(s,i,d))
print("Gleitkommazahl auf 3 Nachkommastellen formatiert")
print("Gleitkommazahl: {0:.3f} \n" .format(d))
print("------------------------------")
print("Berechnung: Das Ergebnis von 3 + 4 ist " , (3 + 4) , "\n")
print("------------------------------")
print("Ausgabe eines Verzeichnispfades")
print("\"C:\\Projekte\\Beispielprogramm\"\n")
```

```
C:\Python_Projekte\AusgabenBeispiele\venv\Scripts\python.exe C:/Python_Projekte/AusgabenBeispiele/ausgaben_beispiele.py
Hier kommen die Beispiele:

Erste Variante der Ausgabe von Variablen
Text:  Beispieltext   Ganze Zahl:  12   Gleitkommazahl:  44.6453237

Zweite Variante der Ausgabe von Variablen
Text: Beispieltext Ganze Zahl: 12 Gleitkommazahl: 44.6453237

Gleitkommazahl auf 3 Nachkommastellen formatiert
Gleitkommazahl: 44.645

------------------------------
Berechnung: Das Ergebnis von 3 + 4 ist  7

------------------------------
Ausgabe eines Verzeichnispfades
"C:\Projekte\Beispielprogramm"


Process finished with exit code 0
```

Abb. 3.2: Ausgabe des Programms **ausgaben_beispiele.py**

Konsoleneingabe

Benutzereingaben über die Konsole realisiert man in Python vorzugsweise mit der Funktion input(). Diese Funktion gehört zu den sogenannten Built-in-Funktionen und kann mit oder ohne Übergabeparamter verwendet werden. Als optionaler Übergabeparameter kann ein Text übergeben werden, welcher beim Ausführen der Funktion auf dem Bildschirm angezeigt wird.

Syntax:
Konsoleneingabe in Python

```
input()                # Eingabe ohne Parameter

input("Ausgabetext") # Eingabe mit Text als Übergabeparameter
```

Wenn die Anweisung input() ausgeführt wird, wartet das Programm auf eine Eingabe vom Benutzer, welche dieser durch Drücken der Enter-Taste abschließen muss. Danach übergibt die Methode die Eingabe des Benutzers an das Programm. Dies erfolgt immer in Form einer Zeichenkette, egal, ob es sich um einen Text, eine ganze Zahl oder eine Gleitkommazahl handelt. Diese Zeichenkette muss nun zur weiteren Verarbeitung gespeichert werden. Dazu werden in der Regel Variablen verwendet (siehe Kapitel 3.1). Wenn die Eingabe in einer Variablen vom Typ String gespeichert werden soll, ergibt sich kein weiteres Problem. Soll die Eingabe allerdings an eine Variable mit einem anderen Datentyp übergeben werden, muss zunächst eine Typumwandlung stattfinden. Dies kann durch entsprechende Anweisungen geschehen (siehe Kapitel 3.3).

Beispiele

```
name = input()
ort = input("Geben Sie den Ausstellungsort ein: ")
x = int(input())
anzahl =  int(input("Geben Sie die Anzahl der Mitarbeiter ein:"))
y = float(input())
preis = float(input("Geben Sie den Grundpreis ein:"))
```

3.6 Aufgaben

1 Legen Sie für alle einzelnen Daten in der Tabelle eine Variable an. Wählen Sie sinnvolle Variablennamen. Bestimmen Sie, um welchen Datentyp es sich handelt.

Mitarbeiterdaten	
Laufende Nummer	12
Name des Mitarbeiters	Maier, Hans
Alter des Mitarbeiters	38
Adresse	Mühlenweg 1A, 01069 Dresden
Telefonnummer	0177-1234567
Beruf	Fachinformatiker
Verheiratet, Lohnsteuerkasse	Ja, 3
Kinder	2
Lohn/Gehalt	2571,36

2 Entscheiden Sie, ob es sich jeweils um eine gültige Typumwandlung handelt.

a) x = float(13.4)
b) x = float("13")
c) x = float(13..4)
d) x = int("W")
e) x = 12; y = float(x)
f) x = 12.34; y = int(x)
g) x = "12,2333"; y = float(x);

3 Wandeln Sie die Werte mithilfe einer Typumwandlung korrekt um.

a) 34.5 in einen Text
b) x = 3 in eine Float-Wert
c) x = "388" in einen Float-Wert
d) "55.55" in einen Float-Wert
e) x = "12" in eine Int-Wert
f) x = 12 in einen Text

4 Lösen Sie die nachfolgenden Aufgaben erst schriftlich und überprüfen Sie dann die Ergebnisse mithilfe eines Konsolenprogramms, indem Sie sich die Ergebnisse durch den Befehl `print()` anzeigen lassen. Beispiel: `print(123 % 7)`
Was kommt als ganzzahliger Rest heraus?

a) 123 % 7
b) 12345 % 100
c) 121 % 11
d) 10 % 2
e) 11 % 2
f) 12 % 2
g) 13 % 2
h) 481 % 60
i) 7 % 3
j) -7 % 3
k) -7 % -3
l) 7 % -3
m) 5 % 7
n) 0 % 7
o) 7 % 0

5 Welchen Wert hat x nach jeder Anweisung? Gegeben ist immer x = 12.

a) x += 12
b) x *= 12
c) x -= 12
d) x /= 12
e) x %= 12
f) x = ((x + x) – (x * 2)) / 4

6 Geben Sie an, ob das Ergebnis „True“ oder „False“ ist. Gegeben ist immer x1 = True und x2 = False.

a) ergebnis = x1 and x2
b) ergebnis = not x1 or x2
c) ergebnis = not x1 and not x2
d) ergebnis = (x1 or x2) and (not x1 and x1)

7 Ermitteln Sie, welchen Wert z annimmt. Berechnen Sie das Ergebnis in Bit-Schreibweise und wandeln Sie es anschließend wieder in einen dezimalen Wert um.

a) x = 10; y = 5
   z = x ^ y
b) x = 10; y = 5
   z = x | y
c) x = 10; y = 5
   z = x & y
d) x = 20; y = 44
   z = ~x | y
e) x = 100; y = 51
   z = x ^ ~y

8 Schreiben Sie ein Programm, welches Ihnen folgenden Text im Konsolenfenster ausgibt:

```
Dies ist eine Testausgabe.
Zum Beenden des Programms drücken Sie eine beliebige Taste ...
```

9 Schreiben Sie ein Programm, welches nach der Eingabe des Mitarbeiternamens, dessen Alters und Gehalts diese Daten wieder im Konsolenfenster ausgibt. Die Ein- und Ausgabe soll wie folgt aussehen:

```
Geben Sie folgende Mitarbeiterdaten ein:
Name: Maier
Vorname: Paul
Alter: 35
Gehalt in Euro: 2500,43
```
{ zwei Leerzeilen }

```
Der Mitarbeiter "Maier, Paul" ist 35 Jahre alt und hat ein Gehalt von 2500,43 Euro im Monat.
```

10 Schreiben Sie ein Programm, welches die folgende Ausgabe im Konsolenfenster erzeugt.

```
Tabelle: Preisliste

---------------------------------------
|  Artikel             |    Preis   |
---------------------------------------
|  Butter              |      1,99  |
|  Hose                |    133,55  |
|  Tagescreme          |     11,89  |
---------------------------------------
```

4 Anweisungsfolgen und Funktionen

In diesem Kapitel soll gezeigt werden, wie man einfache Algorithmen mithilfe eines Struktogramms plant und diese dann in ein Python-Programm umsetzt. Dabei geht es zunächst um eine lineare Abfolge von Anweisungen, die sogenannten Anweisungsfolgen, auch Sequenzen genannt. Auch solche Programme können komplex und unübersichtlich werden, wenn sie eine große Anzahl von Anweisungen enthalten. Wenn die Komplexität zunimmt, ist es notwendig, das Programm zu strukturieren, um es wartbar zu halten. Funktionen stellen ein geeignetes Mittel dar, um dies zu realisieren. Daher wird im Anschluss das Erstellen und Benutzen von Funktionen eingeführt.

4.1 Anweisungsfolgen (Sequenzen)

Anweisungen beschreiben einzelne Arbeitsschritte, die zur Lösung einer Problemstellung erforderlich sind. Anweisungen werden nacheinander (sequenziell) von oben nach unten und genau einmal abgearbeitet. Einzelne Anweisungen in Programmen können z. B. Zuweisungen, Berechnungen oder Ein- und Ausgaben sein. Sollen für die Lösung einer Aufgabe mehrere Anweisungen hintereinander ausgeführt werden, spricht man von einer Anweisungsfolge oder auch Sequenz.

In einem Struktogramm würde eine Anweisung oder Anweisungsfolge wie folgt dargestellt:

Anweisung

Anweisung 1
Anweisung 2
Anweisung n

Auftrag

Es soll ein Programm entwickelt werden, in das der Benutzer die Menge an getanktem Benzin in Litern und den Preis pro Liter in Euro eingeben kann. Danach sollen die Kosten für das Tanken berechnet und ausgegeben werden. Die Ausgabe im Konsolenfenster soll wie folgt aussehen:

Geben Sie bitte die Tankmenge in Liter ein: 44,3

Geben Sie bitte den Preis pro Liter in Euro ein: 1,30
Die Tankkosten betragen 57,59 Euro.

Als erstes wird ein Struktogramm entwickelt, um sich die grundlegende Struktur des Algorithmus klarzumachen. Für die Aufgabe sieht das Struktogramm wie folgt aus:

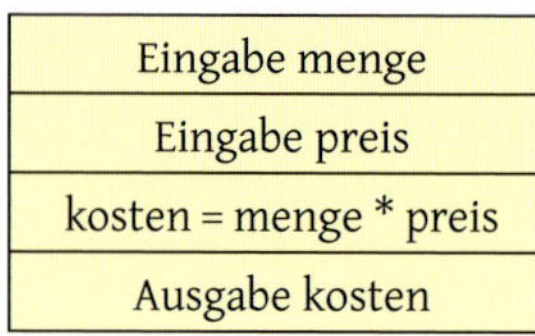

Hierbei wird meist nur der grundlegende Algorithmus abgebildet. Auf Ausgaben, welche einer benutzerfreundlichen Gestaltung des Programms dienen, wird dabei verzichtet. Durch diese Verkürzungen lenken die benutzerfreundlichen Teile im Struktogramm nicht vom eigentlichen Algorithmus ab. Sie werden erst beim Schreiben des Programms hinzugefügt.

Als zweiter Schritt wird nun der Algorithmus in Python umgesetzt. Eine Ein-zu-eins-Umsetzung des Algorithmus würde so aussehen:

Quellcode: Berechnung Tankkosten (reiner Algorithmus)

```
menge = float(input())      # Eingabe Menge
preis = float(input())      # Eingabe Preis
kosten = menge * preis      # Berechnung: Kosten = Menge * Preis
print(kosten)               # Ausgabe der Kosten
```

In den ersten beiden Zeilen erhält der Benutzer die Möglichkeit, die Tankmenge und den Preis pro Liter einzugeben. Da alle Eingaben in die Konsole erst einmal als Text interpretiert werden, auch wenn es Zahlen sind, müssen diese noch in einen Gleitkommawert umgewandelt werden. Dies wird durch den Befehl float(input()) realisiert. Man geht erst einmal davon aus, dass der Benutzer nur korrekte Eingaben macht. Alle anderen Eingaben, z. B. die Eingabe von Buchstaben oder Wörtern, würden zu einer Exception führen, da diese nicht in Float-Werte umgewandelt werden können. Danach werden die Kosten berechnet und ausgegeben.

Obwohl das Programm syntaktisch korrekt ist und auch die Tankkosten richtig berechnet und ausgibt, ist es in der Praxis kaum zu benutzen. Es ist schlicht und einfach nicht benutzerfreundlich genug. Die Benutzerfreundlichkeit des Programms muss nun noch gestaltet werden. Dies kann z. B. durch die Ausgabe von entsprechenden Textzeilen geschehen. Dabei sind der Fantasie und dem Geschmack des Entwicklers keine Grenzen gesetzt. Da es in diesem Buch aber vor allem um das Erlernen von Python geht und weniger um Fragen des Oberflächendesigns von Programmen, werden als Gestaltungselemente nur jene eingefügt, welche zur Bedienung des Programms unbedingt notwendig sind. Durch die spätere Entwicklung von Programmen mithilfe von Windows-Oberflächen erhalten diese automatisch eine benutzerfreundlichere Oberfläche.

Hier nun ein Beispiel, wie das obere Programm entsprechend erweitert werden kann:

Quellcode: Berechnung Tankkosten (benutzerfreundlicher)

```
print("-------------------------------")
print(" Berechnung der Tankkosten")
print("-------------------------------")
print("Geben Sie bitte die Tankmenge in Liter ein: ")
menge = float(input())
print("Geben Sie bitte den Preis pro Liter in Euro ein: ")
preis = float(input())
kosten = menge * preis
print("Die Tankkosten betragen " + str(kosten) + " Euro.")
```

Die neu hinzugekommenen Zeilen haben folgende Bedeutung: In den Zeilen 1 und 3 wird dem Benutzer gesagt, was er eingeben soll. Die Ausgabe (Zeile 6) wird durch einen kurzen Text erweitert. Dabei werden die Tankkosten, welche nach der Berechnung den Datentyp Float besitzen, durch den Befehl str() in einen Text umgewandelt. Alternativ kann das Programm noch etwas kürzer gestaltet werden, indem die Textausgaben in den Input-Befehl geschrieben werden.

Quellcode: Berechnung Tankkosten (kompakter)

```
print("-------------------------------")
print(" Berechnung der Tankkosten")
print("-------------------------------")
menge = float(input("Geben Sie bitte die Tankmenge in Liter ein: "))
preis = float(input("Geben Sie bitte den Preis pro Liter in Euro ein: "))
kosten = menge * preis
print("Die Tankkosten betragen " + str(kosten) + " Euro.")
```

Das Starten des Programms ergibt folgende Ausgabe:

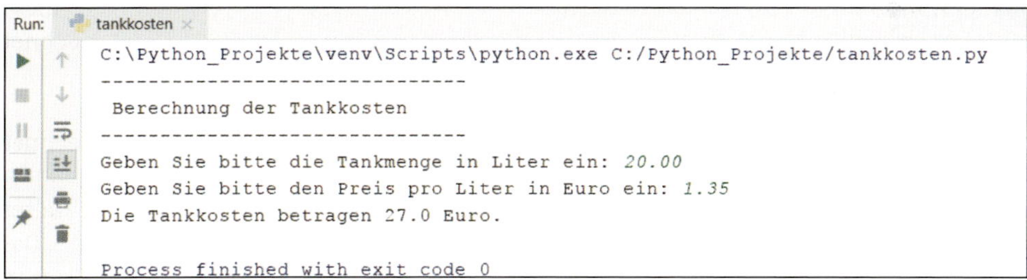

Abb. 4.1: Ausgabe des Programms „Berechne Tankkosten"

Obwohl das Programm jetzt theoretisch fertig ist, gibt es noch einiges zu tun, um den Quellcode lesbarer zu gestalten. Damit erhöht sich auch die Wartbarkeit des Programms. Deswegen werden im nächsten Abschnitt Funktionen eingeführt, mit deren Hilfe die jetzige Lösung weiter strukturiert werden kann.

4.2 Einfache Funktionen

In Python können Programmteile innerhalb einer Funktion ausgeführt werden. Unter einer Funktion kann man einen Codeblock verstehen, welcher eine Reihe von Anweisungen enthält. Ein Programm führt diese Anweisungen aus, indem die entsprechende Funktion im Programm aufgerufen wird. Theoretisch könnte man auf Funktionen ganz verzichten und den ganzen Code einfach hintereinanderschreiben. Diese Vorgehensweise würde den Quelltext aber sehr schnell unübersichtlich machen. Daher werden einzelne Programmteile in Funktionen zusammengefasst und diese dann an den entsprechenden Stellen aufgerufen. Bei der Verwendung von Funktionen ergeben sich folgende Vorteile:

- **Übersichtlichkeit:**
  Komplexe Programme werden in kleine Teilprogramme zerlegt, damit die Komplexität heruntergebrochen wird. Damit ist der Kontrollfluss leichter zu erkennen. In klassischen Programmen heißen die Funktionen daher auch Unterprogramme.
- **Vermeidung von Redundanzen im Quellcode:**
  Wiederkehrende Programmteile sollen nicht immer wieder neu programmiert, sondern an einer Stelle angeboten werden. Damit werden Redundanzen im Quelltext vermieden. Änderungen an der Funktionalität oder die Suche nach Fehlern lassen sich leichter durchführen.
- **Hohe Wiederverwendbarkeit von Quellcode:**
  Programmteile, die einmal geschrieben wurden, können auch in andere Programme eingebunden werden. So spart man Entwicklungsaufwand.

Funktionen bestehen generell aus einer Funktionssignatur und einem Funktionsrumpf. Die Signatur setzt sich aus dem Namen der Funktion (Funktionsname), der Anzahl und Reihenfolge der Übergabeparameter (Parameterliste) und dem Schlüsselwort def zusammen.

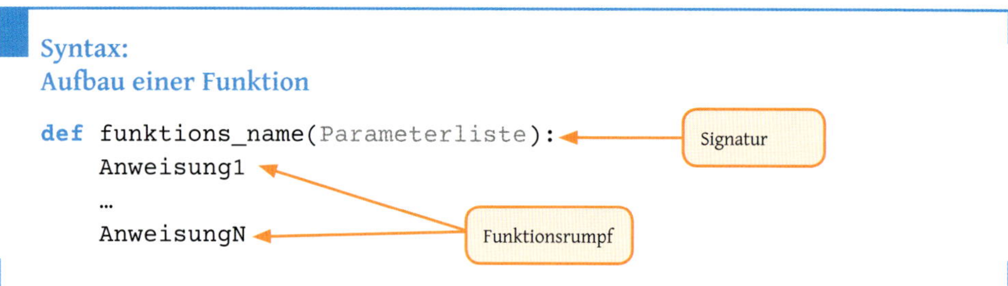

Eine Funktion beginnt in Python mit dem Schlüsselwort def. Danach folgt der Funktionsname mit kleinen Buchstaben in Underline-Notation. Es sollten sprechende Namen verwendet werden, sodass man schon am Funktionsnamen die Aufgabe der Funktion erkennen kann. So kann man sich viele Kommentare sparen. Die Übergabeparameter werden zwischen den beiden runden Klammern aufgezählt. Werden keine Parameter übergeben, bleibt dieser Bereich leer. Die Funktionssignatur wird durch einen Doppelpunkt abgeschlossen. Da der Funktionsrumpf einen eigenen Block darstellt, müssen alle Anweisungen, welche zu dieser Funktion gehören, entsprechend eingerückt werden.

Beispiele

```
def berechne_nettogehalt():
    anweisung1
    anweisung2

def zeichne_kreis(radius):
    durchmesser = 2 * radius

def ist_anmeldung_ok(name, passwort):
    ...
    return ergebnis
```

Auftrag

Das Programm „Tankkosten“ soll mithilfe von Funktionen besser strukturiert werden. Dabei soll die Funktionalität des Programms voll erhalten bleiben.

Dafür wird das Programm „Tankkosten“ um eine einfache Funktion erweitert, die keine Übergabeparameter und keinen Rückgabewert besitzt. Sie enthält einen Teil der Anweisungen des Programms und wird im Hauptprogramm aufgerufen. Dazu wird als erstes eine Funktion def starte_tankkostenberechnung() geschrieben, welche die Anweisungen für die Eingabe, für die Berechnung und für die Ausgabe enthält. Diese werden einfach aus dem alten Programmcode in den Funktionsrumpf übernommen.

Quellcode: Funktion starte_tankkostenberechnung()

```
def starte_tankkostenberechnung():
   print("-------------------------------")
   print(" Berechnung der Tankkosten")
   print("-------------------------------")
   menge = float(input("Geben Sie bitte die Tankmenge in Liter ein: "))
   preis = float(input(
            "Geben Sie bitte den Preis pro Liter in Euro ein: "))
   kosten = menge * preis
   print("Die Tankkosten betragen " + str(kosten) + " Euro.")

def main():  <-- Main-Funktion
   starte_tankkostenberechnung()

main()                       # Starten des Programms
```

Die Funktion starte_tankkostenberechnung() wird dann in einer Main-Funktion aufgerufen, welche auch noch implementiert werden muss. Zum Starten des Programms genügt es, die Main-Funktion aufzurufen.

Wenn das Programm gestartet wird, hat sich am Ablauf und am Erscheinungsbild für den Benutzer nichts geändert. Nur der Quellcode ist strukturierter und damit leichter zu lesen und zu warten. Der Code der Tankkostenberechnung wurde von der restlichen Funktionalität des Programms getrennt. Dieses Vorgehen erleichtert dem Entwickler später die Arbeit immens.

4.3 Funktionen mit Übergabeparametern und Rückgabewerten

Neben den Funktionen ohne Parameter und Rückgabewert gibt es noch Funktionen, die Übergabeparameter besitzen, einen Wert zurückgeben oder auch beides in Kombination. In der Regel wird damit erreicht, dass die Funktion noch stärker vom Rest des Programms entkoppelt wird, was sie universell einsetzbar macht.

Funktionen mit Übergabeparameter

Um Funktionen möglichst effektiv vom Rest des Programms zu entkoppeln, müssen die Werte, die die Funktion verarbeiten soll, an diese übergeben werden. Dabei kann es sich um einen oder mehrere Parameter handeln, welche durch Kommas getrennt zwischen den beiden runden Klammern aufgelistet werden. Der Name des Parameters ist frei wählbar, sollte aber mit einem kleinen Buchstaben anfangen. Es sollte versucht werden, die Anzahl der Übergabeparameter auf einen oder zwei zu beschränken. Dies dient der Wartbarkeit des Quellcodes. Ausnahmen bestätigen auch in diesem Fall die Regel und können gemacht werden, wenn z. B. komplexe Berechnungen innerhalb der Methode vorgenommen oder grafische Objekte mit vielen Parametern initialisiert werden.

Beispiele

```
def berechne_gesamtkosten(anzahl, preis):
    ...

def zeichne_kreis(radius):
    ...
```

Funktionen mit Rückgabewert

Mit einem Rückgabewert wird die Möglichkeit geschaffen, einen Wert von der Funktion an das Programm zurückzugeben, mit dem dann weitergearbeitet werden kann. Dazu wird der entsprechende Wert innerhalb der Funktion mit dem Schlüsselwort return zurückgegeben. Gleichzeitig wird an dieser Stelle die Funktion auch verlassen. Im Unterschied zu anderen Programmiersprachen können Funktionen in Python auch mehr als einen Rückgabewert liefern. Dieser Abschnitt behandelt aber zunächst die Rückgabe nur eines Wertes.

Beispiele

```
def berechne_durchmesser():
    radius = 25
    durchmesser = 2 * radius
    return durchmesser

def eingabe_anzahl()
    anzahl = int(input("Geben Sie die Anzahl ein: "))
    return anzahl
```

Funktionen mit Übergabeparametern und Rückgabewerten

Um Funktionen flexibel einsetzbar zu gestalten, wird meistens mit Übergabeparametern und Rückgabewerten gearbeitet. Dabei werden der Funktion Werte zur Verarbeitung übergegeben und das Ergebnis kommt als Rückgabewert von der Funktion zurück.

Auftrag

Das Programm „Tankkosten" soll noch weiter strukturiert werden, sodass die Berechnung der Tankkosten von der Ein- und Ausgabefunktionalität unabhängig wird.

Der Quelltext in der Funktion starte_tankkostenberechnung kann in drei große Teile aufgeteilt werden:

1. Eingabe der Daten
2. Berechnung der Tankkosten
3. Ausgabe der berechneten Kosten

```
def starte_tankkostenberechnung():
    print("--------------------------------")
    print(" Berechnung der Tankkosten")
    print("--------------------------------")
    menge = float(input("Geben Sie bitte die Tankmenge in Liter ein: "))
    preis = float(input(
            "Geben Sie bitte den Preis pro Liter in Euro ein: "))

    kosten = menge * preis

print("Die Tankkosten betragen " + str(kosten) + " Euro.")
```

Im Augenblick ist die Berechnung durch die Variablen noch an die Ein- bzw. Ausgabe gebunden. Diese soll nun vom Rest des Programms getrennt werden, um eine höhere Flexibilität zu erreichen. Dazu benötigt man eine separate Funktion, der die entsprechenden Daten zur Berechnung übergeben werden und welche dann die Tankkosten zurückgibt.

```
def berechne_tankkosten(menge, preis):
    return menge * preis
```

Die Funktion ist nun vollständig unabhängig von der Ein- und Ausgabe und könnte so auch direkt in einer Windows-Anwendung eingesetzt werden. Das fertige Programm sieht nun so aus:

Quellcode: Berechnung Tankkosten

```
def berechne_tankkosten(menge, preis):
    return menge * preis

def starte_tankkostenberechnung():
   print("-------------------------------")
   print(" Berechnung der Tankkosten")
   print("-------------------------------")
   menge = float(input("Geben Sie bitte die Tankmenge in Liter ein: "))
   preis = float(input(
            "Geben Sie bitte den Preis pro Liter in Euro ein: "))

   kosten = berechne_tankkosten(menge, preis)

   print("Die Tankkosten betragen " + str(kosten) + " Euro.")

def main():
   starte_tankkostenberechnung()

main()                          # Starten des Programms
```

Funktion: berechne_tankkosten

Aufruf der Funktion berechne_tankkosten

4.4 Rekursive Funktionen

Bisher wurde gezeigt, dass in einer Funktion eine oder mehrere andere Funktionen aufgerufen werden können. Es ist aber auch möglich, dass eine Funktion sich selber aufruft. Dies wird rekursiver Funktionsaufruf genannt. Ein klassisches Beispiel für eine Anwendung dieser Technik wäre die Berechnung der Fakultät.

Beispiel

```
# Beispiel rekursiver Funktionsaufruf
def Fakultaet(n):
    if n < 1:
        return 1
    return Fakultaet (n-1)*n     # Hier ruft sich die Funktion selbst
                                 # auf.

print(Fakultaet(4))              # Beispielanwendung
```

Einige Programmierprobleme lassen sich mit dieser Technik sehr elegant lösen. So wird die Rekursion z. B. bei manchen Sortieralgorithmen angewandt. Trotzdem ist Vorsicht geboten: Rekursive Funktionen sind meist ebenso elegant wie gefährlich. Es ist wichtig, sich das Ende der Rekursion genau zu überlegen. Ist der Algorithmus fehlerhaft und findet die Rekursion kein Ende, gibt es mit Sicherheit einen Programmabsturz. In der Regel lassen sich die meisten Probleme auch ohne Rekursion lösen. Deshalb wurde diese Technik hier nur vollständigkeitshalber erwähnt und soll nicht weiter vertieft werden.

4.5 Das Schlüsselwort pass

Bei der Programmentwicklung kommt es häufiger vor, dass Funktionen und Kontrollstrukturen erst einmal nur teilweise implementiert werden. Zum Beispiel möchte man nur den Funktionskopf einer Funktion anlegen und deren Inhalt später programmieren. Ein Funktionskopf ohne Quellcode erzeugt aber einen Syntaxfehler. Hier kommt nun pass zu Einsatz. Die pass-Anweisung macht gar nichts und dient lediglich als Platzhalter für späteren Quellcode. Durch die pass-Anweisung wird aber die Ausgabe eines Syntaxfehlers vermieden.

Beispiel

```
def beispiel_funktion():
    pass

a = int(input())
if a == 3:
    pass
```

4.6 Aufgaben

Für die nachstehenden Aufgaben zeichnen Sie zuerst ein Struktogramm, um sich den Algorithmus deutlich zu machen. Danach entwickeln Sie eine einzelne Konsolenanwendung, in der Sie die Lösung für alle Aufgaben eingeben. Dazu wird pro Aufgabe eine Funktion geschrieben und diese dann in der Main-Funktion aufgerufen. Da man zum Testen einzelner Aufgaben nicht jedes Mal auch alle anderen Aufgaben starten möchte, kommentieren Sie alle Funktionsaufrufe, welche gerade nicht gebraucht werden, in der Main-Methode aus. Diese Lösung ist nicht sehr elegant, aber sie erfüllt erst einmal ihren Zweck. In den weiteren Kapiteln werden Strukturen vorgestellt, mit deren Hilfe dieses Problem besser gelöst werden kann. Die Grundstruktur des Übungsprogramms kann wie folgt aussehen:

```
def aufgabe1():
    # Lösung Aufgabe1
    print("Lösung Aufgabe 1")


def aufgabe2():
    # Lösung Aufgabe2
    print ("Lösung Aufgabe 2")

def main():
    aufgabe1()
  # aufgabe2()

main()          # Starten des Programms
```

Hier kommt der Quelltext für die erste Aufgabe hin.

Hier kommt der Quelltext für die zweite Aufgabe hin.

Nicht benötige Methoden werden auskommentiert.

1 Schreiben Sie ein Programm, in das Sie zwei ganze Zahlen eingeben können und das dann die Differenz dieser Zahlen berechnet und ausgibt.
Beispiel:
Zahl1: 15
Zahl2: 6
Ergebnis: 9

2 Schreiben Sie ein Programm, in das Sie drei Gleitkommazahlen eingeben können und das nach der unten stehenden Formel das Ergebnis berechnet und ausgibt.
Formel: Die ersten beiden Zahlen werden addiert und das Ergebnis dann mit der dritten Zahl multipliziert.
Beispiel:
Zahl1: 1.5
Zahl2: 1.3
Zahl3: 2.2
Das Ergebnis ist 6.16

3 Schreiben Sie ein Programm, welches den Durchschnitt von vier Gleitkommazahlen berechnet und ausgibt. Die Zahlen werden vom Benutzer ins Programm eingeben.
Beispiel:
1. Zahl: 10.0
2. Zahl: 2.5
3. Zahl: 4.7
4. Zahl: 15.0
Der Durchschnitt der vier Zahlen ist 8.05

4 Schreiben Sie ein Programm, welches Ihnen nach Eingabe der Spannung U in Volt und der Stromstärke *I* in Ampere den elektrischen Widerstand R in Ohm und die elektrische Leistung P in Watt ausrechnet und ausgibt.
Beispiel:
Spannung U in Volt: 10.00
Stromstärke I in Ampere: 2.00
Der elektrische Widerstand R beträgt 5.00 Ohm
Die elektrische Leistung P beträgt 20.00 Watt

5 Ermitteln Sie mithilfe eines Programms den ganzzahligen Rest einer Division. Dabei werden der ganzzahlige Dividend und der ganzzahlige Divisor eingeben und der Rest ausgeben. Benutzen Sie dafür den Modulo-Operator.
Beispiel:
Dividend: 17
Divisor: 3
Das Ergebnis von 17 modulo 3 ist 2

6 Der Computer soll nach Eingabe des Listenpreises in Euro und des Lieferantenrabatts in Prozent den Einkaufpreis berechnen und ausgeben.
Beispiel:
Listenpreis in Euro: 100.00
Lieferantenrabatt in Prozent: 3.25
Der Einkaufpreis beträgt 96.75 Euro

7 Der BMI einer Person soll nach der Eingabe des Gewichts in Kilogramm und der Größe in Metern berechnet und ausgeben werden. Formel: BMI = Gewicht / (Größe * Größe)
Beispiel:
Gewicht in kg: 80.00
Größe in m: 1.80
Der BMI der Person ist 24.69

8 Schreiben Sie ein Programm, das nach Eingabe einer Speichergröße in Byte die Größe in Megabyte (MB) und in Mebibyte (MiB) berechnet und ausgibt.
Beispiel:
Speichergröße in Byte: 84000000
Speichergröße in MB: 84.00
Speichergröße in MiB: 80.1

9 Es sollen die x- und y-Werte für zwei Punkte eingeben werden, P1(x1,y1) und P2(x2,y2). Danach soll der Abstand zwischen diesen beiden Punkten berechnet und ausgeben werden.
Hinweis: Wurzel in Python:

```
import math
math.sqrt(...)
```

Beispiel:

```
x1: 6
y1: 4
x2: 10
y2: 1
Der Abstand zwischen den Punkten ist 5.0
```

10 Es sollen die Höhe und die Breite eines Bildes in Pixeln eingeben werden. Außerdem soll der Benutzer den Speicherbedarf für ein Pixel in Byte eingeben und die Anzahl der Bilder, welche er speichern möchte. Die Ausgabe soll der Speicherplatzbedarf der Bilder in MiB sein.
Beispiel:

```
Höhe in Pixel: 1024
Breite in Pixel: 768
Speicherbedarf pro Pixel in Byte: 1
Anzahl Bilder: 20
Speicherplatzbedarf in MiB: 15.00
```

5 Kontrollstrukturen

Bisher wurden nur Anweisungsfolgen vorgestellt, die sequenziell abgearbeitet werden. Oft ist es jedoch erforderlich, dass Programmteile mehrmals oder auch gar nicht durchlaufen werden. Dafür gibt es Kontrollstrukturen. Eine Einteilung zeigt die nachfolgende Übersicht.

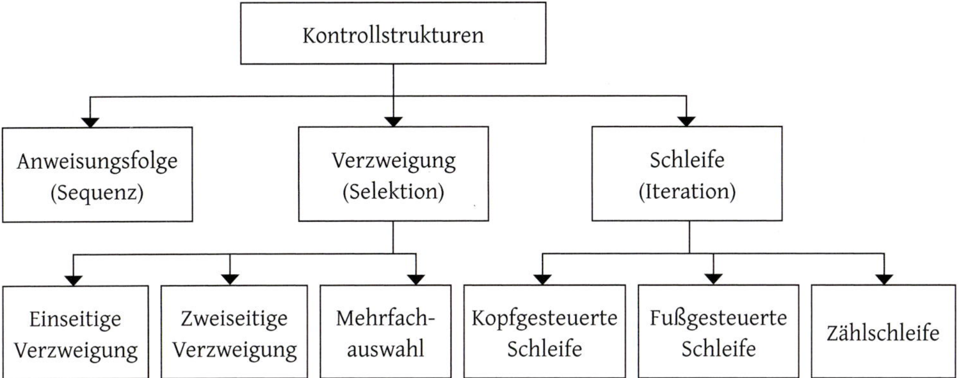

Die Anweisungsfolge, auch Sequenz genannt, ist bereits aus dem letzten Kapitel bekannt. In diesem Kapitel werden nun die weiteren Kontrollstrukturen Verzeigung und Schleife näher betrachtet.

5.1 Verzweigung (Selektion)

Die Auswahlstruktur (Selektion, Verzweigung, Alternative) unterstützt den Programmablauf, wenn er von einer oder mehreren Bedingungen abhängt. In Abhängigkeit von einer Bedingung können Anweisungen ausgeführt oder weggelassen werden. Die Bedingungen sind in der Regel an die relationalen Operatoren geknüpft. Mehrere Bedingungen können durch logische Operatoren miteinander gekoppelt werden (siehe dazu auch Kapitel 3.4.3 und 3.4.4).

5.1.1 Einseitige Verzweigung

Bei vielen Problemstellungen ist die Verarbeitung der Anweisungen an eine oder mehrere Bedingungen geknüpft. Sind die Bedingungen erfüllt, werden die betreffenden Anweisungen ausgeführt. Andernfalls wird der Anweisungsblock, welcher der Bedingung folgt, übersprungen.

In einem Struktogramm würde eine einseitige Auswahl wie folgt dargestellt werden:

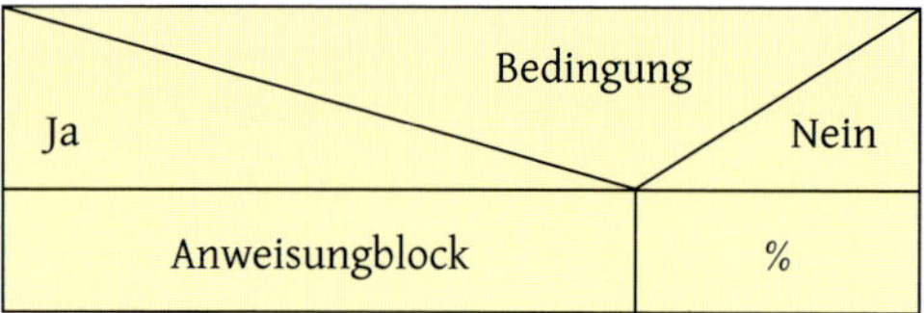

Das %-Zeichen steht für einen leeren Verzweigungsabschnitt. Das heißt, es werden hier keine Anweisungen oder Anweisungsfolgen ausgeführt.

Auftrag

Es soll ein Programm entwickelt werden, in welches der Benutzer eine ganze Zahl eingibt. Das Programm soll ausgeben, ob die Zahl größer, gleich oder kleiner Null ist.

Beispiel

Zahl: 5

Die Zahl 5 ist größer als Null.

Zunächst wird wieder ein Struktogramm erstellt, in dem der Algorithmus abgebildet wird. Es gibt mehrere Möglichkeiten diese Aufgabe zu lösen. Hier wird eine Lösung vorgestellt, bei der drei einseitige Verzweigungen zum Einsatz kommen.

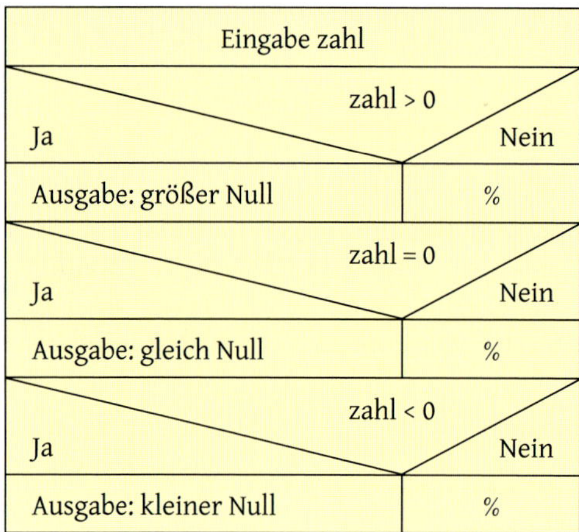

Dieser Algorithmus soll nun in ein Python-Programm umgesetzt werden. Dabei wird diesmal gleich auf eine benutzerfreundliche Gestaltung geachtet. Außerdem wird die Lösung wieder als eigene Funktion geschrieben.

Eine einseitige Verzweigung wird in Python wie folgt dargestellt:

Syntax:
Einseitige Verzweigung

```
if Bedingung:
    Anweisung1
    Anweisung2
```

Eine einseitige Auswahl wird durch das Schlüsselwort if eingeleitet, gefolgt von einer Bedingung, welche bestimmt, wann der zugehörige Anweisungsblock ausgeführt werden soll. Der zugehörige Anweisungsblock wird danach implementiert und muss entsprechend eingerückt werden (siehe auch Kapitel 2.1).

Die vollständige Lösung für die Aufgabe sieht so aus:

Quellcode: Zahl vergleichen

```
def vergleiche_zahl():
    zahl = float(input("Geben Sie eine ganze Zahl ein:"))
    if zahl > 0:
        print("Die Zahl {0} ist größer als Null" .format(zahl))
    if zahl == 0:
        print("Die Zahl {0} ist gleich Null" .format(zahl))
    if zahl < 0:
        print("Die Zahl {0} ist kleiner als Null" .format(zahl))

vergleiche_zahl()                    # Ausführen der Funktion
```

5.1.2 Zweiseitige Verzweigung

Bei der zweiseitigen Verzeigung wird in Abhängigkeit davon, ob eine Bedingung erfüllt ist oder nicht, entweder ein Anweisungsblock oder ein alternativer Anweisungsblock ausgeführt. Die allgemeine Symbolik in einem Struktogramm ist:

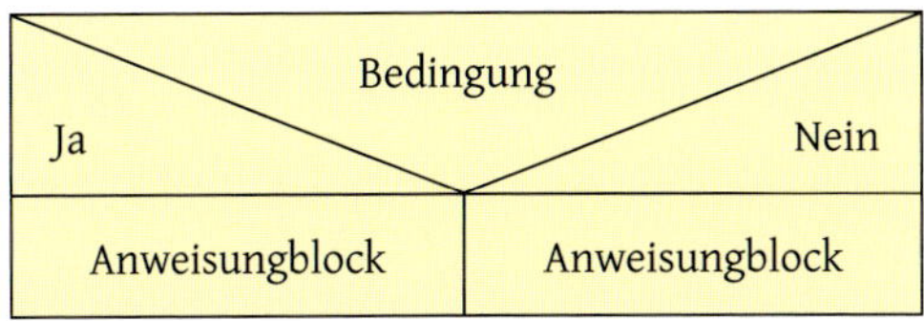

Auftrag

Es soll ein Programm entwickelt werden, in welches der Benutzer eine Gleitkommazahl eingibt. Als Ausgabe bekommt er, ob die Zahl im Bereich von 10 bis 20 liegt oder nicht.

Zunächst wird wieder ein Struktogramm erstellt. Auch hier gibt es verschiedene Möglichkeiten diese Aufgabe zu lösen. Hier wird eine Lösung vorgestellt, bei der eine zweiseitige Verzweigung zum Einsatz kommt.

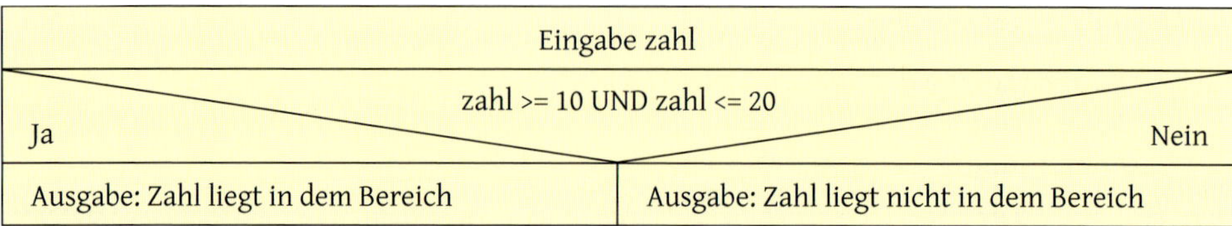

Der Unterschied zur einseitigen Verzweigung ist, dass jetzt auch ein „Nein"-Zweig hinzukommt. Einer der beiden Anweisungsblöcke wird also auf jeden Fall ausgeführt. Die allgemeine Syntax für die zweiseitige Auswahl in Python lautet:

Syntax:
Zweiseitige Verzweigung

```
if Bedingung:
    Anweisung1
    ...
else:
    Anweisung2
    ...
```

Bei der zweiseitigen Verzweigung kommt im Gegensatz zur einseitigen Verzweigung ein alternativer Anweisungsblock hinzu, welcher mit dem Schlüsselwort else eingeleitet wird. Dieser wird immer dann ausgeführt, wenn die Bedingung nicht erfüllt ist. Nach dem else steht wieder ein Doppelpunkt und der alternative Anweisungsblock muss eingerückt werden, damit er dem „Else"-Zweig zugeordnet werden kann. Die zweiseitige Verzweigung wird nun zur Lösung der Aufgabe verwendet:

Quellcode: Funktion „Liegt Zahl im Bereich"

```
def ermittle_bereich():
  zahl = float(input("Geben Sie eine Gleitkommazahl ein:"))
  if zahl >= 10.0 and zahl <= 20.0:
    print("Die Zahl {0} liegt im Bereich von 10 bis 20" .format(zahl))
  else:
     print("Die Zahl {0} liegt nicht im Bereich von 10 bis 20"
              .format(zahl))

ermittle_bereich()          # Ausführen der Funktion
```

5.1.3 Verschachtelte Verzweigungen

In einem Anweisungsblock einer Verzweigung kann wieder eine Verzweigung stehen, in dieser wieder eine und so weiter. So können Verzweigungen beliebig tief ineinander verschachtelt werden. Dabei sollte man aber beachten, dass zu viele Verschachtelungen die Lesbarkeit des Quelltextes erheblich einschränken. In den meisten Fällen lässt sich eine tiefe Verschachtelung durch andere Strukturen umgehen.

Auftrag

Es soll ein Programm entwickelt werden, in das der Benutzer drei ganze Zahlen eingibt und welches im Anschluss die größte dieser drei Zahlen ermittelt und ausgibt. Eine mögliche Lösung wird im folgenden Struktogramm dargestellt. Dabei werden Verzweigungen ineinander verschachtelt.

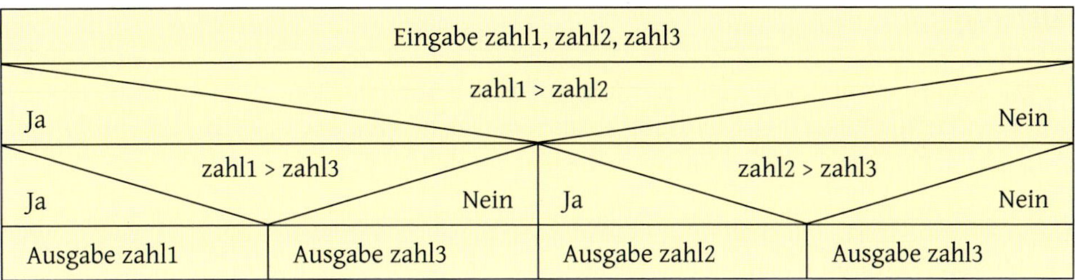

Hier enthält die zweiseitige Verzweigung in jedem Anweisungsblock wieder eine zweiseitige Verzweigung. In Python sieht das dann wie folgt aus:

Quellcode: Programm „Ermittle größte Zahl“

```
def ermittle_groesste_zahl():
    zahl1 = int(input("Geben Sie die erste Zahl ein: "))
    zahl2 = int(input("Geben Sie die zweite Zahl ein: "))
    zahl3 = int(input("Geben Sie die dritte Zahl ein: "))
    if zahl1 > zahl2:
        if zahl1 > zahl3:
            print("Die größte Zahl ist " + str(zahl1))
        else:
            print("Die größte Zahl ist " + str(zahl3))
    else:
        if zahl2 > zahl3:
            print("Die größte Zahl ist " + str(zahl2))
        else:
            print("Die größte Zahl ist " + str(zahl3))

ermittle_groesste_zahl()          # Programm ausführen
```

Beachten Sie dabei, die einzelnen Verschachtelungsebenen entsprechend einzurücken, damit die Logik des Programms erhalten bleibt. Außerdem wird dadurch die Lesbarkeit erhöht.

5.1.4 Mehrfachauswahl

Mit einer Mehrfachauswahl kann eine Variable (Selektor) auf verschiedene Werte überprüft werden. Im Struktogramm wird dies wie folgt dargestellt:

Selektor				
Wert1	Wert2	Wert3	Wert4	Sonst
Anweisungblock1	Anweisungblock2	Anweisungblock3	Anweisungblock4	Anweisungblock5

Auftrag

Es soll ein Programm entwickelt werden, in das der Benutzer eine ganze Zahl im Bereich von 1 bis 3 eingibt. Das Programm soll ausgeben, welche Zahl eingegeben wurde, bzw. melden, falls die eingegebene Zahl nicht in diesem Bereich liegt.

Diese Aufgabe lässt sich sowohl mit einseitigen als auch mit zweiseitigen Verzweigungen lösen. In solchen Fällen kann aber auch sehr gut eine Mehrfachauswahl verwendet werden, wie das folgende Struktogramm zeigt.

Eingabe zahl			
zahl			
1	2	3	Sonst
Ausgabe: 1	Ausgabe: 2	Ausgabe: 3	Ausgabe: liegt nicht im Bereich

Um solche Strukturen umzusetzen, haben Sprachen wie Java, C# oder C bzw. C++ ein sogenanntes Switch-Statement als eingebautes Feature. Überraschenderweise gibt es bei Python kein solches sprachliches Mittel. Aus den Mitteln, die bisher eingeführt wurden, könnte eine solche Struktur mithilfe von if-Blöcken implementiert werden:

```
def eingabe_zahl(auswahl):
    if auswahl == 1:
        print("Es wurde eine 1 eingegeben.")
    if auswahl == 2:
        print("Es wurde eine 2 eingegeben.")
    if auswahl == 3:
       print("Es wurde eine 3 eingegeben.")
    if auswahl < 1 or auswahl > 3:
       print("Es wurde keine 1, 2 oder 3 eingegeben.")

eingabe_zahl(2)                # Ausführen des Programms
```

Diese Lösung ist aber nicht sehr elegant. Außerdem wäre aufgrund einer sogenannten Sprungtabelle das Switch-Statement z. B. in C viel schneller als eine Lösung mit if-Blöcken. Anstatt jede Bedingung sequenziell zu überprüfen, muss in einer Sprungtabelle der Wert des Selektors nur einmal nachgeschlagen werden. Dann erfolgt der direkte Sprung zum entsprechenden Codezweig, um ihn auszuführen. Wenn z.B. eine 1 übergeben wird, dann brauchen die nachfolgenden Bedingungen nicht mehr ausgewertet zu werden, weil die erste Bedingung schon „True" ist. Um dies in Python etwas effizienter zu gestalten, kann eine if-Anweisung um einen oder mehrere elif-Zweige erweitert werden. Die Bedingung eines solchen Zweiges wird nur dann überprüft, wenn alle vorhergehenden if- bzw. elif-Anweisungen „False" ergeben haben.

Syntax:
Verzweigungen mit elif

```
if Bedingung:
   Anweisung1
   …
elif Bedingung:
   Anweisung2
   …
elif Bedingung:
Anweisung3
```

Unser Beispiel würde mit elif-Anweisungen folgendermaßen aussehen:

```
def eingabe_zahl(auswahl):
    if auswahl == 1:
        print("Es wurde eine 1 eingegeben.")
    elif auswahl == 2:
        print("Es wurde eine 2 eingegeben.")
    elif auswahl == 3:
       print("Es wurde eine 3 eingegeben.")
    elif auswahl < 1 or auswahl > 3:
       print("Es wurde keine 1, 2 oder 3 eingegeben.")

eingabe_zahl(2)          # Ausführen des Programms
```

Für die Übungsaufgaben kann sowohl die Lösung mit elif-Anweisungen als auch die Lösung mithilfe von if-Blöcken gewählt werden. Die Geschwindigkeitseinbuße der letzteren Variante spielt in diesem Fall keine so große Rolle.

5.1.5 Aufgaben

Für die nachstehenden Aufgaben zeichnen Sie wieder zuerst ein Struktogramm, um sich den Algorithmus deutlich zu machen. Eine einzelne Konsolenanwendung enthält dann wieder alle Lösungen zu den Aufgaben, mit dem Unterschied, dass jetzt schon mehr Strukturierungsmöglichkeiten für das Programm zur Verfügung stehen. Diese sollen auch genutzt werden: Es soll ein Menü erstellt werden, in dem der Benutzer eine Aufgabe auswählen kann. Dazu wird die Grundstruktur des vorherigen Übungsprogramms mithilfe einer Mehrfachauswahl um ein Auswahlmenü erweitert. Die Grundstruktur des Übungsprogramms kann wie folgt aussehen:

```
def main():
    menue_anzeigen()

def menue_anzeigen():
    print("==================")
    print(" Menü")
    print("==================")
    print(" 1. Aufgabe: 1")
    print(" 2. Aufgabe: 2")
    eingabe = int(input(("Geben Sie eine Zahl ein: ")))
    print("\n")
    if eingabe == 1:
        aufgabe1()
    elif eingabe == 2:
        aufgabe2()
    elif eingabe < 1 or eingabe > 2:
        print("Zahl nicht im Bereich!")
        print("Geben Sie eine Zahl von 1 bis 10 ein.")

def aufgabe1():
    print("----- Aufgabe1 -----")

def aufgabe2():
    print("----- Aufgabe2 -----")

main()        # Ausführen des Programms
```

Hierhin kommt der Quelltext der ersten Aufgabe.

Hierhin kommt der Quelltext der zweiten Aufgabe.

Das Menü würde auf dem Bildschirm folgendermaßen aussehen:

```
==================
 Menü
==================
 1. Aufgabe: 1
 2. Aufgabe: 2
Geben Sie eine Zahl ein:
```

Die Ausgabe können Sie natürlich noch schöner gestalten und nach Ihrem Geschmack anpassen.

1 Eine Firma liefert bei einem Bestellwert ab 100,00 € die Ware ohne Versandkosten aus. Für Aufträge unter 100,00 € betragen die Versandkosten pauschal 5,50 Euro. Schreiben Sie ein Programm, das den Rechnungsbetrag in Abhängigkeit vom Bestellwert ausgibt.
Beispiel:
Bestellwert in Euro: 50.00
Rechnungsbetrag: 55.50 Euro
oder
Bestellwert in Euro: 250.00
Rechnungsbetrag: 250.00 Euro

2 Schreiben Sie ein Programm, das Ihnen nach Eingabe von zwei Gleitkommazahlen die kleinste Zahl ausgibt.
Beispiel:
Zahl1: 51.12
Zahl2: -55.5
Die kleinste Zahl ist -55.5.

3 Ein Unternehmen gewährt seinen Kunden 5 % Bonus vom Nettoumsatz, wenn dieser pro Jahr 70 000,00 € übersteigt. Schreiben Sie ein Programm, das den Bonus eines Kunden errechnet und ausgibt. Falls der Kunde den erforderlichen Umsatz nicht erbringt, soll eine entsprechende Meldung ausgegeben werden.
Beispiel:
Nettoumsatz in Euro: 100 000.00
Bonus in Euro: 5 000.00

4 Eine Bank gewährt ihren Kunden bei einer Festgeldanlage folgende Zinsen pro Jahr:

Anlagebetrag in Euro	Zinsen in %
Bis 5 000,00	2,00
Bis 10 000,00	2,25
Bis 50 000,00	2,50
Über 50 000,00	2,75

Berechnen Sie durch ein Programm die Zinsen bei verschiedenen Anlagebeträgen.
Beispiel:
Anlagebetrag in Euro: 10 000.00
Zinsen pro Jahr in Euro: 225.00

5 Ermitteln Sie den Wochen-Bruttolohn eines Arbeiters durch die Eingabe der geleisteten Arbeitsstunden pro Woche sowie des Stundenlohnes. Für jede über 35 Wochenstunden hinausgehende abgeleistete Stunde wird ein Zuschlag von 50 % gewährt. Eingaben über 80 Stunden und Stundenlöhne über 50,00 € soll das Programm nicht verarbeiten.
Beispiel:
Stunden: 40
Stundenlohn in Euro: 20.00
Bruttolohn: 850.00 Euro

6 Schreiben Sie ein Programm, welches die Auswahl einer logischen Verknüpfung und die Eingabe zweier Werte (x, y) ermöglicht und entsprechend der ausgewählten Verknüpfung eine „0“ oder eine „1“ ausgibt.

x	y	OR	AND	NAND	XOR
1	1	1	1	0	0
1	0	1	0	1	1
0	1	1	0	1	1
0	0	0	0	1	0

Beispiel:
Wählen Sie einen logischen Operator aus:
UND : 1
ODER: 2
NAND: 3
XOR: 4

Auswahl: 4
Geben Sie die Werte für x und y ein:
X: 1
Y: 1
Das Ergebnis ist 0.

7 Schreiben Sie ein Programm, das Ihnen nach Eingabe einer positiven ganzen Zahl ausgibt, ob es sich um ein gerade oder eine ungerade Zahl handelt. Hinweis: Verwenden Sie den Modulo-Operator.
Beispiel:
Zahl: 4
Die Zahl 4 ist eine gerade Zahl.

8 Nach Eingabe von vier Zahlen soll das Programm Ihnen die größte Zahl ausgeben.
Beispiel:
Zahl1: 4
Zahl2: 12
Zahl3: 55
Zahl4: 7
Die größte Zahl ist 55.

9 Schreiben Sie ein Programm, welches Ihnen nach Eingabe einer Jahreszahl ausgibt, ob es sich um ein Schaltjahr handelt oder nicht. Ein Jahr ist ein Schaltjahr, wenn die Jahreszahl durch 4 und nicht durch 100 teilbar ist. Ausnahme: Ein Jahr ist ein Schaltjahr, wenn es durch 4 und durch 100 und durch 400 teilbar ist. Hinweis: Nutzen Sie den Modulo-Operator.
Beispiel:
Jahr: 2000
Das Jahr 2000 ist ein Schaltjahr.

10 Schreiben Sie ein Programm „Bankautomat“. Es soll das folgende Startmenü ausgeben:

Bildschirmausgabe (Startmenü)

```
Wählen Sie bitte einen Betrag aus dem Menü
aus und geben Sie die entsprechende Zahl ein.

Auswahlmenü
  1. Auszahlung 100,- Euro
  2. Auszahlung 200,- Euro
  3. Auszahlung 500,- Euro
  4. anderer Betrag

Eingabe : _
```

Bei der Eingabe einer 1, 2 oder 3 soll folgende Meldung ausgeben werden (hier bei Eingabe einer 1):

Sie bekommen 100,- Euro ausgezahlt.
Wir wünschen Ihnen noch einen schönen Tag.

Bei der Eingabe einer 4 erhält der Anwender die Aufforderung, einen Betrag zwischen 10,- und 1 000,- Euro einzugeben. Danach folgt wieder der Hinweis, dass der entsprechende Betrag ausgezahlt wird.
Bei falschen Eingabewerten soll eine Fehlermeldung ausgegeben werden.

Bildschirmausgabe (Eingabeaufforderung)

```
Geben Sie einen Betrag zwischen 10,- und
1000,- Euro ein!

Betrag : _
```

Hinweis: Der kleinste Geldschein, der ausgegeben werden kann, ist der 10-Euro-Schein.

5.2 Schleifen (Iteration)

Es kommt immer wieder vor, dass dieselben Anweisungen mehrmals wiederholt werden müssen. Es ist aber unnötig und unübersichtlich, jede Anweisung so oft zu schreiben, wie sie wiederholt werden soll. Meist ist auch nicht vorhersehbar, wie oft Anweisungen ausgeführt werden sollen. Mithilfe von Schleifen können solche wiederkehrenden Anweisungen mehrfach wiederholt werden.

Anstatt also immer wieder dieselbe Anweisung zu schreiben, z. B.

```
x = 0
print("Der Wert von x ist jetzt: ", x)
x = x + 2
print("Der Wert von x ist jetzt: ", x)
x = x + 2
print("Der Wert von x ist jetzt: ", x)
x = x + 2
print("Der Wert von x ist jetzt: ", x)
x = x + 2
print("Der Wert von x ist jetzt: ", x)
...
```

könnte man das Gleiche auch mithilfe einer Schleife erreichen:

```
x = 0
for i in range(0, 5):
    x = x + 2
    print("Der Wert von x ist jetzt: ", x)
```

Dabei ist die Syntax für eine Schleife nicht nur übersichtlicher, sondern erfordert auch viel weniger Schreibaufwand. In den meisten Programmiersprachen werden grundsätzlich drei Arten von Schleifen unterschieden: die kopfgesteuerte Schleife, die fußgesteuerte Schleife und die Zählschleife.

5.2.1 Kopfgesteuerte Schleife

Bei einer kopfgesteuerten Schleife steht die Schleifenbedingung am Anfang (Kopf) der Schleife. Im Struktogramm wird sie wie folgt dargestellt:

Solange Bedingung erfüllt
Anweisungblock

Dabei kann es vorkommen, dass der Schleifenkörper nie durchlaufen wird, weil die Schleifenbedingung schon zu Anfang nicht erfüllt ist. Deswegen wird diese Form der Schleife auch abweisende Schleife genannt. Solange die Bedingung wahr ist, wird der Schleifenkörper durchlaufen.

Auftrag

Es soll ein Programm entwickelt werden, dass alle ganzen Zahlen von 0 bis 10 auf dem Bildschirm ausgibt. Für die Lösung dieser Aufgabe wird eine kopfgesteuerte Schleife verwendet.

Zuerst wird eine Zählvariable angelegt und mit einem Anfangswert initialisiert. In unserem Fall bietet sich der Anfangswert 0 an. Innerhalb der Schleife wird der aktuelle Wert der Zählvariablen ausgegeben und anschließend um 1 erhöht. Solange die Bedingung erfüllt ist, wird dieser Vorgang wiederholt. Der Algorithmus ist im Struktogramm ersichtlich:

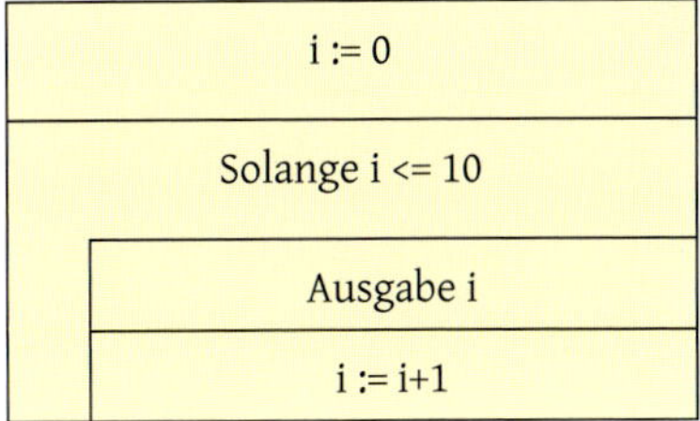

Dieser Algorithmus wird nun in Python umgesetzt. Die allgemeine Syntax einer kopfgesteuerten Schleife lautet:

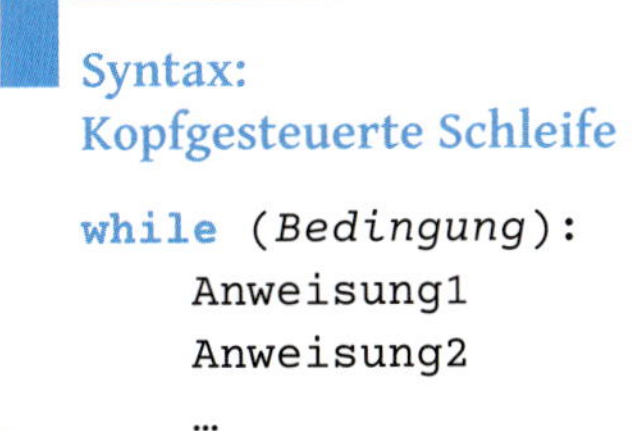

Syntax:
Kopfgesteuerte Schleife

```
while (Bedingung):
    Anweisung1
    Anweisung2
    ...
```

Eine kopfgesteuerte Schleife wird mit dem Schlüsselwort while eingeleitet. Dahinter wird in runden Klammern die Schleifenbedingung angegeben. Solange die Bedingung erfüllt ist, wird die Schleife durchlaufen. Abgeschlossen wird die Anweisung durch einen Doppelpunkt. In der nächsten Zeile beginnt dann der Anweisungsblock, welcher in der Schleife ausgeführt werden soll. Dabei muss unbedingt wieder auf die Einrückung der einzelnen Anweisungen geachtet werden, damit diese als zur Schleife gehörig interpretiert werden. Der folgende Quelltext zeigt die Lösung der Aufgabe. Dabei wird wiederum nur die Funktion mit der Schleife aufgeführt. Der Rest des Programms ist aus den vorherigen Abschnitten bekannt.

Quelltext: Ausgabe Zahlen 0 bis 10

```
def ausgabe_zahlen():
    i = 0
    while (i <= 10):
        print(i)
        i = i + 1

ausgabe_zahlen()          # Programm ausführen
```

Im Konsolenfenster wird dann Folgendes angezeigt:

```
C:\Python_Projekte\Test\venv\Scripts\python.exe
0
1
2
3
4
5
6
7
8
9
10

Process finished with exit code 0
```

Abb. 5.1: Ausgabe Zahlen 0 bis 10

5.2.2 Fußgesteuerte Schleife

Bei einer fußgesteuerten Schleife steht die Schleifenbedingung am Ende (Fuß) der Schleife. Im Struktogramm wird sie wie folgt dargestellt:

Anweisungblock
Solange Bedingung erfüllt

Im Gegensatz zur kopfgesteuerten Schleife wird der Schleifenkörper mindestens einmal durchlaufen, auch wenn die Schleifenbedingung nicht erfüllt ist. Deswegen wird diese Form der Schleife auch nichtabweisende Schleife genannt. Solange die Bedingung wahr ist, wird der Schleifenkörper durchlaufen.

In Python gibt es keine direkte Umsetzung einer fußgesteuerten Schleife wie z. B. in C. Diese muss bei Bedarf aus anderen Kontrollstrukturen zusammengesetzt werden, z. B. aus einer kopfgesteuerten Schleife und einer Verzweigung mit break (siehe Kapitel 5.2.4). Auf diese Möglichkeit wird an dieser Stelle aber nicht vertiefend eingegangen.

5.2.3 Zählschleife

Die Zählschleife ist eine Struktur, bei der von Anfang an feststeht, wie viele Wiederholungen des Schleifenkörpers ausgeführt werden. Dabei wird ein Zähler (die sogenannte Laufvariable) mitgeführt und verändert. Die Laufvariable ändert sich von einem Anfangswert bis zu einem Endwert. In der Regel wird sie um 1 erhöht, es sind aber auch andere Schrittweiten möglich. Im Struktogramm wird sie wie folgt dargestellt:

Von Laufvariable = Anfangswert bis Endwert

Anweisungblock

Auftrag

Es soll ein Programm entwickelt werden, das auf dem Bildschirm 10 Sterne hintereinander ausgibt.

Für die Lösung dieser Aufgabe wird eine Zählschleife genutzt. Als Laufvariable wird i festgelegt und auf einen Anfangswert von 0 gesetzt. Wenn 10 Sterne auf dem Bildschirm ausgegeben werden, muss der Endwert 9 sein. Die Schrittweite beträgt 1. Der Algorithmus ist aus dem folgenden Struktogramm ersichtlich.

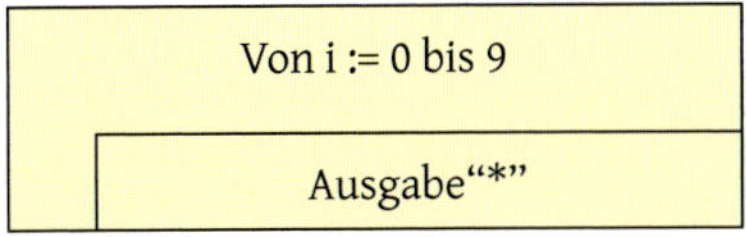

Dieser Algorithmus wird nun in Python umgesetzt. Dazu erst einmal die allgemeine Syntax für eine Zählschleife:

Syntax:
Zählschleife

```
for Laufvariable in range(Anfangswert, Endwert, Schrittweite):
    Anweisung1
    Anweisung2
    ...
```

Eine Zählschleife wird mit dem Schlüsselwort for eingeleitet. Dahinter wird die Laufvariable festgelegt. Nach der Laufvariablen folgen die Schlüsselwörter in range. Dahinter stehen in runden Klammern verschiedene Parameter. Die Parameterliste besteht aus drei Bereichen, die durch Kommas voneinander getrennt werden.

- **Anfangswert:** Setzen der Laufvariablen auf einen Anfangswert (z.B. 0). Diesen Wert besitzt die Laufvariable zum Beginn der Schleifendurchläufe.

- **Endwert:** Die Schleife wird so lange durchlaufen, wie dieser Endwert noch nicht erreicht oder überschritten wurde. Dabei gehört der Endwert nicht zu dem Bereich, den die Schleife durchläuft. Bei einer Angabe von

  ```
  for i in range (1, 10):
      ...
  ```

  wird die Schleife 9-mal durchlaufen (1 bis 9). Die 10 gehört nicht mehr dazu. Man kann sich das auch so vorstellen, dass die Laufvariable mit dem Endwert verglichen wird. In diesem Beispiel wird der Schleifenkörper durchlaufen, solange die Bedingung i < 10 erfüllt ist. Ist die Bedingung nicht mehr erfüllt, wird die Schleife verlassen.
- **Schrittweite:** Erhöhung oder Verminderung des Wertes der Laufvariablen. In der Regel wird der Wert der Laufvariablen um 1 erhöht. Wenn dies der Fall ist, kann auf die Angabe der Schrittweite verzichtet werden. Dies kommt sehr häufig vor, weswegen man meistens for-Schleifen mit nur zwei Parametern sieht, z. B.

  ```
  for i in range (1, 10):
      ...
  for i in range (0, 81):
      ...
  ```

Soll der Wert der Laufvariablen um einen anderen Wert als 1 verändert werden, muss die Schrittweite mit angegeben werden. Bei der folgenden Schleife wird i nach jedem Schleifendurchlauf um den Wert 3 erhöht.

```
for i in range (0, 30, 3):
    ...
```

Dabei ist zu beachten, dass der Wert 30 nicht mehr mit ausgeben wird, weil er nicht zum Schleifenbereich gehört.
Ist der Anfangswert größer gleich dem Endwert, dann wird die Schleife nicht durchlaufen, es sein denn, man gibt eine negative Schrittweite an. Die Schleife

```
for i in range (10, 0):
    ...
```

wird z. B. nicht durchlaufen, weil eine positive Schrittweite von 1 angenommen wird und damit der Anfangswert von i schon über dem Endwert liegt. Wird aber eine negative Schrittweite angeben, z. B.

```
for i in range (10, 0, -1):
    print(i)
```

werden alle ganzen Zahlen von 10 bis 1 (0 liegt wieder nicht im Bereich) ausgegeben.

Nach der Parameterliste muss dann noch ein Doppelpunkt gesetzt werden. Damit ist der Schleifenkopf beendet. Die Anweisungen, welche innerhalb der Schleife ausgeführt werden sollen, folgen in der nächsten Zeile und müssen wieder entsprechend eingerückt werden. Die Lösung der Aufgabe ist im folgenden Quelltext dargestellt.

Quelltext: Ausgabe Sterne

```
def ausgabe_sterne():
    for i in range(0, 10):
         print ("*", end=" ")

ausgabe_sterne()          # Programm ausführen
```

```
Run:   test
C:\Python_Projekte\Test\venv\Scripts\p
* * * * * * * * * *
Process finished with exit code 0
```

Abb. 5.2: Ausgabe des Programms „Sterne"

Die for-Schleife in Python ist nicht mit einer for-Schleife in C oder Java zu vergleichen. Sie entspricht eher einer foreach-Schleife aus C# und kann auch so gehandhabt werden. Wird anstatt in range() ein Objekt übergeben, werden alle Elemente dieses Objektes durchlaufen. Dabei muss die genaue Anzahl der Elemente des Objektes nicht bekannt sein.

Syntax:
for-Schleife für iterierbare Objekte

```
for Variable in Objekt:
       Anweisung1
       Anweisung2
       ...
```

Diese Form der for-Schleife wird wieder mit dem Schlüsselwort for eingeleitet, gefolgt von der Laufvariablen und dem Schlüsselwort in. Nun wird aber anstatt range das iterierbare Objekt angegeben, welches durchlaufen werden soll.
Solche Objekte können z.B. Listen oder Strings sein. Zum Ende wird wieder ein Doppelpunkt gesetzt.

Beispiel

```
for zahl in [20, 30, 40, 50]:
       print(zahl)

text = "Beispiel"
for  buchstabe in text:
       print(buchstabe)
```

In den nächsten Kapiteln wird diese Form der for-Schleife noch im Zusammenhang mit anderen Objekten verwendet werden.

5.2.4 Die Schlüsselwörter break und continue

Mit den Schlüsselwörtern break und continue kann der normale Schleifenablauf verändert werden.

Break

Durch den Befehl break wird die Schleife sofort verlassen, auch wenn die Schleifenbedingung noch erfüllt ist.

Quelltext: Funktion beispiel_break

```
def beispiel_break():
    i = 0
    while i <= 10:
        if i == 6:
            break
        print(i)
        i = i + 1

beispiel_break()        # Programm ausführen
```

In diesem Beispiel werden nur die Zahlen 0, 1, 2, 3, 4 und 5 ausgegeben, obwohl die Schleife eigentlich bis 10 laufen sollte. In der Verzweigung wird aber bei der Zahl 6 die Schleife mit break verlassen.

In Python gibt es die Möglichkeit zu erkennen, ob eine Schleife vollständig durchlaufen oder mit einer break-Anweisung beendet wurde. Dazu können sowohl die while- als auch die for-Schleife mit einem else-Zweig erweitert werden.

Syntax:
while- und for-Schleife mit else-Zweig

```
while Bedinung:
    Anweisung1
    ...
else:
    Anweisung2

for Variable in Objekt:
    Anweisung1
    ...
else:
    Anweisung2
```

Der Code des else-Zweiges wird abgearbeitet, wenn die Schleife erfolgreich vollständig durchlaufen wurde. Er wird nach dem Beenden der Schleife genau einmal ausgeführt. Der else-Zweig wird nicht durchlaufen, wenn die Schleife durch break vorzeitig abgebrochen wurde.

Beispiel

```
text = input()
for buchstabe in text:
        if buchstabe == "a":
            break
        print(buchstabe)
else:
    print("Schleife wurde erfolgreich durchlaufen.")
```

Continue

Durch den Befehl continue wird der aktuelle Schleifendurchlauf abgebrochen und mit dem nächsten fortgefahren.

Quelltext: Funktion beispiel_continue

```
def beispiel_continue():
    for i in range (0, 10):
        if i % 2 == 0:
            continue
        print(i)

beispiel_continue()             # Programm ausführen
```

In diesem Beispiel werden nur alle ungeraden Zahlen (1, 3, 5, 7, 9) ausgegeben. Natürlich kann man die Ausgabe aller ungeraden Zahlen innerhalb eines Bereiches viel eleganter lösen. Die hier gezeigte Lösung dient nur zur Verdeutlichung der Wirkungsweise von continue.

5.2.5 Aufgaben

Für die nachstehenden Aufgaben zeichnen Sie wieder ein Struktogramm, um sich den Algorithmus deutlich zu machen. Anschließend wird wieder eine Konsolenanwendung geschrieben. Diese basiert auf der Lösung aus Kapitel 5.1 (siehe S. 64), wird aber um eine Schleife erweitert. In dieser soll so lange verblieben werden, bis der Anwender das Programm mit der Eingabe einer 0 beendet (nicht durch Drücken einer beliebigen Taste). Die beste Lösung für ein solches Menü wäre eine fußgesteuerte Schleife, weil das Menü mindestens einmal angezeigt werden soll und eine fußgesteuerte Schleife mindestens einmal durchlaufen wird. Allerdings gibt es, wie bereits erwähnt, in Python keine derartige Schleife. Daher wird versucht, mithilfe einer kopfgesteuerten Schleife, die endlos durchlaufen wird (Endlosschleife), und break eine solche nachzuahmen. Natürlich ist es möglich dieses Problem auch auf andere Weise zu lösen. Die Grundstruktur des Übungsprogramms kann wie folgt aussehen:

```
def main():
    menue_anzeigen()

def menue_anzeigen():
    while True:
        print("=================")
        print(" Menü")
        print("=================")
        print(" 1. Aufgabe: 1")
        print(" 2. Aufgabe: 2")
        print(" Programm beenden: 0")
        eingabe = int(input(("Geben Sie eine Zahl ein: ")))
        print("\n")
        if eingabe == 1:
            aufgabe1()
        elif eingabe == 2:
            aufgabe2()
        if eingabe != 0:
            print("\n")
            input("Drücken Sie ENTER, " \
                  "um das Programm fortzusetzen ...")
            print("\n")
        elif eingabe == 0:
            break

def aufgabe1():
    print("----- Lösung Aufgabe1 -----")

def aufgabe2():
    print("----- Lösung Aufgabe2 -----")

main()                    # Ausführen des Programms
```

Verzweigung wird nur ausgeführt, wenn das Programm fortgesetzt werden soll.

Kopfgesteuerte Schleife (Endlosschleife), die mit break verlassen wird

Bei Eingabe einer 0 wird an dieser Stelle die Schleife mithilfe von break verlassen.

Hierhin kommt der Quelltext der ersten Aufgabe.

Hierhin kommt der Quelltext der zweiten Aufgabe.

Das Menü würde auf dem Bildschirm dann folgendermaßen aussehen:

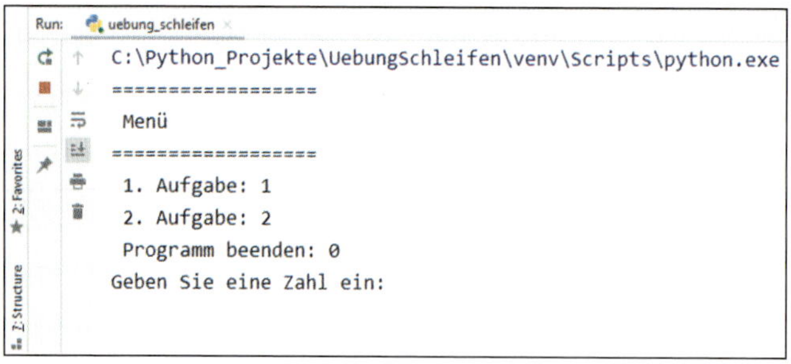

```
Run: uebung_schleifen
C:\Python_Projekte\UebungSchleifen\venv\Scripts\python.exe
=================
 Menü
=================
 1. Aufgabe: 1
 2. Aufgabe: 2
 Programm beenden: 0
Geben Sie eine Zahl ein:
```

Abb. 5.3: Menü für die Übungsaufgaben „Schleifen“

Die Ausgabe können Sie wiederum noch schöner gestalten und nach Ihrem Geschmack anpassen.

1 Entwickeln Sie ein Programm, das alle geraden Zahlen von 0 bis 20 ausgibt.
Beispiel:
0, 2, 4, 6 ,8, 10, 12, 14, 16, 18, 20

2 Der Benutzer gibt eine ganze Zahl ein und es werden alle ganzen Zahlen von dieser Zahl bis 0 durch eine Programm ausgeben.
Beispiel:
Eingabe: 5
Ausgabe: 5, 4, 3, 2, 1, 0

3 Schreiben Sie ein Programm, in das der Anwender eine ganze Zahl eingibt und das die Summe aller ganzen Zahlen von 0 bis zu dieser Zahl berechnet und ausgibt.
Beispiel:
Eingabe: 4
Summe: 10 (Rechnung: 4 + 3 + 2 + 1 + 0)

4 Der Benutzer gibt eine ganze Zahl ein und das Programm soll die Fakultät dieser Zahl berechnen (Hinweis: 0! = 1).
Beispiel:
Eingabe: 4
Fakultät: 24 (Rechnung: 4 * 3 * 2 * 1)

5 Schreiben Sie ein Programm, welches Ihnen nach Eingabe eines Anlagebetrages und eines Zinssatzes ausgibt, wie lange (in Jahren) Sie das Geld anlegen müssen, um über eine Million Vermögen zu bekommen. Hinweis: Die erwirtschafteten Zinsen werden wieder angelegt und im nächsten Jahr mitverzinst.
Beispiel:
Eingabe:
Anlagebetrag in Euro: 700 000.00
Zinssatz in %: 10

Ausgabe:
Mindestanzahl Jahre: 4

6 Schreiben Sie ein Programm, in welches der Anwender 10 Zahlen eingeben kann und das die größte und die kleinste Zahl anzeigt.
Beispiel:
Eingabe: 10, 5, 23, 5, 44, 3, 41, -2, 44, 3
Ausgabe: größte Zahl: 44, kleinste Zahl: -2

7 Schreiben Sie ein Programm, das alle Teiler einer einzulesenden ganzen Zahl ausgibt.
Hinweis: Nutzen Sie den Modulo-Operator.
Beispiel:
Zahl: 63
63 ist durch 1, 3, 7, 9, 21, 63 teilbar.

8 Schreiben Sie ein Programm, welches nach einer ganzen Zahl fragt und nach Eingabe alle Primzahlen bis zu dieser Zahl ausgibt. Hinweis: Nutzen Sie den Modulo-Operator.
Beispiel:
Eingabe: 10
Ausgabe: 2, 3, 5, 7

9 Geben Sie mithilfe von Schleifen folgende Figur aus Sternen auf dem Bildschirm aus. Hinweis: Pro Schreibvorgang darf jeweils nur ein Stern ausgegeben werden.

```
*******     7 Sterne
 *****      5 Sterne
  ***       3 Sterne
   *        1 Stern
```

10 J. Wallis hat eine andere Methode gefunden, um Pi zu berechnen. Schreiben Sie ein Programm, welche nach diesem Verfahren Pi berechnet und das Ergebnis ausgibt. Die Anzahl der Rechenschritte wird eingeben.
Pi / 2 = (2/1) * (2/3) * (4/3) * (4/5) * (6/5) * (6/7) * (8/7) * (8/9) * ...
Beispiel:
Anzahl Rechenschritte: 2
PI = 2.6666666666666665

6 Listen, Zufallszahlen und Dictionary

Die bisher verwendeten Variablen können nur genau einen Wert des entsprechenden Datentyps speichern. Wenn man z. B. 100 verschiedene Werte im Programm speichern wollte, müsste man also theoretisch 100 Variablen anlegen. Dies ist mit sehr viel Arbeit verbunden und außerdem sehr unübersichtlich. In diesem Kapitel werden daher Datenstrukturen eingeführt, in denen man beliebig viele Daten mit unterschiedlichem Datentyp ablegen kann. Um diese mit Testdaten zu füllen, werden Zufallszahlen verwendet.

6.1 Eindimensionale Listen

In einer eindimensionalen Liste werden mehrere Werte hintereinander abgespeichert. Dabei müssen diese Werte nicht vom gleichen Typ sein. In einer Liste können sowohl Ganzzahlen, Kommazahlen als auch Strings gemeinsam gespeichert werden. Angelegt wird eine Liste, indem eine Aufzählung ihrer Elemente in eckigen Klammern [ ] erfolgt.

Beispiele

```
liste1 = [1, 2, 33, -23, 63]
liste2 = ["Januar", "Februar"]
liste3 = ["Berlin", 3644826, 891.68]
messwerte = [1.3, 2.0, 33.01, -23.22, 5.23]
```

Die erste Liste im Beispiel besteht nur aus Zahlen, die zweite nur aus Strings. In der dritten Liste stehen sowohl Strings (Stadtname) als auch Zahlen (Einwohnerzahl und Fläche). Im Folgenden soll die Liste „messwerte“ aus dem Beispiel genauer betrachtet werden. Sie hat folgenden Aufbau:

Index	0	1	2	3	4
Wert	1.3	2.0	33.01	-23.22	5.23

Der Index einer Liste beginnt immer mit dem Wert 0 und endet mit dem Wert der Anzahl der Elemente -1 (anzahlElemente -1). Im Fall von „messwerte“ endet die Liste mit dem Index 4 (5 Elemente -1). Die einzelnen Daten werden über den Listennamen und den Index (in eckigen Klammern) angesprochen. Wird ein Index angegeben, dessen Wert außerhalb des Listenbereichs liegt (negativer Index oder Index größer als die Anzahl der Listenelemente), wird ein Laufzeitfehler (Exception) erzeugt.

Beispiele

```
messwerte[0] = 20.3
messwerte[3] = -1.6
messwerte[4] = (x * 1.34) / 5.0
print(messwerte[5]) # Fehler, weil das Listenelement nicht existiert
```

Mit dieser Vorgehensweise kann auf einzelne Elemente einer Liste zugegriffen werden. Allerdings ist man so noch nicht in der Lage, Elemente aus der Liste zu löschen oder der Liste Elemente hinzuzufügen. Das Löschen eines Elementes aus der Liste kann mit dem Schlüsselwort del erfolgen. Hinter del wird das Element angeben, welches gelöscht werden soll.

```
messwerte = [1.3, 2.0, 33.01, -23.22, 5.23]
print(messwerte[0])      # Ausgabe 1.3
del messwerte[0]
print(messwerte[0])      # Ausgabe 2.0
```

Löschen des ersten Listenelementes

Mit del wird das erste Element der Liste gelöscht. Damit rückt das zweite Element an die erste Stelle und erhält den Index 0. Alle anderen Elemente rücken entsprechend auf. Die gesamte Liste besteht jetzt nur noch aus vier Elementen.

Um ein Element in die Liste einzufügen, wird die Liste an der entsprechenden Stelle geteilt, das neue Element oder die Liste mit Elementen werden eingefügt und am Ende wird der Rest der alten Liste angehängt. Der folgende Quellcode vedeutlicht diese Vorgehensweise:

```
messwerte = [1.3, 2.0, 33.01, -23.22, 5.23]
print(messwerte[2])                        # Ausgabe 33.01
messwerte = messwerte[:2] + [800] + messwerte[2:]
print(messwerte[2])                        # Ausgabe 800
```

Einfügen des Wertes 800 an der dritten Stelle der Liste

Listen verfügen über verschiedene Methoden, mit deren Hilfe sie bearbeitet werden können. Diese sind in der nachfolgenden Tabelle aufgeführt.

Methode	Beschreibung
append(*value*)	Hängt den Wert von value an das Ende der Liste an.
extend(*liste*)	Hängt alle Werte der Liste liste an das Ende der bestehenden Liste an.
insert(*index, value*)	Fügt den Wert value an der Stelle index in die Liste ein.
pop(*index*)	Gibt den Wert des Elementes an der Stelle index zurück und entfernt anschließend das Element. Wird kein Index angeben, wird das letzte Element entfernt.
remove(*value*)	Entfernt das erste Vorkommen der Wertes value aus der Liste.
reverse()	Kehrt die Reihenfolge der Elemente in der Liste um.
sort()	Sortiert die Liste.

Beispiele

```
messwerte = [1.3, 2.0, 33.01, -23.22, 5.23]

messwerte.append(11.11)
print(messwerte[5])      # Gibt 11.11 aus

messwerte.insert(0, -8)
print(messwerte[0])      # Gibt -8 aus

messwerte.remove(2.0)
print(messwerte[1])      # Gibt 1.3 aus
print(messwerte[2])      # Gibt 33.1 aus
```

Anhängen des Elementes 11.11 an das Ende der Liste

Einfügen des Elementes -8 an der ersten Stelle der Liste

Entfernt das erste Vorkommen des Wertes 2.0 aus der Liste

Auftrag

Es soll ein Programm entwickelt werden, in dem fünf Messwerte in eine Liste eingegeben werden können und welches dann den höchsten Messwert ermittelt und ausgibt.

Zunächst wird für den Algorithmus ein Struktogramm entwickelt:

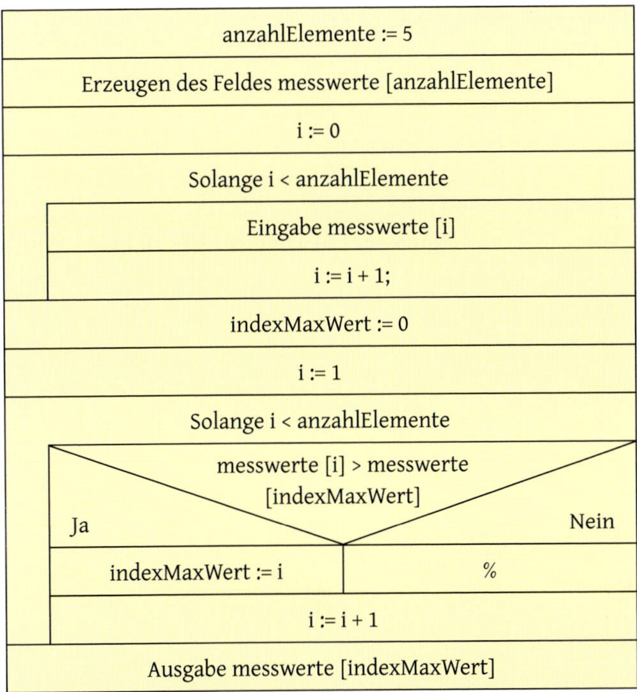

Daraus wird nun das Programm entwickelt. Für die Schleifen werden zwei kopfgesteuerte Schleifen verwendet. Es wäre aber ebenso möglich, eine andere Schleifenart zu wählen.

Quellcode: Höchster Messwert

```
# ---------------------------
# Erzeugen der Liste
# ----------------------------
anzahlElemente = 5
messwerte = []
# ---------------------------
# Eingabe der Messwerte
# ----------------------------
print("Geben Sie {0} Messwerte ein." .format(anzahlElemente)))
i = 0
while i < anzahlElemente:
   value = float(input("Messwert {0}:" .format(i)))
   messwerte.append(value)
   i = i + 1
# ----------------------------------
# Ermitteln des höchsten Messwertes
# -----------------------------------
indexMaxWert = 0
i = 1
while i < anzahlElemente:
   if messwerte[i] > messwerte[indexMaxWert]:
       indexMaxWert = i
   i = i + 1

# ----------------------------------
# Ausgabe
# -----------------------------------
print("Der höchste Wert ist: " + str(messwerte[indexMaxWert]) + "\n")
```

```
Geben Sie fünf Messwerte ein.
Messwert 0: 23.88
Messwert 1: 11.45
Messwert 2: 44.00
Messwert 3: 2.0003
Messwert 4: -23.9
Der höchste Wert ist: 44.0
```

Abb. 6.1: Mögliche Ausgabe des Programms „Höchster Messwert“

6.2 Zufallszahlen

Um Listen mit sehr vielen Elementen zu testen, wäre es sehr umständlich, alle Testdaten von Hand einzugeben. Stattdessen ist es einfacher, Testdaten automatisch zu erzeugen und diese mithilfe einer Schleife in die Liste zu schreiben. Damit man unterschiedliche Testdaten bekommt, bietet es sich an, diese per Zufallsgenerator zu generieren.

Auftrag

Es soll ein Programm entwickelt werden, das eine Liste mit Zufallszahlen im Bereich von 0 bis 99 füllt und danach alle Daten anzeigt. Die Anzahl der Listenelemente soll vom Benutzer eingegeben werden können.

Für die Lösung sind drei Schritte notwendig:

- Erzeugen eines Feldes
- Füllen des Feldes mit Zufallszahlen
- Ausgabe der Zufallszahlen

Zum Durchlaufen der Liste werden eine for-Schleife in Form einer Zählschleife und eine for-Schleife in Form einer foreach-Schleife verwendet.

Quellcode: Zufallszahlen

```
import random

# ---------------------------
# Erzeugen der Liste
# ----------------------------
anzahlElemente = int(input((
                    "Geben Sie die Anzahl der Elemente ein: ")))
messwerte = []

# ----------------------------------------
# Füllen der Liste mit Zufallszahlen
# ----------------------------------------
random.seed()
for i in range(0, anzahlElemente):
   value = random.randint(0, 99)
   messwerte.append(value)

# -----------------------------------
# Ausgabe aller Listenwerte
# -----------------------------------
print("Es wurden folgende Zufallszahlen erzeugt:")
for value in messwerte:
   print(str(value), end = ",")

print("\n")
```

Für Zufallszahlen das Modul random einbinden

Zufallszahlengenerator initialisieren

Zufallswert erzeugen

Um Zufallszahlen zu erzeugen, muss zunächst das Modul random importiert werden. Danach sind zwei Schritte notwendig, um Zufallszahlen zu generieren: Als erstes muss der Zufallsgenerator mit der Methode seed() initialisiert werden. Als zweites wird mit einer entsprechenden Methode eine Zufallszahl erzeugt. Einige dieser Methoden werden im Folgenden vorgestellt.

1 **randint**(*anfangswert, endwert)*: Erzeugt eine ganzzahlige Zufallszahl in dem Bereich, welcher durch den Anfangswert und den Endwert begrenzt wird. Der Anfangs- und der Endwert können auch gültige Ergebnisse sein.

Beispiel

```
import random
value = random.randint(10, 100)
print(value)                    # Ausgabe z.B. 21
```

2 **random():** Erzeugt als Zufallszahl eine Gleitkommazahl im Bereich zwischen 0 und 1.

Beispiel

```
import random
value = random.random( )
print(value)                    # Ausgabe z.B. 0.8213041462081855
```

3 **uniform**(*anfangswert, endwert*): Erzeugt eine Gleitkommazahl im Bereich vom Anfangswert bis zum Endwert.

Beispiel

```
import random
value = random.uniform(2, 6)
print(value)                    # Ausgabe z.B. 2.6648315000379617
```

4 **gauss**(*anfangswert, endwert*): Erzeugt ebenfalls eine Gleitkommazahl im angegebenen Bereich. Allerdings ist die Wahrscheinlichkeitsverteilung dabei nicht gleich verteilt, sondern entspricht der Gaußschen Normalverteilung.

Beispiel

```
import random
value = random.gauss(0, 10)
print(value)                    # Ausgabe z.B. 7.863158861974248
```

Das fertige Programm erzeugt folgende Ausgabe:

```
Geben Sie die Anzahl der Elemente ein: 10
Es wurden folgende Zufallszahlen erzeugt:
99,26,50,60,83,90,59,56,30,65,
```

Abb. 6.2: Ausgabe des Programms „Zufallszahlen"

6.3 Mehrdimensionale Listen

Neben eindimensionalen Listen ist es auch möglich, mehrdimensionale Listen anzulegen. Dabei ist die Anzahl der Dimensionen nicht begrenzt. Hier wird anhand einer zweidimensionalen Liste exemplarisch die Erzeugung und Verwendung von mehrdimensionalen Listen erläutert. Eine zweidimensionale Liste kann man sich so vorstellen, dass ein Listenelement selbst wieder eine Liste definiert. Die Elemente müssen auch hier nicht vom gleichen Typ sein. Man kann an eine Matrix oder eine Tabelle denken, um sich eine zweidimensionale Liste anschaulich vorzustellen. Jede Zelle einer Tabelle ist eindeutig durch die Position in einer Zeile und einer Spalte identifizierbar.

	0	1	2	3	4
0	0.0	34.5	3.0	0.2	0.6
1	12.3	6.0	6.0	13.5	23.0
2	0.0	23.9	8.8	9.2	1.1
3	0.0	3.5	44.6	21.0	0.0

Index Spalte

Index Zeile

Werte

Das Anlegen einer zweidimensionlen Liste entspricht dem Vorgehen bei einer eindimensionalen Liste, mit dem Unterschied, dass in die ersten eckigen Klammern noch weitere für die zweite Dimension gesetzt werden.

Beispiele

```
spalten = 2
zeilen = 6
matrix = [[0] * spalten] * zeilen

matrix = [[0, 34, 5], [56, 7, 9]]

matrix = [["Berlin", "Paris"], ["Deutschland", "Frankreich"]]
```

Der Zugriff auf die einzelnen Elemente erfolgt wieder über die Angabe der entsprechenden Indizes. Bezogen auf eine zweidimensionale Liste, müssen der Index der Zeile und der Index der Spalte angegeben werden. Der Index der Zeilen beginnt immer mit dem Wert 0 und endet mit dem Wert der Anzahl der Zeilen -1 (anzahlZeilen-1). Das Gleiche gilt für den Index der Spalten. Wird ein Index verwendet, dessen Wert außerhalb des Listenbereichs liegt, wird ein Laufzeitfehler erzeugt.

Beispiel

```
zeilen = 10
spalten = 2
messwerte = [0] * zeilen
for i in range(zeilen):
    messwerte[i] = [0] * spalten

messwerte[8][0] = 20.0
messwerte[4][1] = 2.23

print(messwerte[8][0])          # 20.0
print(messwerte[4])             # Ausgabe [0, 2.23]
messwerte[1][4] = 7.091         # Fehler wegen falschem Index
```

Anlegen einer zweidimensionalen Liste, in der alle Elemente zum Anfang den Wert „0“ erhalten

Einzelnen Elementen Werte zuweisen

Im Beispiel wird eine zweidimensionale Liste erzeugt und einzelnen Elementen werden Werte zugewiesen. Wird nur der Zeilenindex angeben, werden alle zugehörigen Werte dieser Zeile angesprochen. Die letzte Anweisung erzeugt einen Fehler, weil der Spaltenindex außerhalb des gültigen Bereichs liegt.

Auftrag

Es soll ein Programm entwickelt werden, in dem ein zweidimensionales Feld genutzt wird, um die Belegung von Sitzplätzen in einem Theatersaal zu dokumentieren. Es gibt in dem Saal sechs Reihen mit jeweils neun Sitzplätzen pro Reihe. Zum Testen sollen die Plätze zufällig belegt werden.

Zunächst wird für den Algorithmus ein Struktogramm entwickelt:

anzahlReihen := 6		
anzahlPlätze := 9		
Erzeugen des Feldes belegung [anzahlReihen, anzahlPlaetze]		
Von reihe := 0 bis anzahlReihen – 1		
	Von platz := 0 bis anzahlPlaetze – 1	
		belegung [reihe, platz] := Zufallswert (true oder false)
Von reihe := 0 bis anzahlReihen – 1		
	Von platz := 0 bis anzahlPlaetze – 1	
		Ausgabe belegung [reihe, platz]

Für den Algorithmus wird zunächst eine zweidimensionale Liste „belegung“ erzeugt. Um die Anzahl der Reihen und die Anzahl der Plätze pro Reihe flexibel verändern zu können, werden zwei Variablen angelegt, welche diese Werte aufnehmen. Diese werden auch als Abbruchbedingung in den Schleifen verwendet. Nach dem Anlegen der Liste haben alle Listenelemente automatisch den Wert „False“. Nun werden zufällig Plätze belegt, indem einigen Listenelementen der Wert „True“ zugewiesen wird. Dies geschieht mit zwei verschachtelten Zählschleifen. In der äußeren Schleife werden die Reihen durchlaufen und in der inneren Schleife die einzelnen Plätze der entsprechenden Reihe. Danach wird die Belegung im Konsolenfenster angezeigt. Die programmtechnische Lösung ist nachfolgend dargestellt.

```
import random
#--------------------------
# Erzeugen des Feldes
#---------------------------
anzahlReihen = 6
anzahlPlaetze = 9
belegung = [0] * anzahlReihen
for i in range(anzahlReihen):
    belegung[i] = [False] * anzahlPlaetze

#---------------------------------
# Setzen einer zufälligen Belegung
#----------------------------------
random.seed()
for reihe in range(anzahlReihen):
    for platz in range(anzahlPlaetze):
        if random.randint(0,1) == 1:
            belegung[reihe][platz] = True

#--------------------------------------------
# Ausgabe Belegung
#--------------------------------------------
print("Aktuelle Belegung \n")
print("          |         Platz ")
print("          |  1 2 3 4 5 6 7 8 9 ")
print("------------------------------")
for reihe in range(anzahlReihen):
    print(" {0}.Reihe |".format(reihe + 1), end = " ")
    for platz in range(anzahlPlaetze):
        if belegung[reihe][platz] == True:
            print(" x", end = "")
        else:
            print(" -", end = "")
    print()
```

Da die Methode randint() nur positive ganze Zahlen erzeugt, muss eine Struktur geschaffen werden, die zufällige Wahrheitswerte produziert. Dies geschieht mit den Zeilen

```
if random.randint(0,1) == 1:
        belegung[reihe][platz] = True
```

Hier wird zufällig eine 1 oder eine 0 erzeugt. Immer wenn die Zufallszahl 1 ist, wird dem aktuellen Listenelement der Wahrheitswert „True" zugewiesen. Die Ausgabe muss ein wenig komplexer gestaltet werden, als sie im Struktogramm entworfen wurde. Dies ist notwendig, um eine benutzerfreundliche Darstellung der Platzbelegung zu gewährleisten. Belegte Plätze („True") werden mit „x" und nicht belegte Plätze („False") mit „-" angezeigt. Eine zufällige Belegung mit Ausgabe könnte wie in Abb. 6.3. aussehen.

```
Aktuelle Belegung

          |        Platz
          |  1 2 3 4 5 6 7 8 9
------------------------------
  1.Reihe |  x - x x - x - x -
  2.Reihe |  x x x - x - - - -
  3.Reihe |  - - - x x x x x -
  4.Reihe |  - - - - - - x - x
  5.Reihe |  - - - x - x - - x
  6.Reihe |  x x x - - x - - -

Process finished with exit code 0
```

Abb. 6.3: Mögliche Ausgabe des Programms „Sitzplatzbelegung Theatersaal"

6.4 Dictionary

Ein Dictionary kann man mit einem Wörterbuch vergleichen. Dabei ist einem Begriff ein anderer zugeordnet. Diese Zuordnung zweier Begriffe nennt man Paar. Ein Paar besteht aus einem eindeutigen Schlüssel und einem zugeordneten Wert. Man spricht in diesem Zusammenhang auch von einem Key-Value-Pair oder Key-Value-Paar. Über den Schüssel wird auf den Wert zugegriffen. In der Regel werden für den Schlüssel Strings verwendet. Es können aber auch andere Typen verwendet werden. Wichtig ist nur, dass die Werte des Schlüssels einzigartig sind und sich nicht verändern.

Beispiel

Schlüssel (Schülernummer)	Wert (Name)
008145	Frank Maier
022211	Thomas Müller
902301	Claudia Schulz

Ein Dictionary besteht aus einer Reihe solcher Paare, welche ungeordnet abgelegt sind. Paare innerhalb eines Dictionarys werden durch ein Komma getrennt, die Werte in einem Key-Value-Paar durch einen Doppelpunkt. In Python wird ein Dictionary erzeugt, indem man Paare zwischen zwei geschweiften Klammern { } einfügt oder die Built-in-Funktion dict() verwendet. Einige Beispiele für das Anlegen eines Dictionarys sind im Nachfolgenden aufgeführt.

Beispiele

```
# leeres Dictionary
d = {}

# Dictionary mit Integer-Schlüsselwerten
d = {1: "Berlin", 2: "München", 3: "Hamburg"}

# Dictionary mit String-Schlüsselwerten
d = {"Maier": 18, "Müller": 23}

# mit dict ein Dictionary anlegen
d = dict({"Maier": 18, "Müller": 23})
```

Die Werte der einzelnen Paare können nun über den Schlüsselwert angesprochen und verändert werden.

```
d = {1: "Berlin", 2: "München", 3: "Hamburg"}
print(d[2])                          # Ausgabe München
d[2] = "Frankfurt"
print(d[2])                          # Ausgabe Frankfurt
```

Neue Werte werden einem Dictionary hinzugefügt, indem man einen noch nicht verwendeten Schlüssel hinter dem Name des Dictionarys angibt und diesem einen Wert zuweist. Wird ein schon vorhandener Schlüssel verwendet, dann wird der alte Wert überschrieben.

```
d = {1: "Berlin", 2: "München", 3: "Hamburg"}
d[4] = "Leipzig"
print(d)                  # {1: 'Berlin', 2: 'München', 3: 'Hamburg',
                          # 4: 'Leipzig'}
```

Einen Wert löschen kann man mit dem Befehl del. Dazu muss der Schlüssel des Paares angegeben werden, welches gelöscht werden soll.

```
d = {1: "Berlin", 2: "München", 3: "Hamburg"}
del d[2]
print(d)                  # Ausgabe {1: 'Berlin', 3: 'Hamburg'}
```

Mit diesen grundlegenden Funktionen kann man mit dem Dictionary schon ordentlich arbeiten. Es gibt aber noch eine Reihe von Funktionen, welche das Arbeiten mit dem Dictionary erleichtern. Einige wichtige davon sind in der nachfolgenden Tabelle aufgeführt.

Funktion	Beschreibung
`len(d)`	Liefert die Anzahl der Paare des entsprechenden Dictionarys d.
`d.clear()`	Entfernt aus dem Dictionary d alle Werte
`d.copy()`	Erzeugt eine Kopie des Dictionarys d
`d.pop(key)`	Gibt den Wert des Schlüssels key zurück und löscht anschließend das Paar aus dem Dictionary d.
`d.setdefault(key, value)`	Setzt d[key] = value, wenn der Schlüssel key noch nicht vorhanden ist.
`d.update(d2)`	Fügt ein Dictionary d2 zu d hinzu und überschreibt ggf. die Werte bereits vorhandener Schlüssel

Auftrag

Es soll ein Programm entwickelt werden, welches Schülernamen und Schülernummern in einem Dictionary verwaltet. Dabei sollen die Schülernummern als Schlüssel dienen.

Quellcode: „Beispiel Dictionary“

```
schülerdaten = {}
schülerdaten["001"] = "Hans Müller"
schülerdaten["002"] = "Claudia Lehmann"
schülerdaten["003"] = "Rainer Schulz"
for schülernummer in schülerdaten:
    print(" {0} - {1} " .format(schülernummer ,
                              schülerdaten[schülernummer]))
```

```
001 - Hans Müller
002 - Claudia Lehmann
003 - Rainer Schulz

Process finished with exit code 0
```

Abb. 6.4: Ausgabe des Programms „Beispiel Dictionary“

6.5 Aufgaben

1 Eine Liste von Monatsumsätzen ist mit Zufallszahlen von 1 000 bis 5 000 zu füllen. Danach ist der Durchschnitt zu berechnen und auszugeben.

Beispiel:
Januar: 1000.00
Februar: 2000.00
März: 3000.00
...

Der durchschnittliche Monatsumsatz beträgt 2 000,00 Euro.

2 Schreiben Sie ein Programm, in das der Benutzer eine ganze Zahl eingibt und damit die Größe einer Liste bestimmt, in dem ganze Zahlen gespeichert werden können. Füllen Sie anschließend die Liste mit Zufallszahlen im Bereich von 0 bis 200 und geben Sie diese aus. Jetzt soll die Liste mit dem Bubblesort-Algorithmus sortiert werden. Die sortierte Liste ist wieder auszugeben.

Bubblesort-Algorithmus:

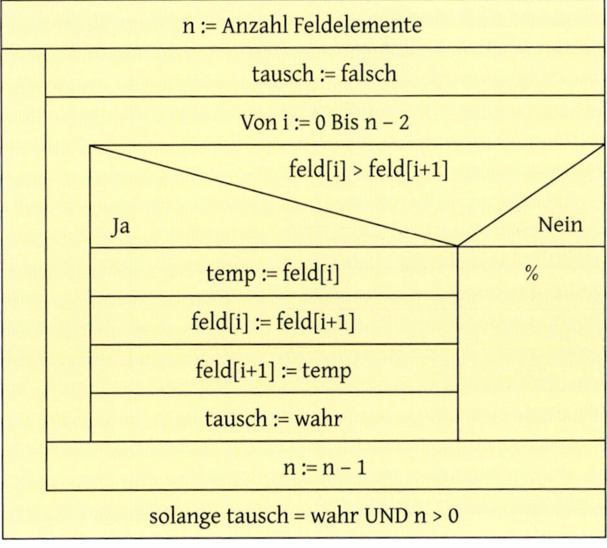

3 Erweitern Sie das Programm aus Aufgabe 2 so, dass der Benutzer am Anfang zwischen dem Bubbelsort- und dem Quicksort-Algorithmus wählen kann: Je nach Auswahl wird die Liste dann mit dem einen oder dem anderen Algorithmus sortiert.

Quicksort-Algorithmus (rekursiv):

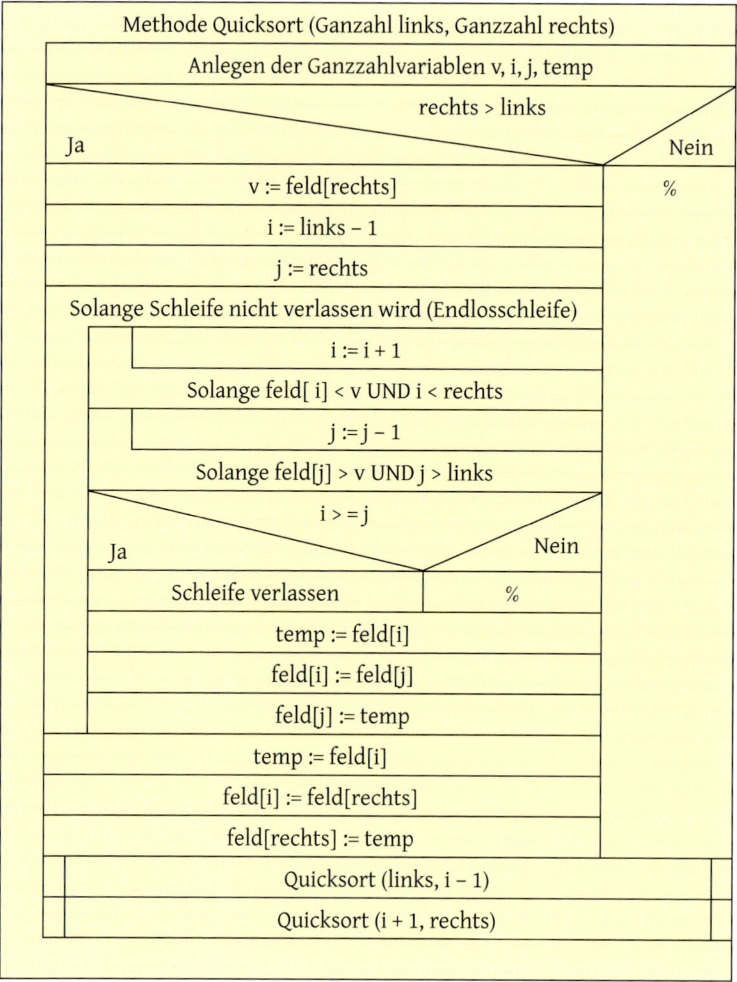

Hinweis: Verwenden Sie das Schlüsselwort break, um die Endlosschleife zu verlassen (siehe S. 74) und informieren Sie sich in Kapitel 4.4 über rekursive Funktionsaufrufe.

4 Füllen Sie zwei 3 · 3-Matrizen mit Zufallszahlen von 0 bis 9. Anschließend addieren Sie beide Matrizen miteinander und speichern das Ergebnis in einer dritten Matrix. Verwenden Sie für die Lösung der Aufgabe drei Listen. Die Bildschirmausgabe soll wie folgt aussehen:

```
| 3 1 0 |     | 6 8 9 |     | 3+6  1+8  0+9 |     | 9 9 9 |
| 2 2 2 |  +  | 3 4 5 |  =  | 2+3  2+4  2+5 |  =  | 5 6 7 |
| 9 3 5 |     | 0 2 1 |     | 9+0  2+3  5+1 |     | 9 5 6 |
```

5 Schreiben Sie ein Programm, in das der Benutzer zehn Länder und die zugehörige Hauptstadt eingeben und in einem Dictionary abspeichern kann. Alle Eingaben sollen am Ende ausgegeben werden.
Beispiel:
Eingabe:
1. Datensatz
    Land: Deutschland
    Hauptstadt: Berlin
2. Datensatz
Land: Frankreich
Hauptstadt: Paris
...
Ausgabe:

Land	Hauptstadt
Deutschland	Berlin
Frankreich	Paris
...	

6 Schreiben Sie ein Programm, in dem eine Liste beliebiger Größe mit Zufallszahlen gefüllt wird. Die Liste wird dann nach der größten und der kleinsten Zahl durchsucht. Die Ausgabe besteht aus allen Elementen der Liste sowie dem größten und dem kleinsten Wert.
Beispiel:
Die Liste besteht aus den folgenden 5 Elementen: 2, 34, -3, 66, 12
Der größte Wert ist 66 und der kleinste Wert ist -3.

7 Schreiben Sie ein Programm, in dem Sie eine Liste definieren und dieser schon Werte vorgeben. Die Liste soll nur Wörter enthalten. Das Programm soll nun herausfinden, wie viele Wörter mit einem „T“ und wie viele Wörter mit einem „B“ beginnen.
Beispiel:
Liste: Maier – Baum – Tag – Tor – Blatt – Burg
Mit einem „T“ beginnen 2 Wörter.
Mit einem „B“ beginnen 3 Wörter.

7 Das objektorientierte Konzept von Python

Die objektorientierte Programmierung (OOP) ist aus der modernen Softwareentwicklung nicht mehr wegzudenken. Sie bietet folgende Vorteile:

- **Nähe zur natürlichen Umgebung:**
  Alle Eigenschaften ähnlicher Objekte können in einer Klasse beschrieben werden. Objekte, die im realen Leben verbunden sind, sollten auch im Programm zusammengehören.
- **Wiederverwendbarkeit:**
  Die erstmals erzeugte und überprüfte Implementierung einer Klasse kann in vielen anderen Anwendungen erneut eingesetzt werden, wobei die vorhandenen Programmteile nicht erneut kontrolliert oder gar programmiert werden müssen.
- **Kontrollfunktion:**
  Während der Übersetzung und der Laufzeit erfolgt eine strengere Überprüfung. Der Interpreter führt eine strengere Typ- und Code-Überprüfung durch.

Die OOP verfährt nach den drei Basisprinzipien Kapselung, Vererbung und Polymorphie.

Python ist eine Sprache, welche diese Basisprinzipien voll unterstützt. Deren Realisierung in Python wird in diesem Kapitel näher untersucht und anhand von Beispielen erklärt. Zusätzlich werden mithilfe von UML-Klassendiagrammen die Programme geplant und später in Python umgesetzt.

7.1 Objekte

Im Sinne der OOP versteht man unter einem Objekt (auch Instanz genannt) eine Zusammenfassung von Eigenschaften mit zugehörigen Methoden. Dabei stellt ein Objekt eine softwaretechnische Abbildung eines realen oder abstrakten Gegenstands dar, wobei die Eigenschaften des Objektes immer konkrete Werte enthalten. Als Beispiel soll ein Haus dienen: Ein Haus hat verschiedene Eigenschaften, z. B. eine konkrete Höhe, die Anzahl der Fenster, die Farbe des Dachs und die Art des Hauses. Betrachtet man die nachstehenden drei Häuser, haben diese drei Objekte die folgenden Eigenschaften mit unterschiedlichen Werten.

	Haus 1	Haus 2	Haus 3
Höhe:	6 m	10 m	18 m
Anzahl der Fenster:	3	5	15
Dachfarbe:	Rot	Braun	Rotbraun
Art:	Eigenheim	Villa	Mehrfamilienhaus

Abb. 7.1: Objekte mit Eigenschaften

Es ist auch möglich, dass sich ein Objekt aus anderen Objekten zusammensetzt. Zum Beispiel besteht ein Haus aus Fenstern, Türen und Wänden, welche wiederum Objekte sind. Ein Fensterobjekt kann sich wiederum aus den Objekten Scheibe und Fensterrahmen zusammensetzen.

7.2 Klassen

Für die Erstellung einer Software können hunderte von Objekten notwendig sein. Es ist nicht sinnvoll, jedes einzelne Objekt gesondert zu programmieren, also fasst man gleichartige Objekte zu Klassen zusammen und programmiert nur diese. Im Beispiel wären dies verschiedene Eigenheime, die aber alle die gleichen Eigenschaften und Methoden besitzen (Abb. 7.2).

Eigenheim von Müller | Eigenheim von Maier | Eigenheim von Schulz

Abb. 7.2: Eigenheime mit gleichen Eigenschaften

Man erstellt eine Klasse „Eigenheim“, aus der die einzelnen Objekte erzeugt werden. Die Eigenschaften der konkreten Objekte enthalten unterschiedliche Werte. Auf das Beispiel bezogen, enthalten die Eigenschaften „Besitzer“ und „Dachfarbe“ folgende Werte:

- Linkes Eigenheim → Besitzer: Müller; Dachfarbe: Rot
- Mittleres Eigenheim → Besitzer: Maier; Dachfarbe: Blau
- Rechtes Eigenheim → Besitzer: Schulz; Dachfarbe: Orange

Klassen sind die wichtigsten Struktureinheiten objektorientierter Programme. Eine Klasse beschreibt die Eigenschaften und Verhaltensweisen der Objekte. In ihr werden die Eigenschaften und die zugehörigen Methoden zusammengefasst. Man spricht in diesem Zusammenhang auch von Kapselung. Jedes einzelne Objekt wird aus einer Klasse abgeleitet und stellt ein Exemplar oder auch eine Instanz einer Klasse dar. Man sagt auch allgemein:

Eine Klasse ist ein Bauplan für Objekte.

Welche Eigenschaften und Methoden eine Klasse tatsächlich besitzen soll, wird in der Entwurfs- und Designphase festgesetzt und mithilfe des UML-Klassendiagramms geplant.

Auftrag

In einem Programm soll ein Konto verwaltet werden. Das Konto hat eine ganzzahlige Kontonummer, einen Besitzer und einen aktuellen Kontostand. Auf diese Kontoinformationen soll über verschiedene Methoden indirekt zugegriffen werden. Weiterhin sollen Ein- und Auszahlungen getätigt werden können. Außerdem soll eine Methode geschaffen werden, mit der ermittelt werden kann, ob das Konto überzogen wurde.

Zur Planung dieser Aufgabe wird ein UML-Klassendiagramm verwendet, welches in Python-Code überführt wird. Generell besteht eine Klasse aus einem Klassennamen, Eigenschaften und Methoden. Der generelle Aufbau einer Klasse in einem UML-Klassendiagramm sieht wie folgt aus:

Klassenname
Eigenschaften
Methoden

Für unsere Aufgabe wird zunächst nur die Klasse „Konto“ ohne Eigenschaften und Methoden entworfen. Diese kommen im nächsten Abschnitt dazu.

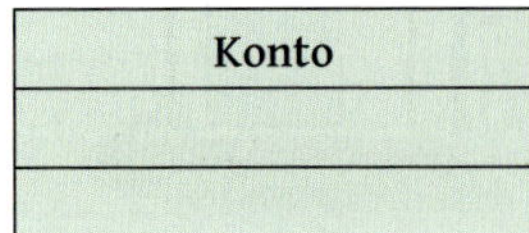

Diese Klasse wird nun in Python umgesetzt. Die generelle Syntax zum Anlegen von Klassen (der Klassenname wird immer großgeschrieben) lautet:

Syntax:
Anlegen von Klassen

```
class Klassenname:
    # Eigenschaften
    # Methoden
```

Für das Beispiel sieht die Umsetzung wie folgt aus:

```
class Konto:
  pass
```

Das Schlüsselwort pass stellt dabei nur einen Platzhalter dar, welcher keinerlei Auswirkungen auf das Programm hat und bei der Übersetzung ignoriert wird (siehe Kapitel 4.5). Die Klasse „Konto" muss nun noch in ein Hauptprogramm eingebunden werden. Danach wird davon ein Objekt erstellt, mit dem gearbeitet werden kann. Zunächst erstellt man wieder ein Konsolenprogramm „Kontoverwaltung", das erst einmal nur wenig Quellcode enthält:

```
def main():
    print("----- Kontoveraltung -----")

main()          # Ausführen des Programms
```

Zunächst wird eine Datei **programm.py** erstellt, welche die Main-Methode enthält. Nun muss noch die Klasse „Konto" hinzugefügt werden. Theoretisch könnte man die Klasse in dieselbe Datei schreiben. Wenn aber mehrere Klassen hinzukommen, wird der Quellcode sehr schnell unübersichtlich. Deswegen schreibt man jede Klasse in eine separate Datei. Dies bietet auch den Vorteil, dass die Klasse „Konto" auch in andere Programme eingebunden werden kann. Eine neue Datei in Python zu erstellen ist relativ einfach: Man wählt im Menü

File | New | File

Aus. Danach erscheint folgendes Fenster:

New File

Enter a new file name:

OK Cancel

Abb. 7.3: Neue Datei anlegen

Hier wird nun der Name der Datei **konto.py** (der gleiche Name, den die Klasse haben soll) eingegeben und mit „OK" bestätigt. Dadurch wird die Datei **konto.py** dem Projekt hinzugefügt. Die Klasse „Konto" kann nun darin angelegt und bearbeitet werden.

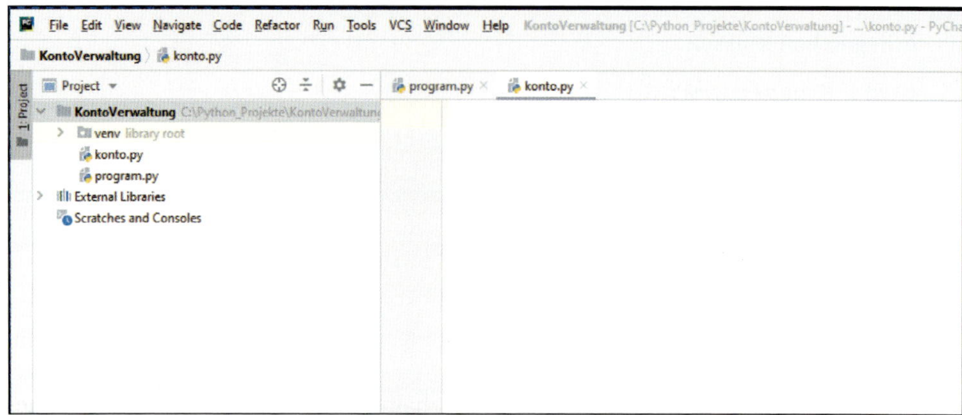

Abb. 7.4: Neue Datei **konto.py**

Das Programm besteht nun aus zwei Dateien: Einmal **program.py** mit der Main-Methode und einmal **konto.py** mit der Klasse „Konto". Bevor das Hauptprogramm sinnvoll erweitert werden kann, soll zunächst die Klasse „Konto" mit Leben gefüllt werden, indem Eigenschaften und Methoden hinzugefügt werden.

7.2.1 Eigenschaften, Methoden und deren Sichtbarkeit

Die Eigenschaften eines Objektes definieren die Zustände (Daten), die durch Variablen implementiert werden. Die Daten des Objektes sind gegenüber der Objektumgebung gekapselt. Methoden können den Zustand eines Objektes durch Manipulation seiner Eigenschaften verändern. Die Methoden bilden die Schnittstellen zwischen einem Objekt und dessen Umgebung. Dabei wird durch die sogenannte Sichtbarkeit festgelegt, ob auf diese von außerhalb der Klasse zugegriffen werden kann oder nicht.
Python unterstützt drei Sichtbarkeitsstufen:

- **Public:**
  Auf öffentliche (*public*) Komponenten darf uneingeschränkt zugegriffen werden. Ohne spezielle Kennzeichnung sind alle Attribute und Methoden in Python *public*. Dies ist in Python die Default-Einstellung.

- **Private:**
  Ein Zugriff auf *private*-Komponenten ist nur innerhalb der Klasse erlaubt. Attribute und Methoden werden als *private* deklariert, indem man ihren Namen mit dem Präfix __ (doppelter Unterstrich) versieht.

- **Protected:**
  Attribute und Methoden, welche mit nur einem Unterstrich beginnen, werden als *protected* betrachtet. Technisch gesehen verhalten sich diese aber wie als *public* deklarierte Attribute und Methoden. Es soll lediglich andere Programmierer darauf hinweisen, dass diese keinen direkten Zugriff von außen implementieren sollen.

Beispiele

```
anzahl = 0                    # public
__anzahl = 0                  # private
_anzahl = 0                   # protected

def berechne_kosten():        # public
    pass
def __berechne_kosten():      # private
    pass
def _berechne_kosten():       # protected
    pass
```

Ein Gebot der objektorientierten Programmierung ist es, den direkten Zugriff auf die Eigenschaften eines Objektes von außen zu verhindern. Diese Datenkapselung wird erreicht, indem man die Eigenschaften einer Klasse auf *private* setzt und über get-Methoden (Getter) und set-Methoden (Setter) auf diese zugreift. Getter und Setter sind Methoden einer Klasse, mit deren Hilfe die Werte der Eigenschaften eines Objektes von außen gelesen bzw. gesetzt werden können. Sie stellen eine Art Schnittstelle dar. Der Vorteil besteht darin, dass bei notwendigen Änderungen nur der Quelltext der Schnittstellen angepasst werden muss, der Rest des Programms bleibt von den Änderungen unbeeinflusst. Die Getter und Setter müssen dafür natürlich als *public* deklariert werden, damit ein Zugriff von anderen Klassen überhaupt möglich ist.
Am besten lässt es sich anhand eines Beispiels erläutern: Angenommen, es gibt innerhalb einer Klasse eine Variable __anzahl, die *private* gesetzt wird, um den direkten Zugriff von außen zu verhindern. Es sollen nun zwei Methoden geschrieben werden, die den Zugriff auf diese Variable ermöglichen:

Quellcode: „Beispiel Getter und Setter"

```
class Beispiel:
    __anzahl = 0

    def get_anzahl(self):
        return self.__anzahl

    def set_anzahl(self, value):
        self.__anzahl = value

def main():
    b = Beispiel()
    print(b.get_anzahl())

main()                  # Ausführen des Programms
```

Zuerst werden die beiden Methoden wieder mit dem Schlüsselwort def eingeleitet. Danach wird der Methodenname angeben. Da die beiden Methodennamen weder mit einem einfachen noch mit einem doppelten Unterstrich beginnen, sind diese *public*. Getter beginnen mit dem Wort get und Setter mit dem Wort set. Dies ist aber kein Muss. Es dient lediglich der Lesbarkeit der Programme. Als Übergabewert wird dabei immer self mit übergeben, welches auf das aktuelle Objekt verweist und somit den Zugriff auf die privaten Attribute ermöglicht. Die get-Methode gibt dann mithilfe von return den Wert des entsprechenden Attributes zurück. Um den Zugriff zu gewährleisten, wird das Schlüsselwort self vorangestellt.

```
return self.__anzahl
```

Die set-Methode erhält zusätzlich zum Übergabeparameter self noch einen weiteren Parameter, welcher den neuen Wert enthält. Der Name des Parameters ist dabei egal, wird in diesem Buch aber immer als value benannt.

```
self.__anzahl = value
```

Dieser Wert wird dann dem entsprechenden Attribut zugewiesen. Man kann aber auch mehr Code schreiben: Zum Beispiel könnte überprüft werden, ob der Übergabewert in einem gewissen Bereich liegt, bevor er gespeichert wird. Dies hängt ganz von den Erfordernissen der Aufgabenstellung ab. Es ist auch möglich, nur den Getter oder nur den Setter zu schreiben. Dann kann die Variable nur gelesen oder nur geschrieben werden.

Neben den get- und set-Methoden kann eine Klasse natürlich noch eine Menge anderer Methoden besitzen. Diese können Übergabeparameter und auch Rückgabewerte besitzen (siehe dazu auch Kapitel 4.3). Nicht alle dieser Methoden müssen *public* sein. Methoden, die nur innerhalb der Klasse verwendet werden, sollten dementsprechend auch *private* implementiert werden.

Jetzt soll für die Aufgabenstellung die Klasse „Konto" mit Eigenschaften und Methoden gefüllt werden. Da alle Eigenschaften Getter und Setter besitzen, werden diese nicht extra aufgeführt. Außerdem erhält die Klasse noch einen Konstruktor, der im nächsten Abschnitt erläutert wird. Zunächst wird die Klasse „Konto" im UML-Diagramm mit allen Eigenschaften und Methoden geplant. Jede Eigenschaft und jede Methode erhält dabei einen Zugriffsmodifier: „+" für *public*, „#" für *protected* und „-" für *private*.

Konto
- kontoNr: int - besitzer: string - kontostand: double
+ Konto() + Einzahlen(double): void + Auszahlen(double): void + Überzogen(): bool

Jetzt kann die Klasse „Konto" im Programm erweitert werden. Dazu werden im Quelltext die Variablen mit den entsprechenden Gettern und Settern angelegt und danach werden die restlichen Methoden implementiert. Ein Konstruktor wird auch schon hinzugefügt, in welchem die Eigenschaften der Klasse angelegt und initialisiert werden. Die Datentypen (int, string, double), welche im UML-Diagramm hinter den Eigenschaften auftauchen, können in Python vernachlässigt werden.

```
class Konto:

    def __init__(self, kontonummer = -1,
                 besitzer = "unbekannt", kontostand = 0.0):
        self.__kontonummer = kontonummer
        self.__besitzer = besitzer
        self.__kontostand = kontostand

    def get_kontonummer(self):
        return self.__kontonummer

    def set_kontonummer(self, value):
        self.__kontonummer = value

    def get_besitzer(self):
        return self.__besitzer

    def set_kontonummer(self, value):
        self.__besitzer = value

    def get_kontostand(self):
        return self.__kontostand

    def set_kontostand(self, value):
        self.__kontostand = value

    def einzahlen(self, betrag):
        self.__kontostand = self.__kontostand + betrag

    def auszahlen(self, betrag):
        self.__kontostand = self.__kontostand - betrag

    def ueberzogen(self):
        if self.__kontostand < 0:
            return True
        else:
            return False
```

Die Klasse enthält, wie schon erwähnt, einen Konstruktor. Dieser und sein Gegenstück, der Destruktor, werden im nächsten Abschnitt betrachtet.

7.2.2 Konstruktoren und Destruktoren

Ein Konstruktor ist eine Methode einer Klasse, die beim Erzeugen eines Objektes als erstes aufgerufen wird. Konstruktoren werden in Python meistens dafür benutzt, die Eigenschaften der Klasse zu definieren und das Objekt zu initialisieren, d.h. diesen Eigenschaften (Variablen) Anfangswerte zuzuweisen oder weiteren Speicherplatz zu reservieren. Der Konstruktor wird in Python immer durch folgende Methodensignatur definiert:

Syntax:
Konstruktor einer Klasse

```
def __init__(parameterliste):
    ...
```

Der Name des Konstruktors ist immer __init__ und in der Klammer folgt eine Liste mit Übergabeparametern. Die Parameterliste enthält auf jeden Fall self als ersten Übergabeparameter. Damit wird eine Referenz auf das zugehörige Objekt übergeben. Bei Bedarf können noch weitere Parameter folgen. Für die Parameterübergabe gelten die gleichen Regeln wie bei Methoden, d.h., durch die Vorbelegung der Parameter mit Standardwerten muss beim Aufruf nicht zwingend für alle Parameter ein Wert übergeben werden. Abgeschlossen wird die Definition des Konstruktors wie bei Methoden üblich mit einem Doppelpunkt.

Beispiele

```
class Auto:
    def __init__(self):
        pass

class Person:
    def __init__(self, name="unbekannt", vorname="unbekannt"):
        pass
```

In Python ist der Konstruktor eine private Methode, auf welche nur beim Erzeugen des Objektes zugegriffen werden kann. Auch besitzt jede Klasse nur einen Konstruktor. Dieses unterscheidet Python von anderen Programmiersprachen wie C++ oder Java, bei denen es auch mehrere Konstruktoren geben kann.

Destruktoren sind das Gegenteil von Konstruktoren. Ein Destruktor ist eine Methode einer Klasse, die als letzte Methode vor dem Zerstören des Objektes aufgerufen wird. Auch hier kann es nur einen Destruktor pro Klasse geben. Allerdings besitzt dieser bis auf self keine weiteren Übergabeparameter. In der Regel werden Destruktoren dafür benutzt, um noch bestimmte Aktionen (z.B. Sichern von Daten) vor dem Löschen des Objektes auszuführen.

Der Destruktor wird in Python immer durch folgende Methodensignatur definiert:

Syntax:
Destruktor einer Klasse

```
def __del__(self):
    ...
```

Der Name des Destruktors ist immer __del__ und in der Klammer steht die Referenz self als einziger Übergabeparameter. Wie beim Konstruktor ist auch die Sichtbarkeit des Destruktors *private* und die Definition wird mit einem Doppelpunkt abgeschlossen.

Beispiele

```
class Auto:
    def __del__(self):
        pass

class Person:
    def __del__(self):
        pass
```

Der Konstruktor für die zu lösende Aufgabe sieht wie folgt aus:

```
def __init__(self, kontonummer = -1,
                   besitzer = "unbekannt", kontostand = 0.0):
        self.__kontonummer = kontonummer
        self.__besitzer = besitzer
        self.__kontostand = kontostand
```

Mit seiner Hilfe werden für das Konto die Eigenschaften kontonummer, besitzer und kontostand angelegt und mit Anfangswerten initialisiert. Die Klasse „Konto“ ist nun vollständig implementiert. Jetzt können aus der Klasse Objekte erzeugt werden und diese können im Programm verwendet werden.

7.3 Erzeugen und Verwenden von Objekten

Die Syntax zum Anlegen von Objekten lautet:

Syntax:
Anlegen von Objekten

```
Bezeichner = Klasse(Parameterliste)
```

Objekte werden in Python generell aus Klassen erzeugt. Dazu wird zunächst ein Bezeichner für das Objekt angeben, wobei der Bezeichner wieder frei gewählt werden kann. Danach wird das Objekt erzeugt und die Referenz dem Bezeichner zugewiesen. Diese erfolgt dadurch, dass erst der Klassenname mit entsprechenden Übergabeparametern in Klammern aufgerufen wird. Die Übergabeparameter werden dem Konstruktor automatisch übergeben.

Beispiele

```
class Auto:
    ...

auto = Auto("rot")

class Haus:
    ...

haus = Haus()
```

Von dem neu erzeugten Objekt können nun alle öffentlichen Eigenschaften und Methoden aufgerufen werden. Dazu wird dem Objektnamen die entsprechende Eigenschaft oder Methode durch einen Punkt angeschlossen:

Beispiele

```
auto = Auto()
auto.fahren()
auto.bremsen()
auto.farbe = "rot"
print(auto.get_kennzeichen())
```

Für die vorliegende Aufgabe soll nun im Hauptprogramm ein Konto erzeugt werden und mithilfe eines Menüs sollen Ein- und Auszahlungen vorgenommen sowie die Kontodaten abgefragt werden. Zuerst wird das Konto erzeugt und mit Daten initialisiert. Auf das Konto wird dann über den Namen und die entsprechende Methode zugegriffen. Die restlichen Anweisungen des Konsolenprogramms sind aus den vorangegangenen Kapiteln bekannt.

Quellcode: Kontoverwaltung

```
from konto import Konto

konto = Konto(1, "Klaus Müller", 0.0)

def main():
    while True:
        print("=============================")
        print(" Kontoverwaltung")
        print("==============================")
        print("Wählen Sie eine Aktion aus!")
        print(" 1. Kontodaten anzeigen")
        print(" 2. Geld einzahlen")
        print(" 3. Geld auszahlen")
        print(" 4. Programm beenden")
        print("\n")
        eingabe = int(input(("Geben Sie eine Zahl ein: ")))
        print("\n"))
        if eingabe == 1:
            daten_anzeigen()
        if eingabe == 2:
            einzahlen()
        if eingabe == 3:
            auszahlen()
        if eingabe < 1 or eingabe > 4:
            print("Keine korrekte Auswahl!")
        if eingabe != 4:
            print("\n")
            input("Drücken Sie ENTER, " \
                                " um das Programm fortzusetzen ...“)
            print("\n")
        if eingabe == 4:
            break

def daten_anzeigen():
    print("----- Kontodaten -----")
    print("Kontonummer: ", konto.get_kontonummer())
    print("besitzer: ", konto.get_besitzer())
    print("Kontostand: ", konto.get_kontostand())

def einzahlen():
    print("----- Einzahlung -----")
    betrag = float(input("Geben Sie den Einzahlungsbetrag in Euro
                   ein: "))
    konto.einzahlen(betrag)
    print("Der aktuelle Kontostand beträgt jetzt: ",
          konto.get_kontostand())
```

Auf das Objekt zugreifen

```
def auszahlen():
    print("----- Auszahlung -----")
    betrag = float(input("Geben Sie den Auszahlungsbetrag in Euro
                    ein: "))
    konto.auszahlen(betrag)
    print("Der aktuelle Kontostand beträgt jetzt: ",
    konto.get_kontostand())
    if konto.ueberzogen():
        print("Achtung! Das Konto ist im Augenblick überzogen.")

main()                  # Ausführen des Programms
```

Auf das Objekt zugreifen

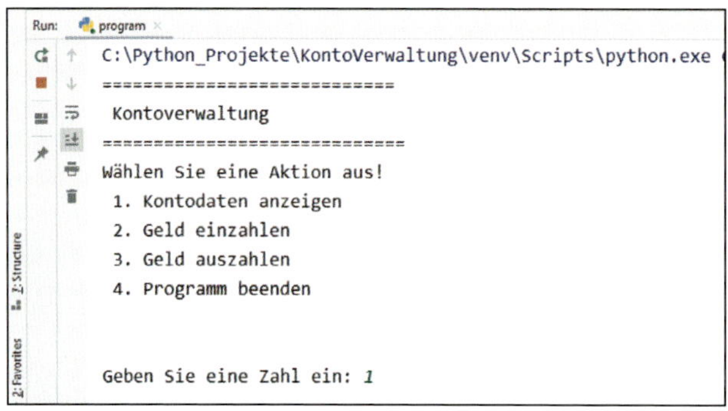

Abb. 7.5: Menü des Programms „Kontoverwaltung"

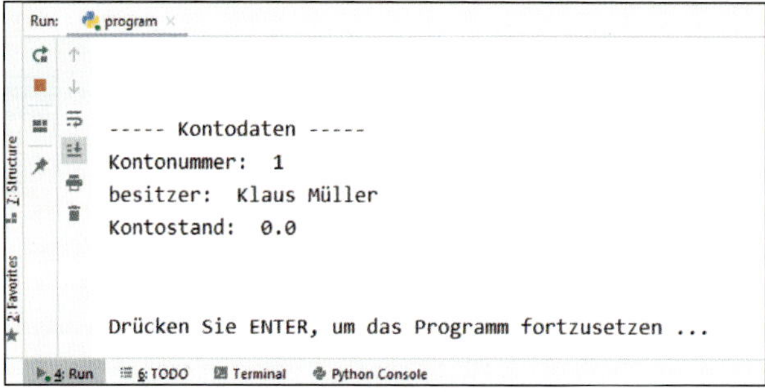

Abb. 7.6: Ausgabe Kontodaten des Programms „Kontoverwaltung"

Das Programm stellt nur exemplarisch die Arbeit mit einem Objekt, sprich mit einem Konto, dar. Um es praxistauglicher zu gestalten, muss es noch erweitert werden. Es sollte möglich sein, mehrere Konten anzulegen, zu bearbeiten und zu löschen. Dies könnte z. B. mithilfe einer Liste (siehe Kapitel 6.1) geschehen. Auch das Menü müsste dementsprechend angepasst werden. Dies würde hier aber den Rahmen sprengen und kann vom Leser bei Bedarf selbst programmiert werden.

7.4 Vererbung

Neben der Kapselung ist die Vererbung ein weiteres Basisprinzip der OOP. Über die Vererbung kann man eine neue Klasse auf Basis einer bereits vorhandenen Klasse erzeugen, die als Elternklasse bezeichnet wird. Die abgeleitete Klasse übernimmt dabei sämtliche Eigenschaften und Methoden der Elternklasse und es werden neue Eigenschaften und Methoden hinzufügt. Die abgeleitete Klasse erweitert damit die Elternklasse. Im folgenden Beispiel wird die Klasse B von der Klasse A abgeleitet. Der Pfeil mit ungefüllter Spitze zwischen den Klassen visualisiert die Vererbung und zeigt immer auf die Ober- oder auch Basisklasse. In UML wird dies wie folgt dargestellt:

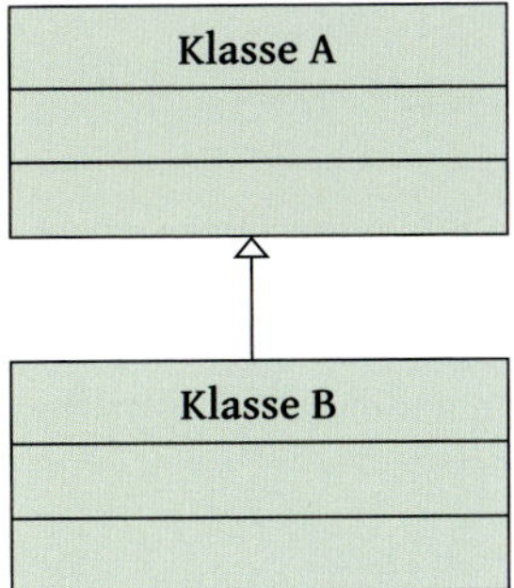

Man unterscheidet zwei Arten von Vererbung:

- Einfachvererbung
- Mehrfachvererbung

Art	Erläuterung	Darstellung im UML-Diagramm
Einfachvererbung	Bei der Einfachvererbung hat eine abgeleitete Klasse genau eine Basisklasse, von der sie erbt.	Klasse A Klasse B
Mehrfachvererbung	Bei der Mehrfachvererbung hat eine abgeleitete Klasse mindestens zwei Basisklassen, von denen sie erbt.	Klasse A1 Klasse A2 Klasse B

Im Gegensatz zu anderen Programmiersprachen erlaubt Python Einfachvererbung und Mehrfachvererbung. Vererbung wird in Python dadurch gekennzeichnet, dass nach dem Klassennamen in runden Klammern angeben wird, von welcher Klasse die aktuelle Klasse erbt.

Syntax:
Vererbung

```
class Klassenname(Basisklasse):
    ...
```

Beispiel

```
class Katze(Säugetier):
    ...
class Eigenheim(Haus):
    ...
```

Die Vererbung kann durch Zugriffsrechte für Attribute und Methoden eingeschränkt werden. Eine abgeleitet Klasse erbt dann alle Attribute und Methoden von einer Elternklasse, die nicht *private* sind. Alle Attribute oder Methoden, welche *public* oder *protected* sind, werden vererbt und auf diese kann auch innerhalb der Klasse und von außerhalb zugegriffen werden.

Beispiel

```
class A:
    __x = 0        # private
    _y = 0         # protected
    z = 0          # public

class B(A):
    ...
```

In diesem Beispiel besitzt die Klasse A drei Attribute. Das Attribut x ist *private*, y ist *protected* und z ist *public*. Die abgeleitete Klasse B erbt alles, was nicht *private* ist, und kann darauf direkt zugreifen, also in diesem Fall die Attribute y und z.

Auftrag

Von der Klasse Konto aus dem letzten Auftrag sollen ein Sparkonto und ein Konto mit einem Dispokredit (Dispokonto) abgeleitet werden. Das Sparkonto wird ab einem festgelegten Betrag höher verzinst. Das Dispokonto stellt einen Dispokredit zur Verfügung, der einen besseren Zinssatz hat. Es soll jeweils eine Methode zur Verfügung gestellt werden, die die Zinsen bzw. Dispozinsen ermittelt und mit dem aktuellen Kontostand verrechnet.

Zunächst wird das UML-Klassendiagramm um die beiden neuen Klassen erweitert, die mittels Einfachvererbung aus der Klasse „Konto“ abgeleitet werden. Da für die Berechnungen direkt auf den Kontostand zugegriffen werden soll, wird das Zugriffsrecht auf protected geändert.

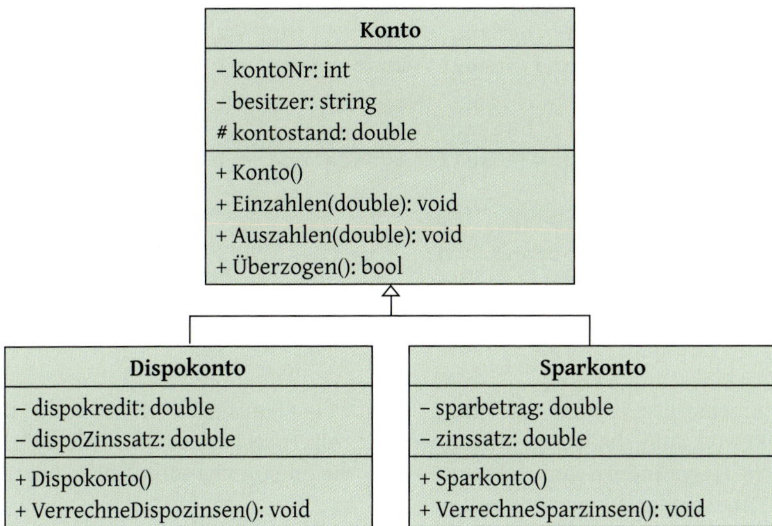

Nun müssen noch die beiden Klassen implementiert und die Klasse „Konto" angepasst werden. In der Klasse „Konto" wird nur das Zugriffsrecht des Attributs kontostand von *private* auf *protected* geändert. Dazu muss an allen Stellen aus dem doppelten Unterstrich vor kontostand ein einfacher Unterstricht gemacht werden. Die Klasse sieht dann wie folgt aus:

Quellcode: Klasse „Konto"

```
class Konto:
    def __init__(self, kontonummer, besitzer, kontostand):
        self.__kontonummer = kontonummer
        self.__besitzer = besitzer
        self._kontostand = kontostand

    def get_kontonummer(self):
        return self.__kontonummer

    def set_kontonummer(self, value):
        self.__kontonummer = value

    def get_besitzer(self):
        return self.__besitzer

    def set_kontonummer(self, value):
        self.__besitzer = value

    def get_kontostand(self):
        return self._kontostand

    def set_kontostand(self, value):
        self._kontostand = value
```

Nur ein Unterstrich für *protected*; kann jetzt vererbt werden.

```
    def einzahlen(self, betrag):
        self._kontostand = self._kontostand + betrag

    def auszahlen(self, betrag):
        self._kontostand = self._kontostand - betrag

    def ueberzogen(self):
        if self._kontostand < 0:
            return True
        else:
            return False
```

Auch hier muss der Quelltext angepasst werden.

Diese Vorgehensweise ist sehr aufwendig und auf die Eigenschaft „Kontostand" kann nun auch direkt von außerhalb zugegriffen werden. Alternativ ist es auch möglich, „Kontostand" nicht zu verändern und stattdessen über die entsprechenden Methoden in den abgeleiteten Klassen darauf zuzugreifen.

Danach werden die anderen beiden Klassen in PyCharm angelegt und jeweils in einer separaten Datei gespeichert (siehe Kapitel 7.2). Jetzt müssen noch die Vererbung, die Attribute und die Methoden hinzugefügt werden. Die Implementierung beider Klassen könnte wie folgt aussehen:

Quellcode: sparkonto.py

```
from konto import Konto

class Sparkonto(Konto):
    def __init__(self, sparbetrag = 500.00, zinssatz = 5.00):
        self.__sparbetrag = sparbetrag
        self.__zinssatz = zinssatz

    def get_sparbetrag(self):
        return self.__sparbetrag

    def set_sparbetrag(self, value):
        self.__sparbetrag = value

    def get_zinssatz(self):
        return self.__zinssatz

    def set_zinssatz(self, value):
        self.__zinssatz = value

    def verrechne_sparzinsen(self):
        if self._kontostand > self.__sparbetrag:
            self._kontostand = self._kontostand +
                        (self._kontostand * self.__zinssatz / 100.00)
```

Quellcode: dispokonto.py

```
from konto import Konto

class Dispokonto(Konto):
    def __init__(self, dispokredit = 1000.00, dispo_zinssatz = 4.75):
        self.__dispokredit = dispokredit
        self.__dispo_zinssatz = dispo_zinssatz

    def get_dispokredit(self):
        return self.__dispokredit

    def set_dispokredit(self, value):
        self.__dispokredit = value

    def get_dispo_zinssatz(self):
        return self.__dispo_zinssatz

    def set_dispo_zinssatz(self, value):
        self.__dispo_zinssatz = value

    def verrechne_dispozinsen(self):
        aktueller_dispo = 0
        if self._kontostand < 0:
            if -(self._kontostand > self.__dispokredit):
                aktueller_dispo = self.__dispokredit
            else:
                aktueller_dispo = -(self._kontostand)
            self._kontostand = self._kontostand –
                (aktueller_dispo * self.__dispo_zinssatz / 100.00)
```

Auf die Erweiterung des Hauptprogramms soll an dieser Stelle verzichtet werden. Anstatt eines Kontos müsste nun ein Dispo- oder Sparkonto angelegt und das Auswahlmenü z. B. durch den Menüpunkt „Zinsen verrechnen“ ergänzt werden.

7.5 Abstrakte Klassen und Interfaces

Nicht immer soll eine Klasse ausprogrammiert werden. Dies ist immer dann der Fall, wenn eine Basisklasse lediglich Methoden für die abgeleiteten Klassen vorgeben möchte, man aber nicht weiß, wie diese implementiert werden sollen. In diesem Fall verwendet man abstrakte Klassen. Eine abstrakte Klasse ist eine spezielle Klasse, die neben normalen Methoden auch sogenannte abstrakte Methoden enthält. Abstrakte Methoden sind Methoden, welche eine Methodensignatur, z. B. schreibe_daten(), aber keinen Methodenrumpf besitzen, d. h., sie sind nicht implementiert. Dadurch können sie auch nicht ausgeführt werden. Deswegen ist es auch nicht möglich, von abstrakten Klassen Objekte zu bilden. Anders ausgedrückt: Es ist nicht möglich, abstrakte Klassen zu instanziieren. Sinn und Zweck einer abstrakten Klasse ist, dass von ihr geerbt wird. Die nicht implementierten Methoden müssen dann in der neuen Klasse ausprogrammiert werden. Erst dann ist es möglich, eine Instanz von der neuen Klasse zu bilden. Verwendet werden abstrakte Klassen z.B. als Basisklassen, um grundlegende Eigenschaften und Methoden ihrer Unterklassen festzulegen, ohne diese bereits konkret zu implementieren. Ab Python 3.4 kann man eine abstrakte Klasse erstellen, in dem man von „ABC“ erbt. Dieses Modul muss vorher mit folgender Zeile ins Programm eingebunden werden:

```
from abc import ABC, abstractmethod
```

Syntax:
Abstrakte Klasse

```
class Klassenname(ABC):
    @abstractmethod
    def abstrakte_methode(self):
        pass
```

In einer abstrakten Klasse können beliebig viele abstrakte Methoden deklariert werden, die durch @abstractmethod gekennzeichnet werden. Abstrakte Methoden haben keine Implementierung und enthalten nur das Schlüsselwort pass.

Beispiel

```
from abc import ABC, abstractmethod

class Landfahrzeug(ABC):

    ps = 200

    def anzeigenPS(self):
        print(ps)

    @abstractmethod
    def anhalten(self):
        pass

    @abstractmethod
    def fahren(self):
        pass
```

Um mit abstrakten Klassen arbeiten zu können, muss davon eine neue Klasse abgeleitet werden, in der alle abstrakten Methoden implementiert werden.

Beispiel

```
class Auto(Landfahrzeug):
    def anhalten(self):
        # Konkrete Implemetierung

    def fahren(self):
        # Konkrete Implementierung

class Schienenfahrzeug(Landfahrzeug):
    def anhalten(self):
        # Konkrete Implemetierung

    def fahren(self):
        # Konkrete Implementierung
```

Im UML-Diagramm wird eine abstrakte Klasse bzw. Methode mit dem Wort abstract in geschweiften Klammern gekennzeichnet.

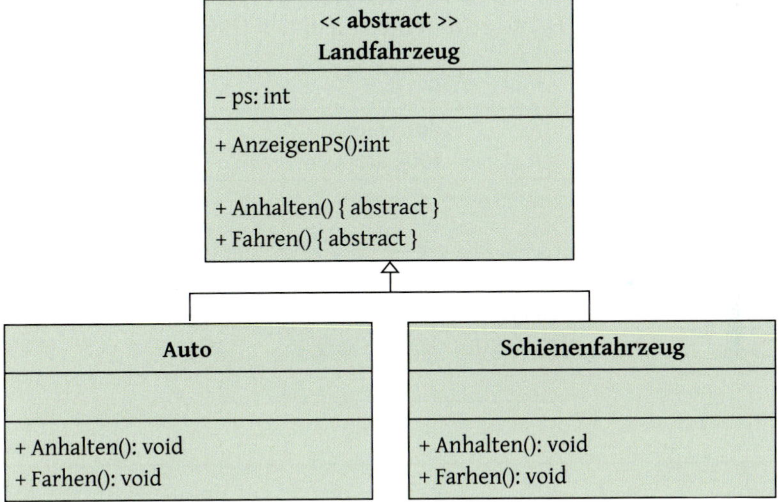

Interfaces

Ein weiteres Basisprinzip der objektorientierten Programmierung ist das Konzept der Schnittstellen (Interfaces). Schnittstellen enthalten nur Prototypen von Methoden, sind also pure abstrakte Klassen. Ein Interface ist also eine besondere Form einer abstrakten Klasse, die ausschließlich abstrakte Methoden enthält. Variablen und Konstanten sind in Schnittstellen erlaubt. Ein Interface unterscheidet sich in den nachstehenden Punkten von einer abstrakten Klasse:

- In einem Interface sind alle Methoden abstrakt, während eine abstrakte Klasse auch implementierte Methoden enthalten kann.

- In einem Interface ist die Sichtbarkeitsstufe für alle Elemente immer *public*, in abstrakten Klassen können auch andere Sichtbarkeitsstufen verwendet werden. Das Zugriffsrecht *public* wird nicht angegeben.

In Python gibt es kein entsprechendes Schlüsselwort und damit auch kein Interface. Ein Interface kann in Python aber über eine abstrakte Klasse gestaltet werden. In dieser Klasse sind dann alle Methoden abstrakt.

Auftrag

Eine abstrakte Klasse (Interface) „IObjekt2D" soll erstellt werden, die Methoden zur Flächen- und Umfangsberechnung vorgibt. Von dieser abstrakten Klasse werden die Klassen „Rechteck" und „Kreis" abgeleitet, welche diese Methoden implementieren. Dazu sind den Klassen alle notwendigen Eigenschaften hinzuzufügen.

Es wird eine abstrakte Klasse „IObject2D" angelegt, welche die abstrakten Methoden berechneFläche() und berechneUmfang() definiert. Von dieser abstrakten Klasse erben dann die Klassen „Kreis" und „Rechteck" und implementieren die beiden Methoden. Zur Berechnung sind für die Klasse „Kreis" als Attribut der Radius und für die Klasse „Rechteckt" als Attribute die Länge und die Breite erforderlich. In einem UML-Diagramm würde dies wie folgt dargestellt:

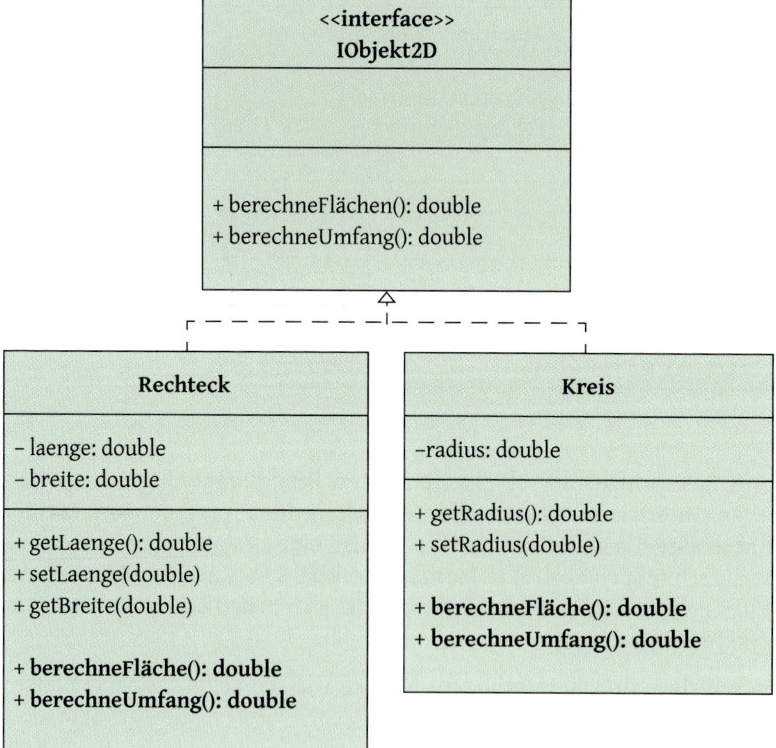

Umgesetzt in Python würde sich folgender Quellcode ergeben:

Quellcode: „Beispiel abstrakte Klasse"

```
from abc import ABC, abstractmethod
import math

class IObjekt2D(ABC):
  @abstractmethod
  def berechne_fläche(self):
    pass
  @abstractmethod
  def berechne_umfang(self):
    pass

class Rechteck(IObjekt2D):
  __länge = 0
  __breite = 0

  def set_länge(self, value):
    self.__länge = value

  def get_länge(self):
    return self.__länge

  def set_breite(self, value):
    self.__breite = value

  def get_breite(self):
    return self.__breite

  def berechne_fläche(self):
    return self.__länge * self.__breite

  def berechne_umfang(self):
    return (2 * (self.__länge + self.__breite))

class Kreis(IObjekt2D):
  __radius = 0

  def set_radius(self, value):
    self.__radius = value

  def get_radius(self):
    return self.__radius
```

```
    def berechne_fläche(self):
        return math.pi * self.__radius * self.__radius

    def berechne_umfang(self):
        return 2 * math.pi * self.__radius

def berechne_rechteck():
    print("-------------------")
    print("Berechnung Rechteck")
    print("-------------------")
    r = Rechteck()
    l = float(input("Geben Sie die Länge ein: "))
    b = float(input("Geben Sie die Breite ein: "))
    r.set_länge(l)
    r.set_breite(b)
    print("Die Fläche ist " + str(r.berechne_fläche()))
    print("Der Umfang ist " + str(r.berechne_umfang()))

def berechne_kreis():
    print("-------------------")
    print("Berechnung Kreis")
    print("-------------------")
    k = Kreis()
    r = float(input("Geben Sie den Radius ein: "))
    k.set_radius(r)
    print("Die Fläche ist " + str(k.berechne_fläche()))
    print("Der Umfang ist " + str(k.berechne_umfang()))


def main():
    print(" Wählen Sie ein 2D - Objekt aus!")
    print(" 1. Rechteck")
    print(" 2. Kreis")
    eingabe = int(input("Geben Sie eine Zahl ein: "))
    if eingabe == 1:
        berechne_rechteck()
    elif eingabe == 2:
        berechne_kreis()
    print()

main()              # Ausführen des Programms
```

```
 Wählen Sie ein 2D - Objekt aus!
 1. Rechteck
 2. Kreis
Geben Sie eine Zahl ein: 1
```

Abb. 7.7: Menü des Programms „Beispiel abstrakte Klasse"

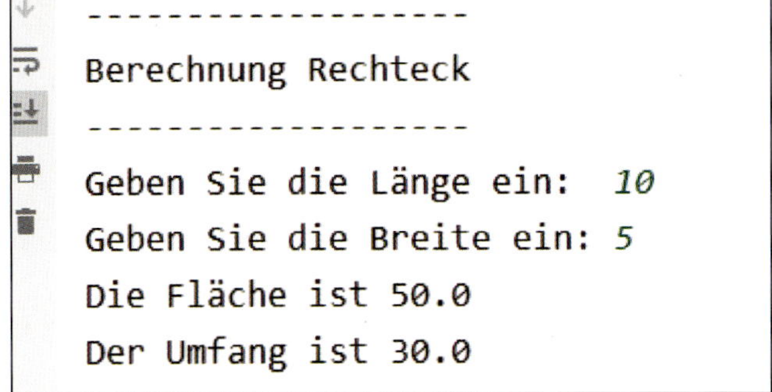

Abb. 7.8: Mögliche Ausgabe des Programms „Beispiel abstrakte Klasse"

7.6 Mehrfachvererbung

Eine Klasse kann in Python auch von zwei oder mehreren Klassen gleichzeitig abgeleitet sein. Sie erbt in diesem Fall alle Eigenschaften und Methoden aller Elternklassen.

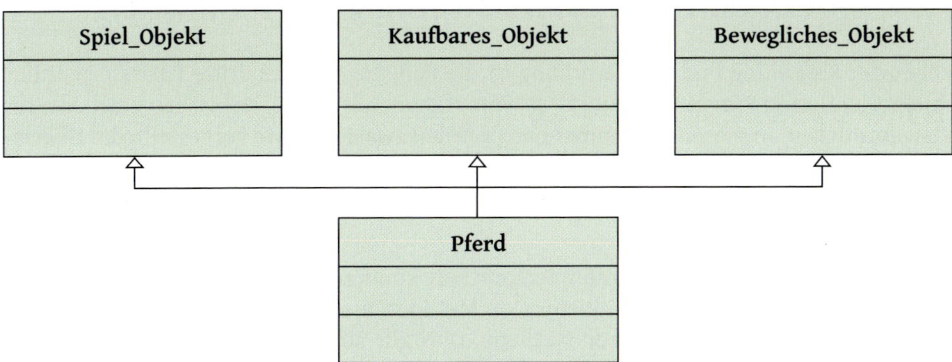

Im Beispiel wird die Klasse „Pferd" von der Klasse „Spiel_Objekt" abgeleitet. Außerdem soll das Pferd ein bewegliches und kaufbares Objekt sein. Deswegen erbt die Klasse auch noch von den Klassen „Kaufbares_Objekt" und „Bewegliches_Objekt".
Der Quellcode für die Vererbung würde so aussehen:

```
class Spiel_Objekt:
    def f1(self):
        print("Spiel_Objekt")

class Kaufbares_Objekt:
    def f2(self):
        print("Kaufbares_Objekt")

class Bewegliches_Objekt:
    def f3(self):
        print("Bewegliches_Objekt")

class Pferd(Spiel_Objekt, Kaufbares_Objekt, Bewegliches_Objekt):
    pass

def main():
    p = Pferd()
    p.f1()
    p.f2()
    p.f3()

main()          # Ausführen des Programms
```

Mehrfachvererbung

Wie aus dem Quellcode ersichtlich, ist die Mehrfachvererbung relativ einfach zu realisieren. Dazu werden bei der Definition der neuen Klasse alle Klassen angegeben, von denen geerbt werden soll. Diese werden, mit einem Komma voneinander getrennt, in runden Klammern aufgezählt.

7.7 Überladen und Überschreiben von Methoden

Neben der Kapselung und der Vererbung ist die Polymorphie das dritte Basiskonzept der objektorientierten Programmierung. Das Wort stammt aus dem Griechischen und bedeutet Vielgestaltigkeit. In diesem Zusammenhang werden zwei Konzepte vorgestellt: das Überladen und das Überschreiben von Methoden.

Überladen von Methoden

Im Gegensatz zu anderen Programmiersprachen können Methoden und Funktionen in Python nicht überladen werden. Wenn eine Methode mehrfach definiert wird, dann gilt immer die letzte Definition dieser Methode. Dies gilt auch, wenn die Methoden unterschiedliche Übergabeparameter besitzen. Methoden können aber in abgeleiteten Klassen überschrieben werden.

Überschreiben von Methoden

Das Überschreiben von Methoden bedeutet, dass eine Methode einer Basisklasse in der abgeleiteten Klasse neu implementiert (überschrieben) wird. Durch Vererbung übernimmt eine neue Klasse alle öffentlichen (*public*) und geschützten (*protected*) Eigenschaften und Methoden der Basisklasse. Der neuen Klasse können nun wiederum beliebige Methoden und Eigenschaften hinzugefügt werden. Wenn eine Methode der neuen Klasse den gleichen Namen wie eine geerbte Methode aufweist und neu implementiert wird, dann spricht man vom Überschreiben.

Beispiel

```
class Rechteck:
    def zeichne(self):
        ...

class AusgefülltesRechteck(Rechteck):
    def zeichne(self):
        ...
```

Im Beispiel erbt die Klasse „AusgefülltesRechteck" die Methode zeichne() von der Klasse „Rechteck". Diese wird nun überschrieben und neu implementiert, sodass anstatt eines nicht ausgefüllten Rechtecks ein ausgefülltes Rechteck gezeichnet wird.

Auftrag

Schreiben Sie ein Konsolenprogramm, welches das folgende Klassendiagramm abbildet. Dabei soll die Methode schreibe_text() in der Klasse „A" definiert und in den Klassen „B" und „C" überschrieben werden.

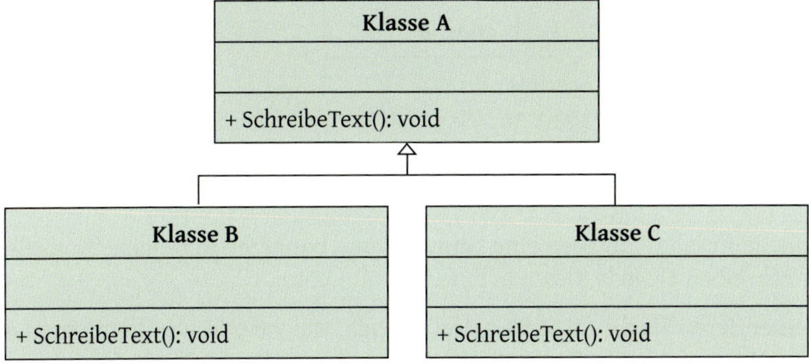

Zunächst werden die drei Klassen angelegt. In der Klasse „A" wird die Methode schreibe_text() implementiert. Diese wird dann in den Klassen „B" und „C" überschrieben. In den einzelnen Methoden wird ein spezieller Text auf dem Bildschirm ausgegeben.

Quellcode: Beispiel „Überschreiben von Methoden“

```
class A:
    def schreibe_text(self):
        print("Methode der Klasse A")

class B(A):
    def schreibe_text(self):
        print("Methode der Klasse B")

class C(A):
    def schreibe_text(self):
        print("Methode der Klasse C")

def main():
    a = A()
    b = B()
    c = C()
    a.schreibe_text()
    b.schreibe_text()
    c.schreibe_text()

main()              # Ausführen des Programms
```

Wenn man das Programm startet, erhält man die Ausgabe aus Abb. 7.9.

```
Methode der Klasse A
Methode der Klasse B
Methode der Klasse C

Process finished with exit code 0
```

Abb. 7.9: Ausgabe des Programms „Überschreiben von Methoden“

7.8 Aufgaben

Entwickeln Sie für alle Aufgaben eine sinnvolle und benutzerfreundliche Konsolenanwendung und schreiben Sie jede Klasse in eine separate Datei.

1 Implementieren Sie die folgenden drei Klassen, welche nur aus öffentlichen Attributen bestehen, und legen Sie im Hauptprogramm jeweils ein Objekt jeder Klasse an. Der Benutzer soll die Werte der einzelnen Objekte in das Programm eingeben können und diese werden im Anschluss angezeigt.

Segelschiff
+ anzahlMasten: int + crewMitglieder: int

Artikel
+ preis: double + marke: string

Hund
+ name: string + rasse: string

2 Setzen Sie nun alle Attribute auf *private*. Versuchen Sie das Programm zu starten und beobachten Sie, was geschieht.

3 Schreiben Sie nun für jedes Attribut eine öffentliche get- und eine öffentliche set-Methode. Passen Sie das Hauptprogramm an die neue Klassenstruktur an.

4 Entwickeln Sie aus dem nachfolgenden UML-Klassendiagramm eine Klasse „Auto" mit allen get- und set-Methoden und einem Konstruktor. Im Konstruktor sollen die Attribute mit sinnvollen Werten initialisiert werden. Legen Sie danach im Hauptprogramm zwei Objekte vom Typ „Auto" an und weisen Sie ihnen Werte zu. Geben Sie anschließend die Daten der beiden Autos aus.

Auto
– farbe: string – kennzeichen: string – preis. double – baujahr: int

5 Entwickeln Sie eine Klasse „Punkt", welche die X- und die Y-Koordinate eines Punkts speichert. Auf die Attribute kann mithilfe von get- und set-Methoden zugegriffen werden. Es soll einen Konstruktor geben, dem die Werte von x und y als Parameter übergeben werden. Des Weiteren soll es eine Klasse „Gerade" geben, welche aus zwei Punkten besteht. Diese werden wiederum mithilfe eines Konstruktors übergeben. Außerdem soll die Klasse eine Methode zur Berechnung der Länge der Geraden enthalten.

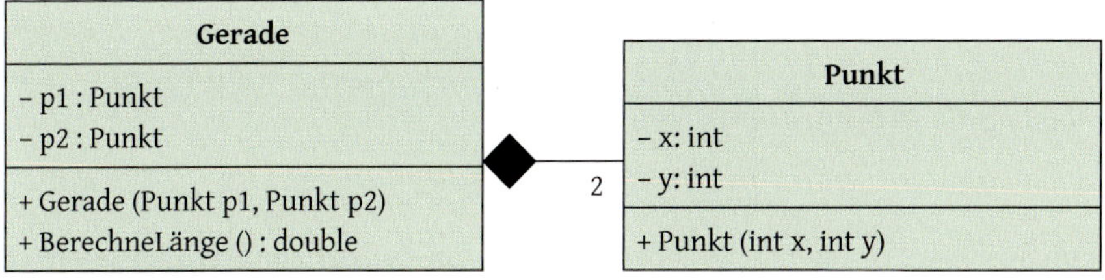

6 Erweitern Sie das Beispiel „Konto" aus diesem Kapitel um eine weitere Klasse „Girokonto" (siehe UML-Klassendiagramm unten) und passen Sie den Rest der Klassen an folgende Anforderungen an:

a) Die Klasse „Konto" soll eine abstrakte Klasse sein.
b) Alle Konten sollen einen festen Zinssatz haben, mit denen die Guthaben verzinst werden. Ausnahme ist das Sparkonto, bei dem ab einem bestimmten Betrag das Guthaben mit dem Sparzinssatz verzinst wird.

c) Die Klasse „Konto“ soll eine abstrakte Methode verrechneZinsen() erhalten, welche in den Unterklassen implementiert wird.
d) Kein Konto soll mehr überzogen werden können. Bei Abhebungen wird nur so viel ausgezahlt, dass das Konto nicht überzogen wird. Ausnahme ist das Dispokonto. Hier darf der Dispokredit nicht überzogen werden.
e) Auf das Girokonto fallen feste Kontogebühren an, die durch eine Methode verrechneKontogebühr() abgezogen werden. Durch das Abziehen der Kontogebühr darf das Girokonto kein negatives Guthaben aufweisen.

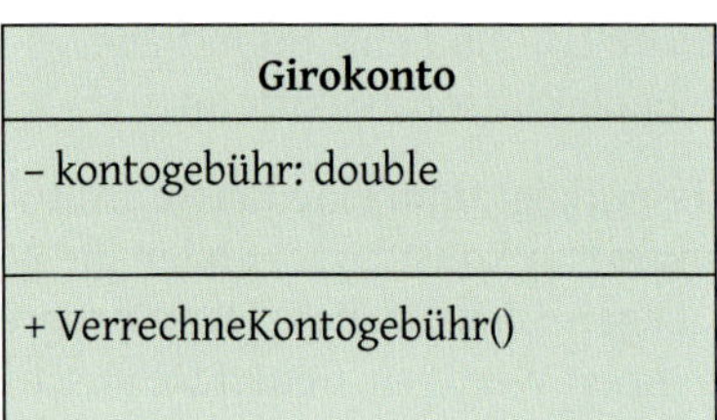

7 Setzen Sie folgenden Vererbungsbaum in Python um:

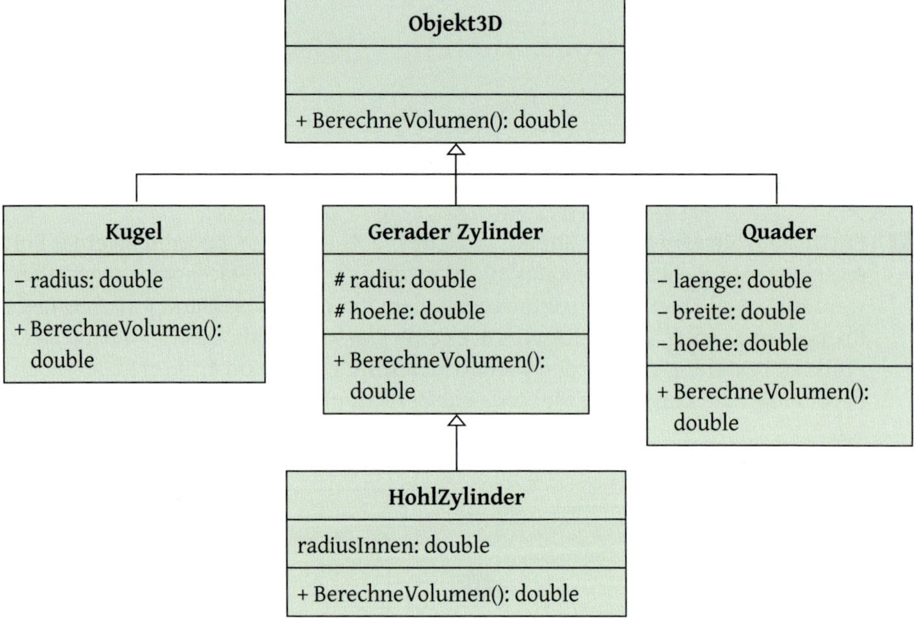

8 Erkundigen Sie sich im Internet über das Singleton-Entwurfsmuster und setzten Sie dieses Entwurfsmuster beispielhaft in Python um.

9 Erkundigen Sie sich im Internet über das Entwurfsmuster (*design pattern*) Fabrikmethode (*factory method*) und setzten Sie es exemplarisch in einem Python-Programm um.

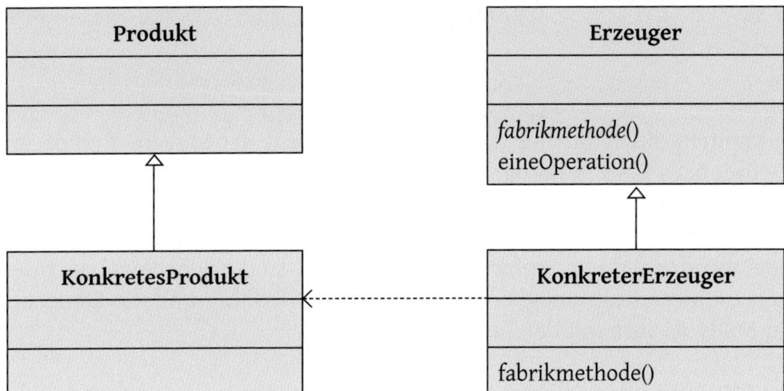

8 Erstellen von GUI-Programmen

In den ersten Kapiteln dieses Buches wurde das Fundament der Sprache Python gelegt. Die Beispiele wurden als Konsolenprogramme vorgestellt. Konsolenprogramme sind aber in der Praxis eher selten anzutreffen. Hier dominieren Programme, welche eine grafische Benutzeroberfläche (GUI) aufweisen. Grafische Benutzeroberflächen lassen sich gegenüber Konsolenanwendungen viel einfacher gestalten und sind in der Regel auch benutzerfreundlicher. Die Gestaltungsmöglichkeiten sind sehr vielfältig und die Steuerung ist sowohl mit der Maus als auch mit der Tastatur möglich.

Die Basis einer GUI-Anwendung ist das Fenster. Ein solches Fenster wird manchmal auch als Formular oder einfach als Form bezeichnet. Ein Fenster besteht in der Regel aus einer Titelleiste und einem Clientbereich. Ein einfaches Beispiel für ein GUI-Fenster ist in Abb. 8.1 zu sehen.

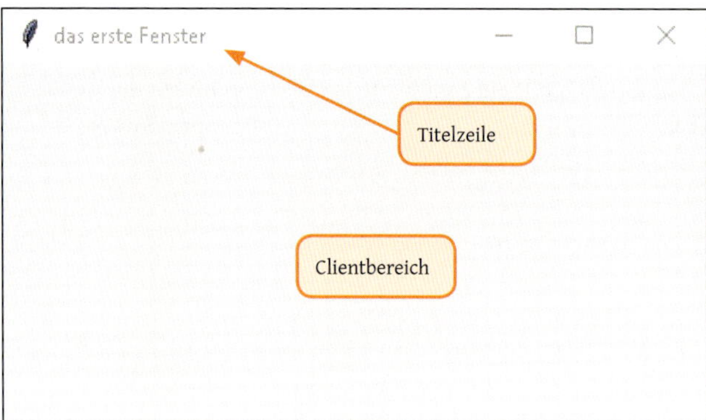

Abb. 8.1: Titelzeile und Clientbereich eines Windows-Fensters

Dieses Fenster wird durch folgenden Quellcode erzeugt:

```
import tkinter

# Erzeugen des Hauptfensters
form = tkinter.Tk()
form.title("das erste Fenster")

# Endlosscheife
form.mainloop()
```

Nun kann man weitere Oberflächenelemente wie Buttons und Textboxen programmieren und dem Fenster zuweisen. Diese werden auch häufig Widgets oder Controls genannt. Die Bezeichnung der einzelnen Elemente und die Implementierung der grafischen Benutzeroberfläche hängt davon ab, welche Bibliothek (Toolkit) genutzt wird. Unter einem Toolkit versteht man eine Bibliothek, mit deren Hilfe sich grafische Benutzeroberflächen erstellen lassen. Beispiele für derartige Bibliotheken sind die „Microsoft Foundation Classes" (MFC) für Windows oder plattformunabhängige Bibliotheken wie Qt, Gtk usw. Wenn sogenannte Bindings für Python existieren, können diese damit in ein Python-Programm eingebunden werden.

Das Beispielprogramm wurde mit Tkinter (Tk) erstellt. Dieses Toolkit ist in der Standardbibliothek von Python enthalten und muss nicht extra installiert werden. Damit ist es möglich, kleine GUI-Programme zu schreiben, und es stellt für die Einführung in die Oberflächenprogrammierung das ideale Werkzeug dar. In der folgenden Tabelle sind noch weitere Toolkits aufgeführt, die Bindings für Python bereitstellen. Allerdings stammen sie von anderen Anbietern und müssen extra installiert werden.

Toolkit	Beschreibung
PyObject	Diese Bibliothek stellt ein Binding für das Gtk-Toolkit bereit. Gtk zählt neben Qt zu den am meisten verbreiteten plattformunabhängigen Toolkits.
PyQt	Diese Bibliothek stellt ein Binding für das Qt-Toolkit bereit. Bei Qt handelt es sich um ein sehr umfassendes Framework, es ist ähnlich verbreitet wie Gtk.

In diesem Buch sind alle GUI-Beispiele mit Tkinter erstellt.

8.1 Das erste GUI-Programm

Auftrag

Ein Programm soll in Python entwickelt werden, dass „Hello World" auf einem GUI-Fenster anzeigt.

Eine ähnliche Aufgabe ist schon vom Anfang des Buchs bekannt, nämlich das „HelloWorld"-Programm als Konsolenanwendung. Diesmal wird aber eine grafische Benutzeroberfläche dafür verwendet. Folgende Schritte müssen ausgeführt werden, um ein Projekt unter PyCharm anzulegen:

1. PyCharm starten:
   Gestartet wird PyCharm durch einen Doppelklick auf das Programmsymbol.
2. Projekt anlegen:
   Nach dem Start ist folgendes Fenster zu sehen:

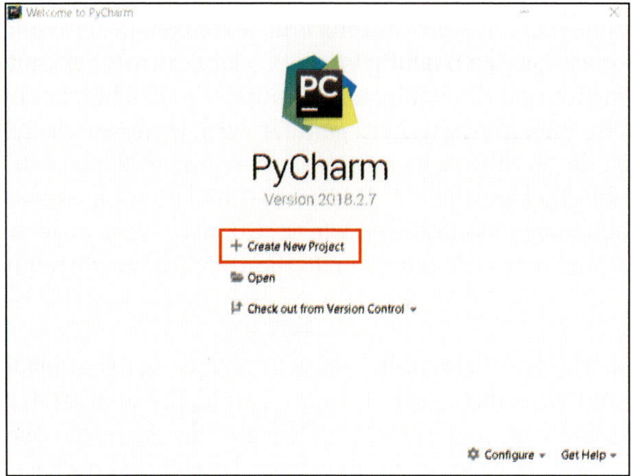

Abb. 8.2: Neues Projekt anlegen

Durch Klick auf „Create New Project“ wird ein neues Projekt angelegt. Es erscheint ein Fenster, in dem das Projektverzeichnis und der Projektname eingegeben werden können.

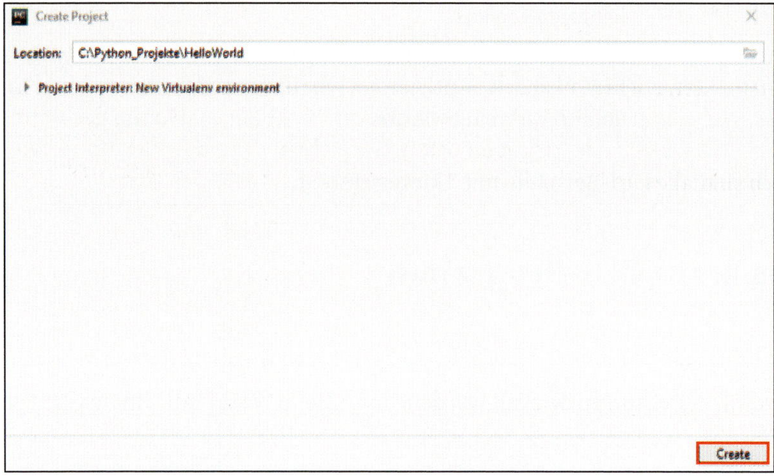

Abb. 8.3: Projektnamen vergeben

In diesem Fall wird im Verzeichnis „Python_Projekte“ das Projekt „HelloWorld“ erstellt. Durch Betätigen des „Create“-Buttons wird dieser Vorgang abgeschlossen.

3 Neue Python-Datei anlegen:
Nach dem Bestätigen mit „Create“ wird ein neues Projekt angelegt und in der Entwicklungsumgebung angezeigt.

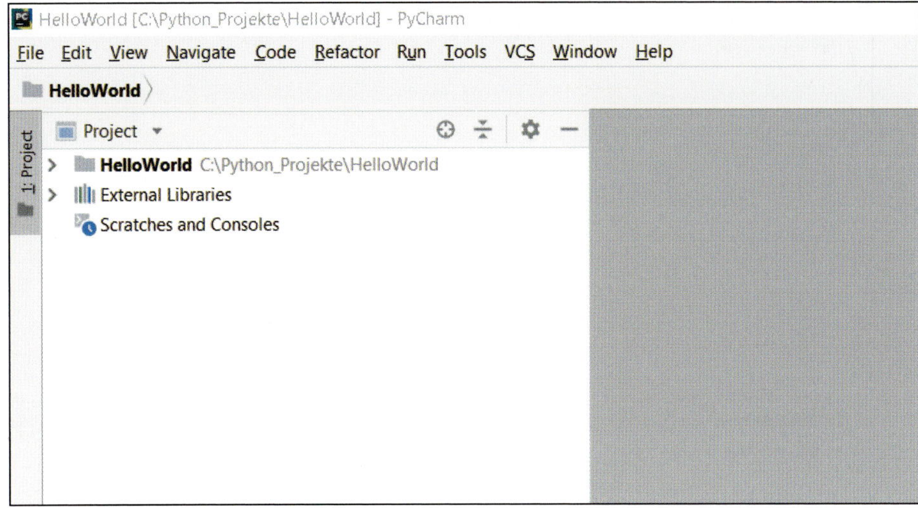

Abb. 8.4: Neue Python-Datei anlegen

Zu diesem Projekt kann man nun verscheidene Python-Dateien hinzufügen. Dazu wählt man im Menü den Punkt „File“ aus, dort wiederum den Punkt „New“ und in dem Fenster, welches dann angezeigt wird, wieder den Punkt „File“. Wenn alles richtig gemacht wurde, erscheint ein Eingabefenster, in welchem der Name der Datei eingeben werden kann. In diesem Beispiel wird **hello_world.py** eingegeben.

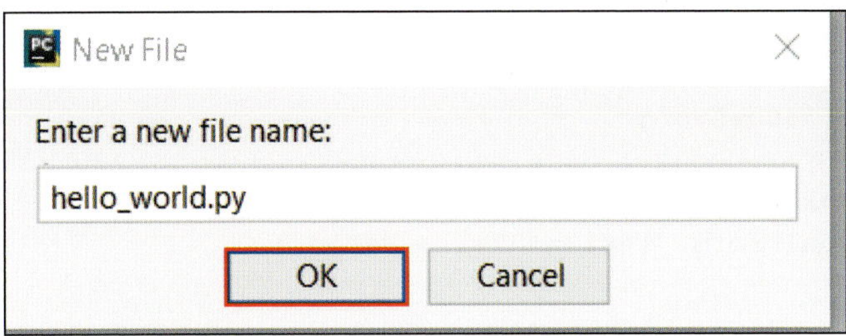

Abb. 8.5: Dateinamen vergeben

Durch Klick auf „OK“ wird die Eingabe bestätigt und die entsprechende Datei wird im Projektordner erzeugt.

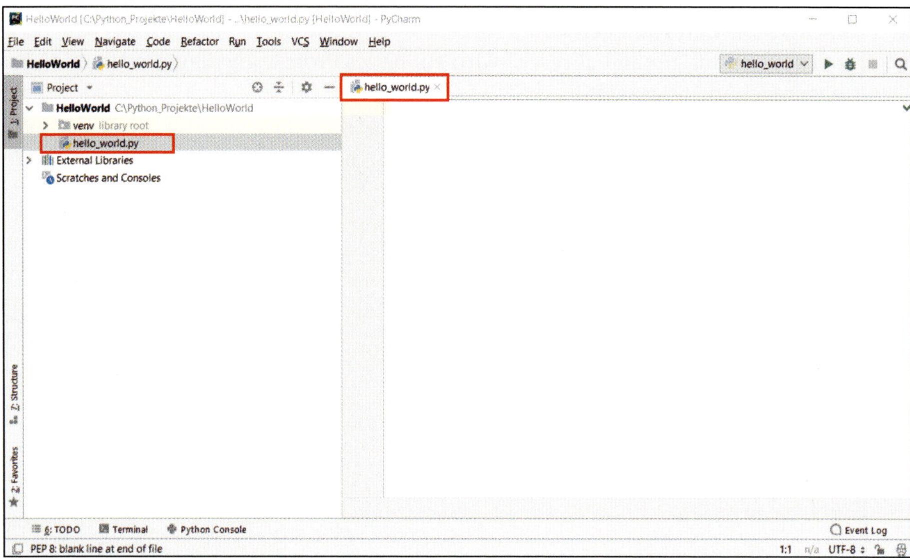

Abb. 8.6: Neue Datei hello_world.py

4 Programm schreiben:
Nun kann der Quelltext für das Programm eingeben werden. Für die GUI-Anwendung, welche in einem Label „Hello World" anzeigt, wird folgender Quellcode verwendet:

Quellcode: GUI-Programm „Hello World"

```
import tkinter

# Erzeugen des Hauptfensters
form = tkinter.Tk()
form.title("Das erste GUI-Program")
form.wm_geometry('400x200')

# Label "Hello World"
lbl = tkinter.Label(form, text = "Hello World")
lbl.pack()

# Endlosscheife
form.mainloop()
```

Zunächst muss das Tkinter-Modul eingebunden werden. Danach wird das Hauptfenster angelegt und dessen Titel wird festgelegt. Außerdem wird dem Fenster eine Anfangsgröße von 400 × 200 Pixeln geben. In einem zweiten Schritt wird ein Label für die Textausgabe angelegt, der Ausgabetext „Hello World" festgelegt und dem Hauptfenster zugewiesen. Nähere Erläuterungen folgen in den nächsten Abschnitten.

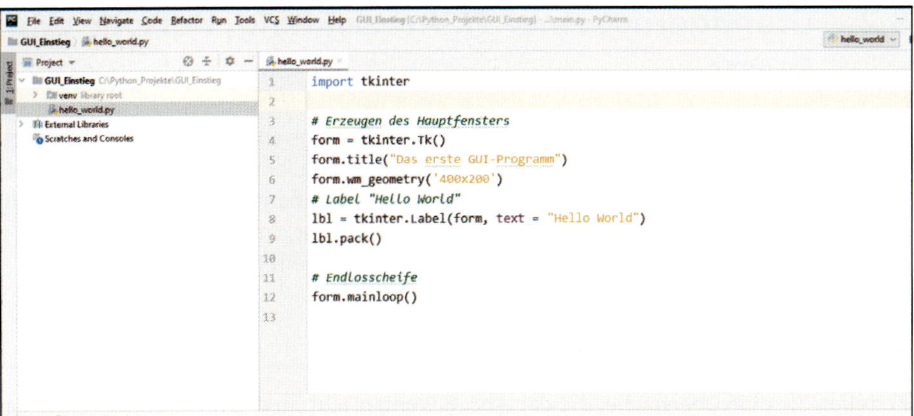

Abb. 8.7: Quellcode „Hello World" in PyCharm

5 Programm starten:
In der Menüleiste wird nun der Menüpunkt „Run" ausgewählt (alternativ kann auch die Tastenkombination Alt+Umschalt+F10 verwendet werden). Im darauffolgenden Fenster wird das Programm **hello_world.py** gestartet. Das Programm wird ausgeführt und folgendes Ergebnis ist auf dem Bildschirm zu sehen:

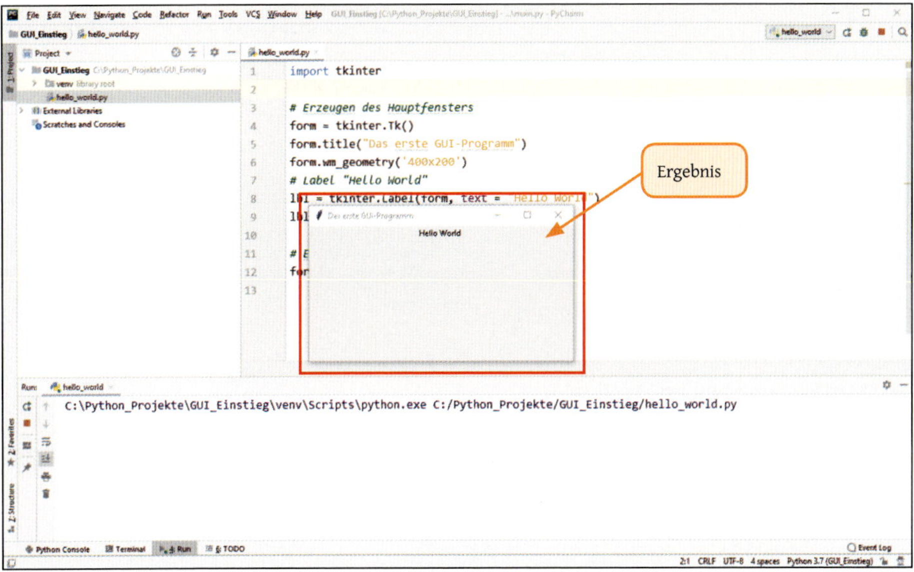

Abb. 8.8: Ausgabe des GUI-Programms „Hello World"

Dieses Fenster ist natürlich nicht sonderlich spektakulär. Am Oberflächendesign kann man noch arbeiten, und es besitzt auch nur eine gewisse Grundfunktionalität, die alle Fenster haben. Es kann in der Größe verändert und durch den „Schließen"-Button rechts oben geschlossen werden. Aber dafür, dass nur wenige Zeilen programmiert werden mussten, ist es schon sehr beachtlich.

8.2 Grundgerüst einer Tk-Anwendung, Buttons und Events

Jede grafische Benutzeroberfläche besteht aus mindestens einem Fenster, welches Steuerelemente besitzt. Die Steuerelemente können auf verschiedene Art und Weise auf der Oberfläche angeordnet werden. Ein grundlegendes Steuerelement ist ein sogenannter Button. Durch das Betätigen des Buttons wird ein Ereignis (Event) im Programm ausgelöst. Diese sogenannten Events müssen dann vom Programm verarbeitet werden.

Auftrag

Erstellen Sie eine Oberfläche, die der Abb. 8.9 entspricht, und implementieren Sie danach für die Ereignisse (Events) „Click" und „Motion" die Methoden, wie sie im Buch vorgegeben sind.

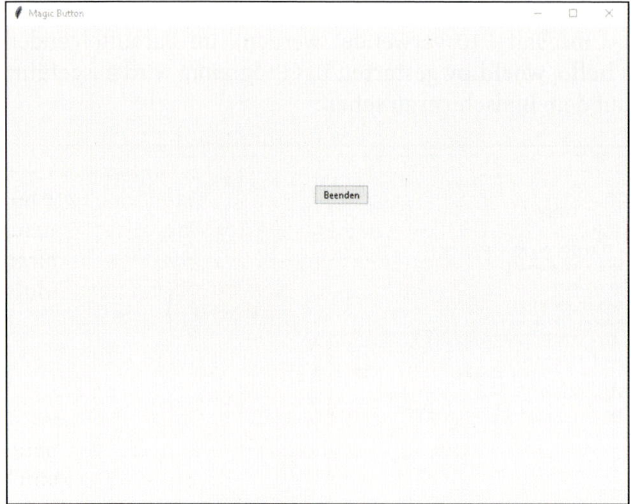

Abb. 8.9: Oberfläche für den Arbeitsauftrag „Magic Button"

Zunächst wird wieder ein Python-Projekt angelegt und gespeichert. Danach werden mit folgendem Quellcode ein Fenster und ein Button erzeugt:

```
import tkinter

# Erzeugen des Hauptfensters
frmMain = tkinter.Tk()
frmMain.title("Magic Button")
frmMain.wm_geometry('800x600')
```

```
# Button "btnBeenden"
btnBeenden = tkinter.Button(frmMain, text = "Beenden")
btnBeenden["height"] = 2
btnBeenden["width"] = 10
btnBeenden.place(x=400,y=200)

# Endlosscheife
frmMain.mainloop()
```

In der ersten Zeile des Programms wird das Modul tkinter importiert. Dieses Modul enthält alle Klassen, die notwendig sind, um die Benutzeroberfläche zu erstellen. Im folgenden Teil des Programms wird ein Objekt der Klasse „Tk" erzeugt, welches den Namen „frmMain" erhält. Über den Objektnamen und die entsprechende Eigenschaft werden einzelne Werte des Fensters gesetzt. In diesem Fall bekommt das Fenster den Titel „Magic Button" und es wird mithilfe der Eigenschaft wm_geometry auf eine Größe von 800 · 600 Pixeln gesetzt. Um Ereignisse für das Fenster abzufangen und auszuwerten, ist noch der Aufruf der Funktion mainloop() des Fensters notwendig. Dieses erfolgt mit der Zeile

```
frmMain.mainloop()
```

am Ende des Programms. Damit ist das Grundgerüst einer GUI-Anwendung fertig.

Nach dem Starten des Programms wird allerdings nur ein Fenster ohne Steuerelemente angezeigt. Laut Aufgabe soll aber noch ein Button dargestellt werden. Um einen Button anzuzeigen, muss zunächst ein Objekt der Klasse „Button" erstellt werden, einige Eigenschaften müssen eventuell angepasst werden und er muss danach auf der Oberfläche angeordnet werden. Das Erstellen des Objektes mit dem Namen „btnBeenden" erfolgt in der Zeile

```
btnBeenden = tkinter.Button(frmMain, text = "Beenden")
```

Dabei werden der Methode Button() mehrere Parameter übergeben. Der erste Parameter gibt an, zu welchem Element der Button gehört. In diesem Fall ist es das Fenster „frmMain". Mithilfe des Parameters text wird die Aufschrift des Buttons festgelegt. Es ist möglich, dieser Methode noch viele andere Parameter zu übergeben.
Die generelle Syntax lautet:

```
objektname = tkinter.Button (master, option=value, …)
```

master	Hier wird das Element angeben, zu dem der Button gehört.
option	Hier werden verschiedene Eigenschaften mit den zugehörigen Werten aufgelistet.

In der folgenden Tabelle sind einige wichtige Eigenschaften aufgelistet, welche als Parameter übergeben werden können.

Parameter (option)	Beschreibung
bd	Border-Breite in Pixel; Standardeinstellung ist 2.
bg	Hintergrundfarbe
command	Funktion, welche aufgerufen wird, wenn der Button geklickt wird
fg	Vordergrundfarbe
font	Schriftart, welche verwendet werden soll
height	Höhe des Buttons in Textzeilen
width	Breite des Buttons in Buchstaben
state	Setzt den Status des Buttons auf z. B DISABLED, ACTIVE oder NORMAL.
relief	Setzt den Rahmentyp (Aussehen) des Buttons. Werte sind SUNKEN, RAISED, GROOVE oder RIDGE.

Es müssen nicht gleich alle gewünschten Eigenschaften des Buttons gesetzt werden. Dies kann über entsprechende Anweisungen auch später erfolgen. Im Bespielprogramm erfolgt das in den Zeilen

```
btnBeenden["height"] = 2
```

und

```
btnBeenden["width"] = 10
```

Dazu wird nach dem Objektnamen in eckigen Klammern die entsprechende Eigenschaft angegeben und danach der Wert zugewiesen.
Viele Oberflächenelemente von Tkinter sehen aber nicht mehr sehr modern aus. Um den Elementen ein etwas moderneres Aussehen zu verschaffen, kann man das Modul „ttk" benutzen. Dieses muss durch

```
from tkinter import ttk
```

in das Programm importiert werden. Danach kann man die meisten Elemente auch mithilfe dieses Moduls erzeugen. Die Zeile zum Erzeugen des Buttons sieht dann wie folgt aus:

```
btnBeenden = ttk.Button(frmMain, text = "Beenden")
```

Nach dieser Vorgehensweise soll im Weiteren gearbeitet werden.

Anschließend muss der Button noch auf dem Fenster angeordnet und angezeigt werden. Dies wird in der Regel mit dem Aufruf der Methode pack() des jeweiligen Objektes erreicht. Damit übernimmt der sogenannte Packer die Aufgabe, die Elemente auf dem Fenster anzuordnen. Dabei kann dem Packer ein Layout vorgeben werden, wie er die Elemente anzuordnen hat. Diese werden dann der Methode pack() als Parameter übergeben. Die nachfolgende Tabelle beschreibt einige mögliche Parameter und deren Werte.

Parameter	Werte	Beschreibung
after	Name des Widgets	Das Steuerelement wird hinter das angegeben Widget gepackt.
before	Name des Widgets	Das Steuerelement wird vor das angegeben Widget gepackt.
fill	"x","y","both","none"	Die Größe des Steuerelements wird bei der Vergrößerung des Elternfensters angepasst. Die Größe kann dabei horizontal (x), vertikal (y), vollständig (both) oder gar nicht (none) angepasst werden.
side	"left", "right", "top", "bottom"	Gibt die Seite des Arbeitsbereiches an, an der das Steuerelement eingefügt werden soll.

Für das Programm wird jedoch statt pack() die Methode place() verwendet. Als Überparameter werden die x- und die y-Position des Buttons übergeben. Dieser wird dann genau an der entsprechenden Stelle auf dem Fenster gezeichnet. Dies erfolgt in der Zeile

```
btnBeenden.place(x=400,y=200)
```

Wenn nun das Programm gestartet wird, ist ein Fenster mit einem Button zu sehen. Allerdings kann man noch nicht auf den Button klicken bzw. passiert dabei noch nichts. Dieses Verhalten muss zuerst implementiert werden. Dies kann auf zwei Arten geschehen: Bei der ersten Variante wird beim Anlegen des Buttons ein weiterer Parameter übergeben, und zwar command. Mithilfe dieses Parameters wird der Name der Methoden übergeben, welche beim Drücken des Buttons aufgerufen werden soll.
Eine Übersicht der Übergabeparameter zeigt die Tabelle auf S. 132. Die Anweisung zum Anlegen des Buttons würde folgendermaßen aussehen:

```
btnBeenden = ttk.Button(frmMain, text = "Beenden",
                                 command = btnBeenden_click)
```

Der neu hinzugekommene Teil ist fett hervorgehoben. Dabei wird der Methodenname btnBeenden_click übergeben. Diese muss aber noch implementiert werden: Beim Klicken auf den Button soll die Anwendung geschlossen werden. Im nächsten Quelltext ist die Methode ergänzt und steht an erster Stelle:

```
import tkinter

def btnBeenden_click():
    frmMain.destroy()

# Erzeugen des Hauptfensters
frmMain = tkinter.Tk()
frmMain.title("Magic Button")
frmMain.wm_geometry('800x600')


# Button "btnBeenden"
btnBeenden = ttk.Button(frmMain, text = "Beenden",
                                 command = btnBeenden_click)
btnBeenden["width"] = 10
btnBeenden.place(x=400,y=200)

# Endlosscheife
frmMain.mainloop()
```

Methode btnBeenden_click

Anlegen des Buttons mit dem command-Parameter

Wie aus dem Quellcode ersichtlich, wird die Anwendung mithilfe der Anweisung frmMain.destroy() geschlossen. Wenn das Programm nun gestartet und der Button gedrückt wird, dann ist dieses Verhalten des Programms zu beobachten: Wenn man auf den Button klickt und die Anwendung sich schließt, ist erst einmal alles okay.
Aber von „Magic“, wie es die Überschrift des Hauptfensters („Magic Button“) impliziert, ist noch nicht viel zu merken. Um dem Button also etwas „Leben“ einzuhauchen, wird noch ein weiteres Event implementiert. Dazu wird ein neuer Befehl benötigt, der gleichzeitig die zweite Art darstellt, wie man auf Events reagieren kann. Dazu wird folgende Zeile in das Programm eingefügt:

```
btnBeenden.bind('<Motion>',btnBeenden_motion)
```

Mit der Methode bind und entsprechenden Übergabeparametern werden ein Ereignis und die entsprechende Methode, mit welcher auf das Ereignis reagiert werden soll, an einzelne Elemente gebunden. Die allgemeine Syntax für die bind-Methode ist:

Syntax:
bind-Methode

```
Widgetname.bind('<Eventname>', methodenname)
```

Im ersten Parameter wird der Eventname übergeben, in spitzen Klammern und in Hochkommas. In der nachfolgenden Tabelle sind Events aufgelistet, welche dafür vorgesehen sind. Auf die einzelnen Spezifikationen wird hier nicht weiter eingegangen. Diese werden an den entsprechenden Stellen genauer behandelt.

Event	Beschreibung
KeyPress	Eine Taste wurde gedrückt.
KeyRelease	Eine Taste wurde wieder losgelassen.
ButtonPress	Ein Mausbutton wurde über dem Element gedrückt. In weiteren Spezifikationen kann angegeben werden, welcher Mausbutton gemeint ist.
ButtonRelease	Ein Mausbutton wurde über dem Element wieder losgelassen. In weiteren Spezifikationen kann angegeben werden, welcher Mausbutton gemeint ist.
Motion	Der Mauszeiger wurde über das entsprechende Element bewegt. Auch hier können weitere Spezifikation angegeben werden.
Enter, Leave	Der Mauszeiger hat den Bereich des Elements betreten bzw. verlassen.
FocusIn, FocusOut	Das Element hat den Eingabefocus erhalten bzw. wieder verloren.
Expose	Das Element war verdeckt und ist wieder komplett sichtbar.
Configure	Das Element hat seine Größe oder Position geändert.
Destroy	Das Element wurde zerstört.

Zusätzlich können zu den Events noch Event-Modifier angeben werden. Dies ist z. B. notwendig, wenn man auf Doppelklicks reagieren möchte. Dazu werden die Modifier aus der folgenden Tabelle einfach vor das entsprechende Event gesetzt und mit einem Bindestrich getrennt.

Modifier	Beschreibung
Alt, Control, Shift, Lock	Die entsprechende Taste muss beim Auftreten des Events gedrückt sein.
Buttonx	Die Maustaste x muss beim Auftreten des Events gedrückt sein. X bezeichnet dabei die Maustaste.
Double, Triple	Das Event muss zwei- oder dreimal kurz hintereinander auftreten.

Als zweiter Parameter wird dann noch der Name der Methode übergeben, welche an das entsprechende Ereignis gekoppelt werden soll.

Beispiele

```
txtEingabe.bind('<KeyPress>', txtEingabe_keypress)

txtEingabe.bind('<Shift-KeyPress>', txtEingabe_shift_keypress)

btnBerechnen.bind('<ButtonPress>', btnBerechnen_buttonpress)

btnBerechnen.bind('<Double-ButtonPress>',
                  btnBerechnen_double_buttonpress)
```

Für das Programm wird die oben erwähnte Zeile mit dem Event „Motion" des Buttons eingefügt und die Methode btnBeenden_motion wird implementiert. Der komplette Quellcode sieht dann wie folgt aus:

Quellcode: Programm „Magic Button"

```
import tkinter
from tkinter import ttk
import random

def btnBeenden_click():
    frmMain.destroy()

def btnBeenden_motion(event):
    xpos = random.randint(0, frmMain.winfo_width() -
                          btnBeenden.winfo_width() -1)
    ypos = random.randint(0, frmMain.winfo_height() -
                          btnBeenden.winfo_height() - 20)
    btnBeenden.place(x = xpos, y = ypos)

# Erzeugen des Hauptfensters
frmMain = tkinter.Tk()
frmMain.title("Magic Button")
frmMain.wm_geometry('800x600')

# Button "btnBeenden"
btnBeenden = ttk.Button(frmMain, text = "Beenden",
                        command = btnBeenden_click)
btnBeenden.bind('<Motion>',btnBeenden_motion)
btnBeenden["width"] = 10
btnBeenden.place(x=400,y=200)

# Endlosscheife
frmMain.mainloop()
```

random importieren

Methode btnBeenden_motion

Einbinden des neuen Events

Alle neuen Befehle und Anweisungen sollten aus den vorangegangenen Kapiteln bekannt sein. Wenn alles implementiert ist, kann das Programm gestartet werden. Viel Vergnügen mit dem „Magic Button"!

8.3 Entry (Textbox), Label und Radiobutton

Auftrag

Erstellen Sie einen einfachen Taschenrechner, mit dem man zwei Zahlen addieren, subtrahieren, multiplizieren und dividieren kann. Die Oberflächengestaltung soll wie in Abb. 8.10 dargestellt erfolgen.

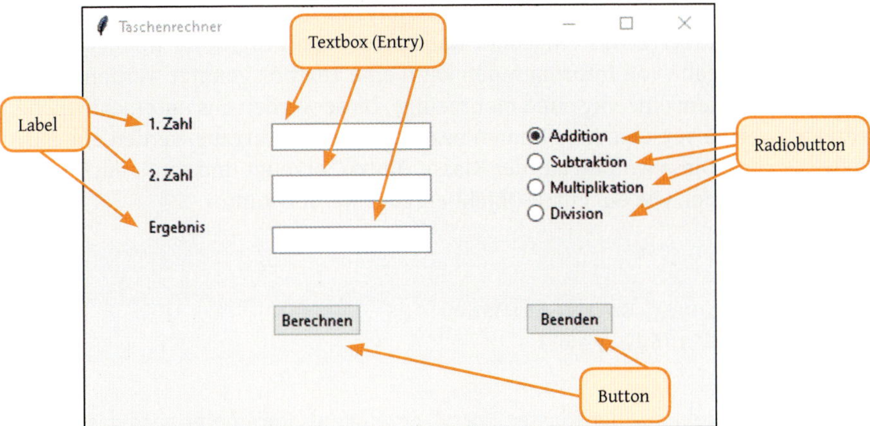

Abb. 8.10: Oberfläche für den Arbeitsauftrag „Taschenrechner"

Um diese Aufgabe zu lösen, wird zunächst wieder die Oberfläche erzeugt und danach werden die Klick-Events der beiden Buttons implementiert. Wie man ein Fenster erzeugt und darauf Buttons anordnet, ist bereits bekannt. Es kommen nun noch Labels, Textboxen (Entrys) und Radiobuttons hinzu. Im Grunde ist die Erzeugung aller Oberflächenelemente ähnlich: Es wird aus der entsprechenden Klasse ein Objekt erzeugt, welches dem Fenster zugewiesen und danach auf diesem platziert wird. Bei der Erzeugung des Objektes werden verschiedene Parameter übergeben, welche das Aussehen und Verhalten des Objektes beeinflussen. Diese Eigenschaften können aber auch noch später gesetzt und verändert werden. Zunächst sollen die drei neuen Oberflächenelemente und deren Erzeugung etwas genauer betrachtet werden.

Label

Labels dienen im Wesentlichen dazu, auf der Oberfläche Informationen anzuzeigen, welche vom Benutzer nicht verändert werden können. In der Regel werden diese auch vom Programm nicht verändert und sind somit statisch. Allerdings ist die Veränderung des Textes eines Labels möglich, was in einigen Fällen auch genutzt wird. Das Beispiel zeigt, wie ein Label-Objekt erzeugt werden kann:

Beispiel

```
lblBeispiel = tkinter.Label(frmMain, text = "Beispieltext")
lblBeispiel ["height"] = 2
lblBeispiel ["width"] = 10
lblBeispiel.place(x=100,y=100)
```

Im Beispiel wird ein Objekt aus der Klasse „Label" erzeugt. Der erste Übergabeparameter ist immer der Name des Fensters, auf welchem das Label erscheinen soll. Der zweite Parameter ist der Text, welcher im Label angezeigt wird, in diesem Fall „Beispieltext". Im Anschluss werden noch die Höhe und die Breite des Labels gesetzt und danach wird es an der Stelle (x = 100, y = 100) auf dem Fenster platziert.

Textbox (Entry)

Eine Textbox ist ein Element, welches der Interaktion mit dem Benutzer dient. In einer Textbox kann der Benutzer etwas eingeben, was später vom Programm weiterverarbeitet wird. Auch zur Ausgabe von Informationen kann eine Textbox genutzt werden. Es gibt zwei Arten von Textboxen: einzeilige und mehrzeilige. Diese werden aus unterschiedlichen Klassen erzeugt, welche verschiedene Namen besitzen. Für die Aufgabe werden einzeilige Textboxen verwendet. Diese werden aus der Klasse „Entry" erzeugt und somit auch Entrys genannt. Hier ein Beispiel, wie ein Entry-Objekt erzeugt werden kann:

Beispiel

```
txtBeispiel = tkinter.Entry(frmMain)
txtBeispiel.place(x=50, y=50)
```

Im Beispiel wird ein Objekt aus der Klasse „Entry" erzeugt, als Parameter wird das Fenster übergeben, zu dem es gehören soll. Wie schon erwähnt, können noch weitere Parameter gesetzt werden. Darauf soll aber in diesem Beispiel verzichtet werden, es soll nur das Objekt an den entsprechenden Koordinaten auf dem Fenster ausgegeben werden.

Radiobutton

Mithilfe von Radiobuttons kann eine Auswahl getroffen werden. Aus einer Gruppe von Radiobuttons kann immer nur ein Button aktiv sein. Die anderen sind inaktiv. Wird ein Element angeklickt, wird dieser Radiobutton aktiv und der letzte aktive Radiobutton wird inaktiv. Hier ein Beispiel, wie ein Radiobutton-Objekt erzeugt werden kann:

Beispiel

```
aktuell = tkinter.StringVar()
aktuell.set("rb1")

rbBeispiel = tkinter.Radiobutton(frmMain, text="Beispieltext",
                                 variable=aktuell, value="rb1")
rbAddtion.place(x=200, y=1300)
```

Im Beispiel wird ein Objekt aus der Klasse „Radiobutton" erzeugt. Wie üblich werden das Fenster und der Text, welcher hinter dem Radiobutton angezeigt werden soll, übergeben. Allerdings kommen noch zwei Parameter hinzu. Diese sind notwendig, damit man später im Programm den Status eines Radiobuttons auswerten kann. Zunächst wird der Name der Variablen übergeben, welche die Änderungen an dem Status speichert. In diesem Fall ist es die Variable aktuell. Allerdings muss diese schon im Vorfeld angelegt worden sein. Dies ist in der ersten Zeile des Beispieltextes geschehen. Durch die Methode StringVar() wurde eine Variable angelegt, in welcher man Text speichern kann. Es ist aber genauso möglich mit Zahlen zu arbeiten. Im Übergabeparameter value wird dann der Wert angegeben, welcher der Variablen übergeben wird, wenn der Radiobutton aktiv ist. In diesem Fall ist das der Wert „rb1". Um zu Anfang gleich einen Radiobutton als aktiv zu markieren, kann man den Wert der Variablen gezielt setzten. Dies ist auch im Beispiel dargestellt.

Mit den neuen Erkenntnissen wird nun das Programm umgesetzt. Zunächst wird das Fenster mit den entsprechenden Elementen erzeugt, danach werden die Events der Buttons programmiert. Das komplette Programm sieht dann wie folgt aus:

Quellcode: Programm „Taschenrechner"

```
import tkinter

def btnBeenden_click():
    frmMain.destroy()

def btnBerechnen_click():
    zahl1 = float(txtZahl1.get())
    zahl2 = float(txtZahl2.get())
    ergebnis = 0

    if auswahl.get() == "addition":
        ergebnis = zahl1 + zahl2
    if auswahl.get() == "subtraktion":
        ergebnis = zahl1 - zahl2
    if auswahl.get() == "multiplikation":
        ergebnis = zahl1 * zahl2
    if auswahl.get() == "division":
        ergebnis = zahl1 / zahl2

    txtErgebnis.delete(0,'end')
    txtErgebnis.insert(0, ergebnis)

# Erzeugen des Hauptfensters
frmMain = tkinter.Tk()
frmMain.title("Taschenrechner")
frmMain.wm_geometry('500x300')

# Anlegen der Buttons
btnBeenden = tkinter.Button(frmMain, text = "Beenden", command =
btnBeenden_click)
btnBeenden["height"] = 2
btnBeenden["width"] = 10
btnBeenden.place(x=350,y=200)
```

Anwendung beenden

Werte aus den Textboxen

Ergebnis berechnen; hängt vom jeweils aktiven Radiobutton ab

Ergebnis in der Textbox anzeigen; diese muss zuvor gelöscht werden. Die „0" gibt an, dass das Löschen und die Ausgabe ab der ersten Stelle erfolgen sollen.

```
btnBerechnen = tkinter.Button(frmMain, text = "Berechnen", command =
btnBerechnen_click)
btnBerechnen["height"] = 2
btnBerechnen["width"] = 10
btnBerechnen.place(x=150,y=200)

# Anlegen der Labels
lblZahl1 = tkinter.Label(frmMain, text = "1. Zahl")
lblZahl1["height"] = 2
lblZahl1["width"] = 10
lblZahl1.place(x=50,y=50)

lblZahl2 = tkinter.Label(frmMain, text = "2. Zahl")
lblZahl2["height"] = 2
lblZahl2["width"] = 10
lblZahl2.place(x=50,y=90)

lblErgebnis = tkinter.Label(frmMain, text = "Ergebnis")
lblErgebnis["height"] = 2
lblErgebnis["width"] = 10
lblErgebnis.place(x=50,y=130)

# Anlegen der Entrys
txtZahl1 = tkinter.Entry(frmMain)
txtZahl1.place(x=150, y=60)

txtZahl2 = tkinter.Entry(frmMain)
txtZahl2.place(x=150, y=100)

txtErgebnis = tkinter.Entry(frmMain)
txtErgebnis.place(x=150, y=140)

# Anlegen der Radiobuttons
auswahl = tkinter.StringVar()
auswahl.set("addition")

rbAddtion = tkinter.Radiobutton(frmMain, text="Addition",
                               variable=auswahl, value="addition")
rbAddtion.place(x=350, y=60)

rbSubtraktion = tkinter.Radiobutton(frmMain, text="Subtraktion",
                               variable=auswahl, value="subtraktion")
rbSubtraktion.place(x=350, y=80)

rbMultiplikation = tkinter.Radiobutton(frmMain, text="Multiplikation",
                               variable=auswahl, value="multiplikation")
rbMultiplikation.place(x=350, y=100)
```

```
rbDivision = tkinter.Radiobutton(frmMain, text="Division",
                                 variable=auswahl, value="division")
rbDivision.place(x=350, y=120)

# Endlosscheife
frmMain.mainloop()
```

Das Anlegen der Oberfläche nimmt einen großen Teil des Programms ein. Die einzelnen Elemente werden mit den entsprechenden Parametern erzeugt und besitzen sinnvolle Namen. Danach werden sie auf der Oberfläche platziert. Bei den Radiobuttons wird die Variable auswahl zugewiesen. Diese wird dann in der Methode btnBerechnen_click() ausgewertet. Dies erfolgt innerhalb der einzelnen Verzweigungen mit der Methode get(). Je nach Auswahl werden die Werte aus den Textfeldern entsprechend verarbeitet. Diese wurden zuvor ebenfalls mit der Methode get() aus den Entrys ausgelesen und in Float-Werte umgewandelt. Hierbei ist zu erwähnen, dass noch keine Fehleingaben abgefangen werden. Auch eine Division durch Null wird noch nicht bearbeitet. Dieses Thema (Exceptions) wird in Kapitel 9 behandelt. Zum Schluss wird das Ergebnis wieder in einer Textbox angezeigt. Dies erfolgt mit dem Befehl insert(). Allerdings hängt dieser Befehl die Ausgabe an den schon vorhandenen Text an. Deshalb ist es notwendig, den kompletten Inhalt der Textbox vor der Ausgabe zu löschen. Dazu wird der Befehl delete() verwendet.

8.4 Checkbutton, Combobox und Farben

Nachdem nun die Widgets Label, Entry und Radiobutton bekannt sind, werden in diesem Abschnitt die Widgets Checkbutton und Combobox vorgestellt. Außerdem wird gezeigt, wie Farben verwendet werden.

Auftrag

Erstellen Sie ein Programm mit folgendem Aussehen:

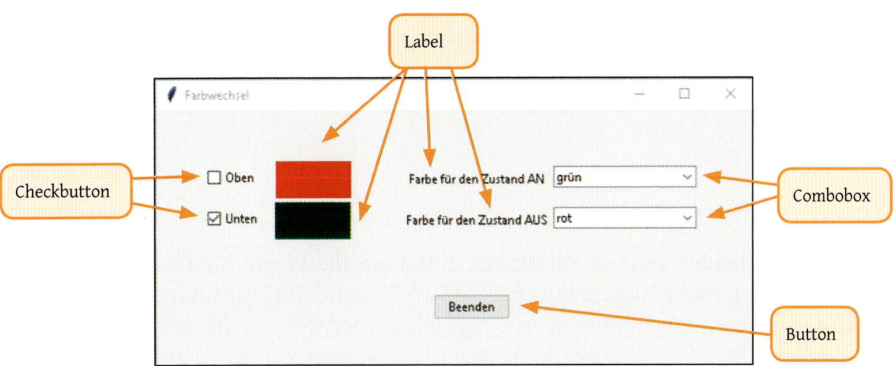

Abb. 8.11: Oberfläche für den Arbeitsauftrag „Farbwechsel“

Je nachdem, ob der entsprechende Checkbutton ein Häkchen hat oder nicht, soll das zugehörige Label die Farbe für den Zustand „AN“ oder „AUS“ annehmen. Welche Farbe für den jeweiligen Zustand angezeigt wird, kann in der entsprechenden Combobox ausgewählt werden.

Als Erstes wird wieder die Oberfläche erstellt. Die Oberflächenelemente Label und Button sind bereits bekannt. Allerdings werden zwei der Labels nicht zur Ausgabe von Text verwendet, sondern dienen im Programm zur Anzeige einer Farbe. Dazu wird die Eigenschaft „Background“ der Labels mit einem entsprechenden Farbwert versehen. Aber zunächst werden die beiden neuen Widgets Checkbutton und Combobox betrachtet.

Checkbutton

Der Checkbutton ist ein Element, welches wie ein Radiobutton ausgewählt oder nicht ausgewählt werden kann. Der Unterschied besteht darin, dass in einer Liste von Radiobuttons zum selben Zeitpunkt immer nur ein Element aktiv sein kann. Dagegen werden Checkbuttons verwendet, wenn mehrere Elemente der Liste gleichzeitig ausgewählt werden sollen. Hier ein Beispiel, wie ein Checkbutton-Objekt erzeugt werden kann:

Beispiel

```
status = tkinter.IntVar()
status.set(0)

cbBeispiel = ttk.Checkbutton(frmMain, text = "Beispiel",
                             variable = status,
                             onvalue = 1, offvalue = 0)
cbBeispiel.place(x=100,y=100)
```

Zunächst wird wieder aus der Klasse „Checkbutton“ ein Objekt erzeugt. Im Beispiel wird die ttk-Bibliothek verwendet, um das Widget etwas moderner erscheinen zu lassen. Die Übergabeparameter sind der Name des Elternfensters und der Beschriftungstext, welcher hinter dem Checkbutton steht. Außerdem wird, wie beim Radiobutton, wieder eine Variable benötigt, in der der aktuelle Zustand des Elements gespeichert wird. Diese wird im Übergabeparameter „variable“ übergeben. Es können String-, Integer- oder Float-Variablen verwendet werden. Im Beispiel handelt es sich um eine Integer-Variable, welche in der ersten Zeile mit

```
tkinter.IntVar()
```

angelegt wird. Die beiden letzten Parameter enthalten die Werte für den ausgewählten (onvalue) und für den nicht ausgewählten (offvalue) Zustand. Da eine Integer-Variable verwendet wird, müssen auch Integer-Werte zugewiesen werden, in diesem Fall eine 1 für onvalue und eine 0 für offvalue. Zum Schluss wird das Widget auf der Oberfläche platziert.

Combobox

Eine Combobox stellt eine Drop-down-Liste dar, aus welcher der Benutzer ein Element auswählen kann. Die Combobox wird nur durch die ttk-Bibliothek zur Verfügung gestellt. Hier ein Beispiel, wie ein Combobox-Objekt erzeugt werden kann:

Beispiel

```
auswahl = tkinter.StringVar()
auswahl.set("Berlin")

cmbBeispiel = ttk.Combobox(frmMain, textvariable = auswahl)
cmbBeispiel["values"] = ("Berlin", "Wien", "Paris")
cmbBeispiel.current(0)
cmbBeispiel.place(x=400,y=160)
```

Zunächst wird wieder ein Objekt aus der entsprechenden Klasse erzeugt. In diesem Fall ist es die Klasse „Combobox“. Als Parameter werden wieder der Name des Elternfensters und eine Variable, welche den aktuellen Wert enthält, übergeben. Die Zuweisung der einzelnen Listenelemente könnte auch an dieser Stelle erfolgen. Der Übersichtlichkeit halber wurde diese Zuweisung aber in die nächste Zeile verlegt. Hier wird der Eigenschaft „values“ der Combobox die Liste der Werte übergeben. In der nächsten Zeile wird der aktuelle Wert gesetzt, welcher in der Combobox angezeigt werden soll. In diesem Fall wäre es der erste Wert (0) der Liste und somit würde in der Combobox „Berlin“ erscheinen.

Nun kann die komplette Oberfläche erstellt werden. Nachdem dies gesehen ist, müssen noch die entsprechenden Funktionen für die Events programmiert werden. In diesem Fall handelt es um drei Events: zum einen das Klick-Event des Buttons, welches die Anwendung schließt, zum anderen das Event, welches beim Auswählen eines Checkbuttons auftritt, und zum Schluss noch das Event, welches bei der Auswahl eines Elementes aus der Combobox ausgelöst wird. Durch diese Events werden folgende Funktionen aufgerufen, welche im Programm zu implementieren sind:

```
def btnBeenden_click():
def setze_farbe_lblOben():
def setze_farbe_lblUnten():
def setze_neue_farbe(event):
```

Bevor diese Funktionen implementiert werden können, muss noch die Darstellung von Farben in Tkinter geklärt werden. In Tkinter werden Farben durch einen String repräsentiert. Dabei gibt es zwei Wege, um Farben anzugeben. Zum einen kann ein hexadezimaler Wert angegeben werden, welcher die Anteile von Rot, Grün und Blau in der Farbe enthält.

Beispiel

```
farbe = "#000000"   # Schwarz
farbe = "#ffffff"   # Weiß
farbe = "#ff0000"   # Rot
```

Zum anderem können auch die Namen von vordefinierten Farben verwendet werden. Hier alle aufzuführen, würde den Rahmen des Buches sprengen. Als Beispiel seien nur einige angeführt:

red	white	blue	green
cyan	orange	black	yellow
steel blue	sienna1	sienna2	gray
gray1	gray99	DarkSeaGreen	LightSkyBlue
indian red	azure	white smoke	snow

Beispiel

```
farbe = "black"   # Schwarz
farbe = "white"   # Weiß
farbe = "red"     # Rot
```

Im Programm wird gleich beim Erzeugen des Objektes die Hintergrundfarbe für das entsprechende Label zugewiesen. Das komplette Programm ist nachfolgend aufgeführt.

Quellcode: Programm „Farbwechsel"

```
import tkinter
from tkinter import ttk

def btnBeenden_click():
    frmMain.destroy()

def setze_farbe_lblOben():
    if status_oben.get() == 0:
        if farbe_aus.get() == "rot":
            lblOben["background"] = "red"
        else:
            lblOben["background"] = "blue"
    else:
        if farbe_an.get() == "grün":
            lblOben["background"] = "green"
        else:
            lblOben["background"] = "yellow"
```

Zuweisen einer Farbe

```
def setze_farbe_lblUnten():
    if status_unten.get() == 0:
        if farbe_aus.get() == "rot":
            lblUnten["background"] = "red"
        else:
            lblUnten["background"] = "blue"
    else:
        if farbe_an.get() == "grün":
            lblUnten["background"] = "green"
        else:
            lblUnten["background"] = "yellow"

def setze_neue_farbe(event):
    setze_farbe_lblOben()
    setze_farbe_lblUnten()


# Erzeugen des Hauptfensters
frmMain = tkinter.Tk()
frmMain.title("Farbwechsel")
frmMain.wm_geometry('600x250')

# Anlegen der Buttons
btnBeenden = ttk.Button(frmMain, text = "Beenden",
                        command = btnBeenden_click)
btnBeenden.place(x=280,y=180)

# Anlegen der Labels
lblOben = tkinter.Label(frmMain, bg = "red")
lblOben["height"] = 2
lblOben["width"] = 10
lblOben.place(x=120,y=50)

lblUnten = tkinter.Label(frmMain, bg = "green")
lblUnten["height"] = 2
lblUnten["width"] = 10
lblUnten.place(x=120,y=90)

lblCmb1 = tkinter.Label(frmMain, text = "Farbe für den Zustand AN")
lblCmb1["height"] = 2
lblCmb1["width"] = 20
lblCmb1.place(x=250,y=50)

lblCmb2 = tkinter.Label(frmMain, text = "Farbe für den Zustand AUS")
lblCmb2["height"] = 2
lblCmb2["width"] = 20
lblCmb2.place(x=250,y=90)
```

Zuweisen einer Farbe

Funktion einem Event zuweisen

```
# Anlegen der Checkbuttons
status_oben = tkinter.IntVar()
status_oben.set(0)
cbOben = ttk.Checkbutton(frmMain, text = "Oben",
                         command = setze_farbe_lblOben,
                         variable = status_oben,
                         onvalue = 1, offvalue = 0)
cbOben.place(x=50,y=55)

status_unten = tkinter.IntVar()
status_unten.set(1)
cbUnten = ttk.Checkbutton(frmMain, text = "Unten",
                          command = setze_farbe_lblUnten,
                          variable=status_unten,
                          onvalue = 1, offvalue = 0)
cbUnten.place(x=50,y=95)

# Anlegen der Comboboxen
farbe_an = tkinter.StringVar()
farbe_an.set("grün")
cmbFarbeAn = ttk.Combobox(frmMain, textvariable = farbe_an,
                          state = "readonly")
cmbFarbeAn["values"] = ("grün", "gelb")
cmbFarbeAn.current(0)
cmbFarbeAn.bind("<<ComboboxSelected>>", setze_neue_farbe)
cmbFarbeAn.place(x=400,y=55)

farbe_aus = tkinter.StringVar()
farbe_aus.set("rot")
cmbFarbeAus = ttk.Combobox(frmMain, textvariable = farbe_aus,
                           state = "readonly")
cmbFarbeAus["values"] = ("rot", "blau")
cmbFarbeAus.current(0)
cmbFarbeAus.bind("<<ComboboxSelected>>", setze_neue_farbe)
cmbFarbeAus.place(x=400,y=95)

# Endlosscheife
frmMain.mainloop()
```

Funktion einem Event zuweisen

Funktion einem Event zuweisen

Funktion einem Event zuweisen

Im unteren Teil des Programms wird die Oberfläche erstellt und im oberen Teil sind die Funktionen definiert, welche bei einzelnen Events aufgerufen werden. Im Quelltext wurden zwei Arten verwendet, um den Events die Funktionen zuzuweisen. Zum einen wurde die Eigenschaft command verwendet. Diese Vorgehensweise wurde beim Button und bei den Checkbuttons angewendet. Bei den Comboboxen wurde die entsprechende Funktion mithilfe der Methode bind() an das Widget gebunden.

8.5 PhotoImage und Timer

In diesem Abschnitt wird gezeigt, wie man Bilder ins Programm einbindet und wie man zeitliche Abläufe mithilfe eines Timers steuern kann.

Auftrag

Ein Programm soll erstellt werden, bei dem sich ein Bild kontinuierlich von rechts nach links bewegt. Die Bewegung soll durch einen „Start"- und einen „Stop"-Button gesteuert werden können.

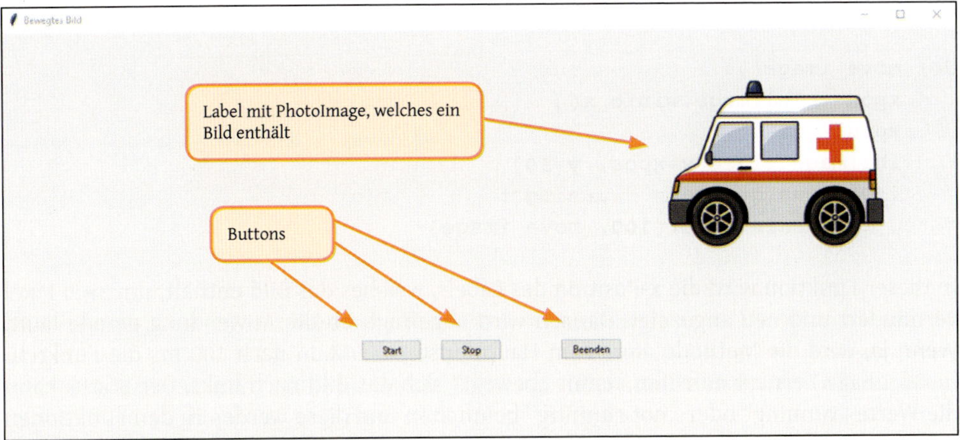

Abb. 8.12: Oberfläche für den Arbeitsauftrag „Bewegtes Bild"

Neben den drei Buttons wird für die Umsetzung dieser Aufgabe noch ein Label und ein PhotoImage benötigt. Das Label hat lediglich die Aufgabe das PhotoImage aufzunehmen, damit es auf dem Fenster dargestellt werden kann. Das eigentliche Bild wird dem PhotoImage zugewiesen. Ein PhotoImage-Objekt wird wie folgt erstellt:

```
imgBeispiel = tkinter.PhotoImage(file="beispiel.gif")
```

In diesem Beispiel wird das Bild „beispiel.gif" an das PhotoImage gebunden. Hierzu müssen dem file-Attribut der Dateibezeichner und der Pfad als Wert zugewiesen werden. Da das PhotoImage nicht direkt auf einem Fenster dargestellt werden kann, braucht auch kein Parameter für das Elternfenster übergeben zu werden. Um ein PhotoImage-Objekt auf der Benutzeroberfläche darzustellen, wird es an eine GUI-Komponente vom Typ Label oder Button gebunden. Hierzu wird das image-Attribut des betreffenden Elementes gesetzt:

Beispiel

```
lblBeispiel = tkinter.Label(frmMain, image = imgBeispiel)
lblBeispiel.place(x=820,y=50)
```

Im Beispiel wird ein Label verwendet, um das Image aufzunehmen. Durch das Anzeigen des Labels wird auch das Bild sichtbar.

Für die Aufgabe wird das Bild eines Krankenwagens verwendet, welches mithilfe eines Labels auf der Oberfläche angezeigt wird. Nun müssen noch die Funktionen geschrieben werden, welche auf die Klick-Events der Buttons reagieren, und eine Funktion, welche eine Art Timer darstellt. Eine Klasse „Timer" gibt es in Python nicht direkt. Aber jedes Tkinter-GUI-Objekt kann die Methode after ausführen. Diese Methode bewirkt, dass nach einer übergebenen Zeit (in Millisekunden) die übergebene Funktion ausgeführt wird. Ruft man mithilfe der Methode after eine Funktion rekursiv auf, so ergibt dies eine wiederholte Ausführung dieser Funktion. Um das Umzusetzen, wird eine Funktion move_image() geschrieben, welche wie folgt aussieht:

```
def move_image():
    xpos = lblImage.winfo_x()
    xpos -= 2
    lblImage.place(x=xpos, y=50)
    if status.get() == "running":
        frmMain.after(100, move_image)
```

In dieser Funktion wird die x-Position des Labels, welches das Bild enthält, um zwei Pixel vermindert und neu angezeigt. Danach wird abgefragt, ob die Anwendung gerade läuft. Wenn ja, wird die Methode after vom Hauptfenster frmMain nach 100 ms die Funktion move_image() erneut aufrufen, damit „bewegt" sich das Bild nach links. Der Status kann die Werte „running" oder „not running" beinhalten und diese werden in den Funktionen btnStart_click() bzw. btnStop_click() gesetzt. Das komplette Programm ist nachfolgend aufgeführt.

Quellcode: Programm „Bewegtes Bild"

```
import tkinter
from tkinter import ttk

def btnBeenden_click():
    frmMain.destroy()

def move_image():
    xpos = lblImage.winfo_x()
    xpos -= 2
    lblImage.place(x=xpos, y=50)
    if status.get() == "running":
        frmMain.after(100, move_image)

def btnStart_click():
    if status.get() == "not running":
        status.set("running")
        move_image()
```

Rekursiver Funktionsaufruf mithilfe der Methode after; dadurch wird ein zeitabhängiger Ablauf simuliert.

```
def btnStop_click():
    if status.get() == "running":
        status.set("not running")

# Erzeugen des Hauptfensters
frmMain = tkinter.Tk()
frmMain.title("Bewegtes Bild")
frmMain.wm_geometry('1200x500')

status = tkinter.StringVar()
status.set("not running")

# Anlegen der Buttons
btnStart = ttk.Button(frmMain, text = "Start",
                      command = btnStart_click)
btnStart.place(x=450,y=380)

btnStop = ttk.Button(frmMain, text = "Stop", command = btnStop_click)
btnStop.place(x=550,y=380)

btnBeenden = ttk.Button(frmMain, text = "Beenden",
                        command = btnBeenden_click)
btnBeenden.place(x=700,y=380)

# Amlegen des Bildes
imgCar = tkinter.PhotoImage(file="car.png")

# Anlegen des Labels
lblImage = tkinter.Label(frmMain, image = imgCar)
lblImage.place(x=820,y=50)

# Endlosscheife
frmMain.mainloop()
```

Anlegen der Variable status und setzten des Ausgangszustandes „not running“

Das Bild muss im Programmverzeichnis liegen, ansonsten muss der komplette Pfad angeben werden.

Wenn das Programm ausgeführt und der „Start“-Button gedrückt wird, dann „fährt“ das Auto von rechts nach links.

8.6 Menü und Messagebox

In diesem Abschnitt wird gezeigt, wie man ein Menü erstellen kann und wie Messageboxen angezeigt werden.

Auftrag

Ein Programm soll erstellt werden, welches ein Menü mit verschiedenen Untermenüpunkten besitzt und bei der Auswahl eines Menüpunkts eine entsprechende Messagebox anzeigt.

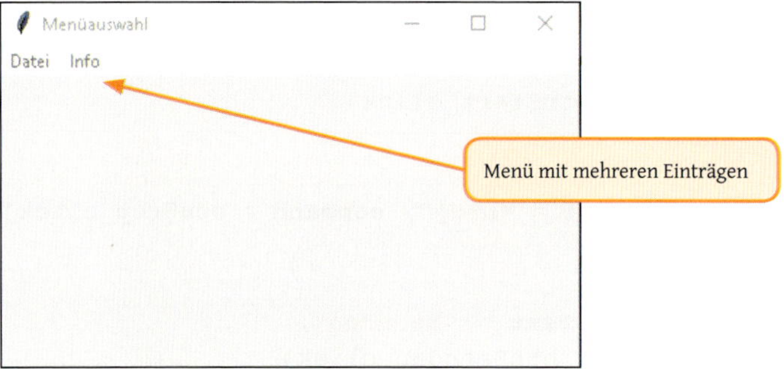

Abb. 8.13: Oberfläche für den Arbeitsauftrag „Menüauswahl“

Ein Menü-Objekt wird aus der Klasse „Menu“ erzeugt und im Anschluss an das entsprechende Fenster übergeben. Dazu wird von dem Fenster die Methode config() verwendet und als Parameter das Menü übergeben. Dies ist im folgenden Beispiel verdeutlicht:

Beispiel

```
menue = tkinter.Menu()
frmMain.config(menu = menue)
```

Wenn das Programm jetzt gestartet würde, wäre noch nichts zu sehen, weil das Menü-Objekt noch keine Menüpunkte besitzt. Diese müssen erst noch angelegt werden. In den nachfolgenden Zeilen werden erst ein Hauptmenüpunkt und danach die zugehörigen Unterpunkte erzeugt und untereinander verknüpft:

```
menue_punkt = tkinter.Menu(menue)
menue_punkt.add_command(label="Unterpunkt1",
                        command = miUP1_click)
menue_punkt.add_command(label="Unterpunkt2",
                        command = miUP2_click)
menue.add_cascade(label = "Menüpunkt", menu = menue_punkt)
```

Anlegen eines Hauptmenüpunktes

Anlegen eines Untermenüpunktes mit Event-Funktion

Den Hauptmenüpunkt dem Menü zuweisen

Die Unterpunkte, welche durch die Methode add_command() an den Hauptpunkt gebunden werden, enthalten als Übergabeparameter den Text, welcher angezeigt werden soll, und den Namen der Funktion, welche beim Klicken aufgerufen wird. Zum Abschluss wird der Hauptmenüpunkt noch an das Menü-Objekt gebunden. Dies erfolgt mit dem Befehl add_cascade(). Mit dieser Vorgehensweise ist man in der Lage komplexe Menüs aufzubauen.

Im Programm sollen dann in den Klick-Methoden der einzelnen Menüpunkte Messageboxen aufgerufen werden. Eine Messagebox ist ein kleines Informationsfenster, das verschieden gestaltet werden kann. Es kann dazu benutzt werden, den Anwender über Fehler zu informieren oder Fragen zu stellen. Das Modul messagebox stellt mehrere Arten von Ausgabefenstern bereit. Allen gemeinsam ist, dass sie als Übergabeparameter eine Überschrift und einen Ausgabetext haben. Bei der Eingabe der Zeile

```
messagebox.showinfo("Überschrift", "Ausgabetext")
```

würde folgendes Fenster ausgegeben:

Abb. 8.14: Beispiel für Messagebox

Es ist natürlich möglich, auch andere Arten von Fenstern auszugeben. In der folgenden Tabelle sind diese Arten zusammengefasst:

Art	Schaltflächen	Rückgabewert
askokcancel	OK Abbrechen	„True“ „False“
askquestion	Ja Nein	„yes“ „no“
askretrycancel	Wiederholen Abbrechen	„True“ „False“
askyesno	Ja Nein	„True“ „False“
askyesnocancel	Ja Nein Abbrechen	„True“ „False“ None
showerror	OK	„ok“
showinfo	OK	„ok“
showwarning	OK	„ok“

Beispiele

```
messagebox.showwarning("Warnung",
                    "Die Eingaben entsprechen nicht den Vorgaben")

messagebox. askyesno("Frage",
                    "Wollen Sie die Anwendung beenden?")

messagebox. askokcancel("Sicherheitsabfrage",
                    "Wollen Sie die Daten speichern?")
```

Der Quellcode für das geforderte Programm ist relativ unspektakulär. Es wird überall die Messagebox showinfo verwendet, außer im Menüpunkt „Beenden". Dort wird die Messagebox aus Abb. 8.15 angezeigt und der Rückgabewert der Auswahl wird in der Variablen beenden_ok gespeichert.

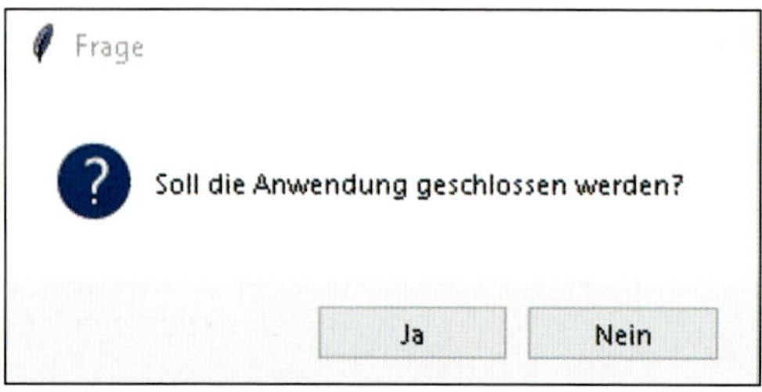

Abb. 8.15: Messagebox zum Beenden der Anwendung

Bei der Auswahl von „Ja" wird die Anwendung geschlossen. Andernfalls passiert nichts.

Quellcode: Programm „Menüauswahl"

```
import tkinter
from tkinter import messagebox

def miBeenden_click():
    beenden_ok = messagebox.askyesno("Frage",
                          "Soll die Anwendung geschlossen werden?")
    if beenden_ok == True:
        frmMain.destroy()

def miEintrag1_click():
    messagebox.showinfo("Hinweis", "Es wurde Eintrag 1 ausgewählt.")

def miEintrag2_click():
    messagebox.showinfo("Hinweis", "Es wurde Eintrag 2 ausgewählt.")

def miInfo_click():
    messagebox.showinfo("Hinweis", "Dies ist eine Beispielversion.")
```

```
# Erzeugen des Hauptfensters
frmMain = tkinter.Tk()
frmMain.title("Menüauswahl")
frmMain.wm_geometry('400x200')

# Anlegen des Menüs
menue = tkinter.Menu()
frmMain.config(menu = menue)

file = tkinter.Menu(menue)
file.add_command(label="Eintrag 1", command = miEintrag1_click)
file.add_command(label="Eintrag 2", command = miEintrag2_click)
file.add_command(label="Beenden", command = miBeenden_click)
menue.add_cascade(label = "Datei", menu = file)

info = tkinter.Menu(menue)
info.add_command(label="Version", command = miInfo_click)
menue.add_cascade(label = "Info", menu = info)

# Endlosscheife
frmMain.mainloop()
```

Zur Übung wird empfohlen, auch mit anderen Arten von Messageboxen zu experimentieren.

8.7 Scale (Schieberegler)

In diesem Abschnitt geht es um das Steuerelement Scale, auch als Schieberegler bekannt.

Auftrag

Ein Programm soll erstellt werden, bei dem mithilfe von drei Schiebereglern die Farbwerte Rot, Grün und Blau im Bereich von 0 bis 255 geändert werden können. Der aktuelle Farbwert der jeweiligen Farbe und ein Mix aus allen drei Farben sollen beim Bewegen der Schieberegler angepasst werden.

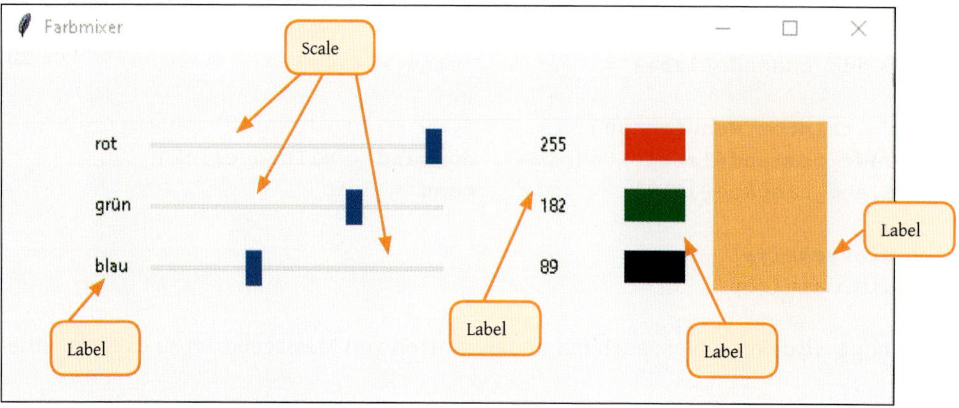

Abb. 8.16: Oberfläche für den Arbeitsauftrag „Farbmixer"

Wie aus Abb. 8.16 zu ersehen ist, beseht die Oberfläche aus dreizehn Widgets. Davon sind aber zehn Labels, welche schon aus den vorhergehenden Abschnitten bekannt sind. Diese werden zu unterschiedlichen Zwecken verwendet: Drei dienen der Beschriftung der Scales (lblTextRot, lblTextBlau, lblTextGruen), drei weitere Labels (lblWertRot, lblWertGruen, lblWertBlau) werden für die Ausgabe der aktuellen Farbwerte benutzt. Mithilfe der restlichen Labels (lblRot, lblGruen, lblBlau, lblMix) werden die Farben bzw. der Farbenmix angezeigt. Neu hinzugekommen sind die Scales, welche auch als Schieberegler oder Slider bezeichnet werden. Ein Scale-Objekt wird aus der Klasse „Scale" erzeugt. Dafür soll die Variante aus der ttk-Bibliothek verwendet werden, welche diesen ein moderneres Aussehen verleiht.

Beispiel

```
scBeispeil = ttk.Scale(frmMain, from_= 0, to= 500,
                       orient = tkinter.HORIZONTAL, length = 300)
scBeispiel.place(x=100, y=100)
```

Im Beispiel werden mehrere Parameter verwendet, um das Scale darzustellen. Diese sind in der folgenden Tabelle näher erläutert.

frmMain	Name des Elternfensters
from_	Anfangswert der Skala, in diesem Fall „0“
to	Endwert der Skala, im Beispiel „500“
orient	Ausrichtung des Elements. Wird nichts angeben, dann wird der Slider vertikal dargestellt.
lenght	Gibt an, wie lang der Slider sein soll.

Nach der Erzeugung des Objektes wird das Scale wieder auf der Oberfläche platziert. Nun kann die Oberfläche programmiert werden. Bei den Scales werden die Endwerte auf 255 gesetzt. Dies entspricht dem maximalen Wert, welchen Rot, Grün oder Blau annehmen können. Da am Anfang alle Schiebregler auf 0 stehen, wird die Hintergrundfarbe aller Farbausgabe-Labels auf Schwarz gesetzt. Jedem Scale wird dann noch eine Funktion übergeben, welche aufgerufen wird, wenn der Schieberegler bewegt wird. Dies erfolgt wie üblich mit der Eigenschaft command. Hier nun der komplette Quellcode für die Lösung des Auftrags:

Quellcode: Programm „Farbmixer“

```
import tkinter
from tkinter import ttk

def scRot_move(self):
    value = int(scRot.get())
    lblWertRot["text"] = str(value)
    lblRot["background"] = "#%02x%02x%02x" % (value, 0, 0)
    setcolormix(self)

def scGruen_move(self):
    value = int(scGruen.get())
    lblWertGruen["text"] = str(value)
    lblGruen["background"] = "#%02x%02x%02x" % (0, value, 0)
    setcolormix(self)

def scBlau_move(self):
    value = int(scBlau.get())
    lblWertBlau["text"] = str(value)
    lblBlau["background"] = "#%02x%02x%02x" % (0, 0, value)
    setcolormix(self)

def setcolormix(self):
    lblMix["background"] = "#%02x%02x%02x" % (int(scRot.get()),
                                              int(scGruen.get()),
                                              int(scBlau.get()))
```

Funktion zur Anzeige des roten Farbwertes

Funktion zur Anzeige des grünen Farbwertes

Funktion zur Anzeige des blauen Farbwertes

Funktion zur Anzeige der Farbe, welche aus dem Mix der Einzelfarben entsteht. Diese wird von den vorhergehenden Funktionen aufgerufen.

```
# Erzeugen des Hauptfensters
frmMain = tkinter.Tk()
frmMain.title("Farbmixer")
frmMain.wm_geometry('600x230')

# Anlegen der Scales
scRot = ttk.Scale(frmMain, from_= 0, to= 255,
                  orient = tkinter.HORIZONTAL,
                  length = 200, command = scRot_move )
scRot.place(x=100, y=50)

scGruen = ttk.Scale(frmMain, from_= 0, to= 255,
                    orient = tkinter.HORIZONTAL,
                    length = 200, command = scGruen_move )
scGruen.place(x=100, y=90)

scBlau = ttk.Scale(frmMain, from_= 0, to= 255,
                   orient = tkinter.HORIZONTAL,
                   length = 200, command = scBlau_move)
scBlau.place(x=100, y=130)

# Anlegen der Labels
lblTextRot = tkinter.Label(frmMain, text = "rot")
lblTextRot.place(x=60, y=50)

lblTextGruen = tkinter.Label(frmMain, text = "grün")
lblTextGruen.place(x=60, y=90)

lblTextBlau = tkinter.Label(frmMain, text = "blau")
lblTextBlau.place(x=60, y=130)

lblWertRot = tkinter.Label(frmMain, text = "0")
lblWertRot.place(x=360, y=50)

lblWertGruen = tkinter.Label(frmMain, text = "0")
lblWertGruen.place(x=360, y=90)

lblWertBlau = tkinter.Label(frmMain, text = "0")
lblWertBlau.place(x=360, y=130)

lblRot = tkinter.Label(frmMain, background = "black“, width = 5)
lblRot.place(x=420, y=50)

lblGruen = tkinter.Label(frmMain, background = "black", width = 5)
lblGruen.place(x=420, y=90)
```

```
lblBlau = tkinter.Label(frmMain, background = "black", width = 5)
lblBlau.place(x=420, y=130)

lblMix = tkinter.Label(frmMain, background = "black", width = 10,
height = 7)
lblMix.place(x=480, y=45)

# Endlosscheife
frmMain.mainloop()
```

Die Funktionen zur Behandlung der einzelnen Events sind relativ gleich. Exemplarisch wird der Inhalt kurz anhand der folgenden Funktion besprochen:

```
def scRot_move(self):
    value = int(scRot.get())
    lblWertRot["text"] = str(value)
    lblRot["background"] = "#%02x%02x%02x" % (value, 0, 0)
    setcolormix(self)
```

Diese wird aufgerufen, wenn der Schieberegler für den roten Wert bewegt wird. Zunächst wird der aktuelle Wert des Scales mit der Methode get() geholt. Dieser muss noch in einen Integer-Wert umgewandelt werden. Danach wird dieser Wert im „Wert-Label“ angezeigt. In dem Label, das für die Ausgabe der Farbe zuständig ist, wird nun die Hintergrundfarbe angepasst. Dazu ist die Angabe der Farbe als Hexwert in der Form „#RRGGBB“ notwendig. Allerdings liegen die einzelnen Farbwerte nur als Dezimalwert im Bereich von 0 bis 255 vor. Für die Überführung des Farbwertes von der einen in die andere Form kann folgende Formel verwendet werden:

```
hexvalue = "#%02x%02x%02x" % (rot, gruen, blau)
```

In diesem Fall enthalten die Variablen rot, gruen und blau Werte im Bereich von 0 bis 255. Zum Schluss wird im Beispiel noch eine Funktion aufgerufen, welche nach diesem Prinzip einen Farbenmix aus den drei einzelnen Farben erzeugt und anzeigt.

8.8 Grafikausgabe

Bis jetzt ging es um verschiedene Oberflächenelemente. Nun soll auf dem Fenster etwas gezeichnet werden. Dazu wird das Canvas-Widget von Tkinter verwendet. Das Canvas-Widget ist ein Oberflächenelement, in dem beliebige Grafiken dargestellt werden können. Dazu werden unter anderem verschiedenen Methoden zur Verfügung gestellt, mit deren Hilfe Linien, Rechtecke und andere grafische Formen auf dem Widget gezeichnet werden können. Zunächst einmal muss von der Klasse „Canvas“ wieder ein Objekt gebildet werden. Dies erfolgt in der schon bekannten Form:

```
g = tkinter.Canvas(frmMain, width = 200, height = 200)
g.place(x=120, y=50)
```

Dabei werden als Parameter wieder das Fenster, aber in der Regel auch die Breite und die Länge des Canvas übergeben. Danach muss es noch wie üblich auf dem Fenster platziert werden.

Danach kann man mithilfe verschiedener Methoden in einem Koordinatensystem auf dem Element zeichnen. Das Standardkoordinatensystem ist wie folgt aufgebaut:

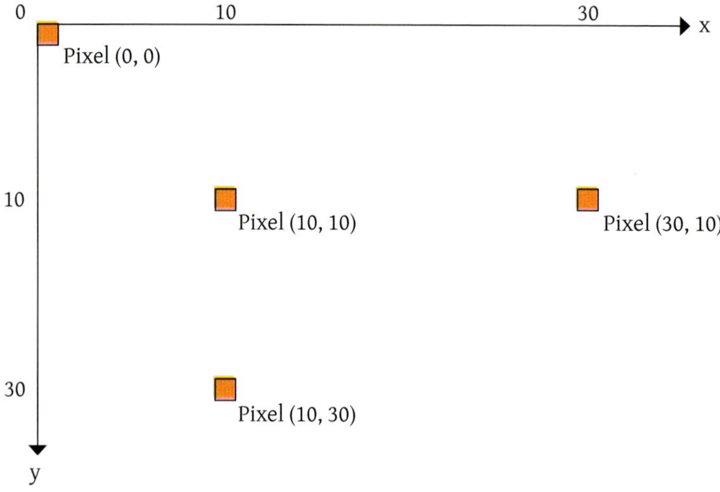

Abb. 8.17: Standardkoordinatensystem

Der Koordinatenursprung befindet sich in der linken oberen Ecke. Die positive x-Achse verläuft nach rechts und die positive y-Achse nach unten. Damit unterscheidet sich dieses Koordinatensystem von einem mathematischen, bei dem die positive y-Achse nach oben verläuft. Die Angabe der Koordinaten erfolgt in der Regel in Pixeln.

Wie erwähnt, werden verschiedene Methoden zum Zeichnen zur Verfügung gestellt. In der folgenden Tabelle sind einige wichtige Methoden aufgeführt, die in den nächsten Abschnitten anhand von Beispielen näher erläutert werden.

Methode	Beschreibung
create_line	Zeichnet einen Linienzug zwischen Punkten.
create_oval	Zeichnet eine Ellipse in einem umschließenden Rechteck.
create_rectangle	Zeichnet ein Rechteck anhand der Eckpunkte.
create_polygon	Zeichnet die Kontur eines Polygons.
create_text	Zeichnet eine Zeichenfolge an einer bestimmten Position.
create_arc	Zeichnet einen Kreisbogen.
create_window	Platziert ein Tkinter-Widget auf dem Canvas.
create_image	Zeichnet ein PhotoImage oder ein BitmapImage.
create_bitmap	Zeichnet eine Bitmap.

8.8.1 Linien zeichnen und Text ausgeben

Nun soll eine erste Grafikausgabe erstellt werden, indem einzelne Linien gezeichnet werden und ein Text als Grafik ausgegeben wird.

Auftrag

Ein Programm soll geschrieben werden, das auf einem Formular einen Kreis von Linien zeichnet und einen Text ausgibt.

Abb. 8.18: Oberfläche für den Arbeitsauftrag „Linien"

Nach dem Erzeugen des Fensters mit dem Titel „Linien" wird ein Canvas-Objekt erzeugt und angezeigt:

```
g = tkinter.Canvas(frmMain, width = 200, height = 200)
g.place(x=120, y=50)
```

Dabei sollten die Größe und der Platz des Canvas den Anforderungen entsprechend gewählt werden. Über das Canvas-Objekt g hat man nun Zugriff auf Methoden, um etwas auf der Zeichenfläche darzustellen. Für die Aufgabe werden erst einmal zwei Methoden benötigt: eine zum Zeichnen von Linien und eine, um Text auf der Zeichenfläche auszugeben. Zum Zeichnen der Linie wird die Methode create_line() verwendet, zur Ausgabe von Text die Methode create_text(). Beide Methoden können verschiedene Übergabeparameter erhalten. Diese werden nun genauer betrachtet, mit Beschränkung auf diejenigen Parameter, welche im Programm verwendet werden.

```
create_line(x1, y1, x2, y2, fill = …)
```

Parameter	Beschreibung
x1	X-Koordinate des Anfangspunkts der Linie
y1	Y-Koordinate des Anfangspunkts der Linie
x2	X-Koordinate des Endpunkts der Linie
y2	Y-Koordinate des Endpunkts der Linie
fill	Bestimmt die Linienfarbe; der Standardwert ist Schwarz.

Wenn nur diese Parameter übergeben werden, wird genau eine Linie gezeichnet. Dabei wird die Linienfarbe durch den Parameter fill bestimmt.

Beispiele

```
g.create_line(10, 10, 50, 50, fill = "blue")

x1 = 20
y1 = 100
x2 = 50
y2 = 300
farbe = "#B370AC"
g.create_line(x1, y1, x2, y2, fill = farbe)
```

Es ist aber auch möglich, einen Linienzug darzustellen, welcher aus mehreren verbundenen Linien besteht. Dazu kann ein Feld von Punkten übergeben werden oder die Punkte werden direkt angeben.

Beispiel

```
g.create_line(0,0, 100,100, 20,60, 120,150, 250,80)

punkte = (0,0, 100,100, 20,60, 120,150, 250,80)
g.create_line(*punkte)
```

Diese Verwendungsmöglichkeit der create_line-Funktion ist der create_polygon-Funktion sehr ähnlich. Der Unterschied besteht darin, dass bei der create_polygon-Funktion der letzte und der erste Punkt zusätzlich verbunden werden. Dies ist hier nicht der Fall.

Für die Textausgabe wird folgende Methode verwendet:

```
create_text(x1, y2, text = …, font = …, fill = …)
```

Parameter	Beschreibung
x1	X-Koordinate des Anfangspunkts der Zeichenfolge
y1	Y-Koordinate des Anfangspunkts der Zeichenfolge
text	Zu zeichnende Zeichenfolge
font	Legt Schriftart und Größe fest
fill	Legt die Farbe der Schrift fest; Standardwert ist Schwarz.

Mit dieser Methode ist es möglich, beliebigen Text an einer beliebigen Stelle auf dem Canvas auszugeben. Die Übergabe der Farbe ist schon bekannt. Sie erfolgt in folgender Art und Weise:

```
font = (Schriftart, Schriftgröße)
```

Beispiele

```
font = ("Consolas", 10)
font = ("Calibri", 16)
font = ("Ink Free", 20)
```

Im Programmbeispiel wird die Schriftart Arial in der Größe 12 verwendet. Außerdem wird der Text in der Farbe Orange dargestellt:

```
g.create_text(100, 170, text = "Die erste Zeichnung",
                        font = ("Arial", 12), fill = "orange")
```

Zur Umsetzung der Aufgabe wird noch eine eigene Funktion zeichne() implementiert. Diese zeichnet mithilfe einer Schleife einen Kreis von Linien und gibt anschließend den Text aus. Um die einzelnen Koordinaten zu berechnen, sind Sinus- bzw. Cosinus-Funktionen vonnöten. Diese sind in der math-Klasse von Python zu finden, welche noch ins Programm eingebunden werden muss. Als Übergabeparameter erwarten beide einen Winkel im Bogenmaß. Da aber in der Schleife mit Grad gearbeitet wird, müssen die Werte noch ins Bogenmaß umgewandelt werden. Dazu dient die Funktion math.radians(). Der komplette Quelltext sieht wie folgt aus:

Quellcode: Programm „Linien“

```
import tkinter
import math

def zeichne():
    laenge = 60
    x2 = 0
    y2 = 0
    for i in range(0, 360, 15):
        y2 = 80 - int(math.sin(math.radians(i)) * laenge)
        x2 = 100 - int(math.cos(math.radians(i)) * laenge)
        g.create_line(100, 80, x2, y2, fill="black")

    g.create_text(100, 170, text = "Die erste Zeichnung",
                        font = ("Arial", 12), fill = "orange")

# Erzeugen des Hauptfensters
frmMain = tkinter.Tk()
frmMain.title("Linien")
frmMain.wm_geometry('450x300')

# Anlegen des Canvas
g = tkinter.Canvas(frmMain, width = 200, height = 200)
g.place(x=120, y=50)
```

Berechnung und Ausgabe der Linien mithilfe einer Schleife

Ausgabe des Textes

```
# Zeichnen
zeichne()

# Endlosscheife
frmMain.mainloop()
```

8.8.2 Rechtecke, Dreiecke und Ellipsen

In diesem Abschnitt werden weitere grundlegende Grafikfunktionen vorgestellt. Es werden ausgefüllte und nicht ausgefüllte Rechtecke, Quadrate, Ellipsen, Kreise und Dreiecke gezeichnet.

Auftrag

Ein Programm soll erstellt werden, in dem mithilfe von Radiobuttons das ausgewählte Grafikobjekt auf dem Formular gezeichnet wird.

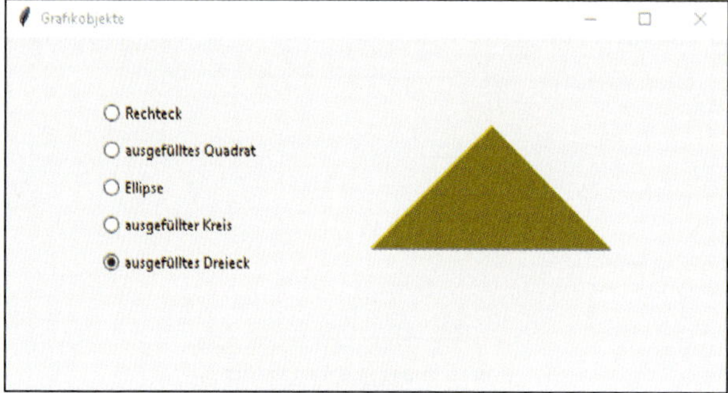

Abb. 8.19: Oberfläche für den Arbeitsauftrag „Grafikobjekte“

Bevor mit dem Zeichnen begonnen wird, wird die Oberfläche mit folgenden Komponenten erstellt: fünf Radiobuttons und ein Canvas. Die Umsetzung dafür ist schon aus den vorherigen Abschnitten bekannt und wird hier nicht weiter erläutert. Nachdem wieder die Zeichenfläche g erstellt wurde, geht es an das Zeichnen der verschiedenen Grafikobjekte. Grundsätzlich unterscheidet man ausgefüllte und nicht ausgefüllte Grafikobjekte. Bei nicht ausgefüllten Grafikobjekten wird der Farbparameter outline gesetzt. Bei ausgefüllten Grafikobjekten kommt noch der Parameter fill hinzu.

Beispiele

```
# Blaues Rechteck, nicht ausgefüllt
g.create_rectangle(50, 50, 100, 120, outline = "blue")

# Rotes ausgefülltes Rechteck ohne Rand
g.create_rectangle(50, 50, 100, 120, fill = "red")

# Rotes ausgefülltes Rechteck mit blauer Umrandung
g.create_rectangle(50, 50, 100, 120, outline = "blue", fill = "red")
```

Die Methoden von Canvas, die zur Lösung der Aufgabe benötigt werden, sollen nun näher betrachtet werden:

1 Zeichnen eines Rechtecks bzw. eines Quadrats:

```
create_rectangle(x1, y1, x2, y2, outline = …, fill = …)
```

Je nachdem, welche Parameter übergeben werden, erhält man ein ausgefülltes oder ein nicht ausgefülltes Rechteck.

Parameter	Beschreibung
x1	x-Koordinate des linken oberen Punkts
y1	y-Koordinate des linken oberen Punkts
x2	x-Koordinate des rechten unteren Punkts
y2	y-Koordinate des rechten unteren Punkts
outline	Rahmenfarbe
fill	Füllfarbe

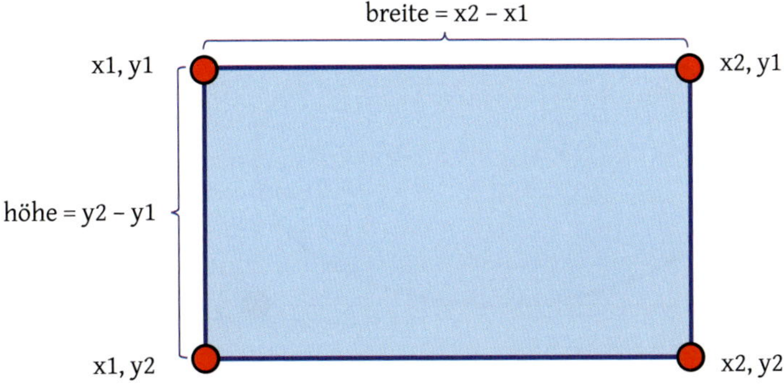

Abb. 8.20: Beispiel für Rechteck

Bei Quadraten müssen die Werte für x1, y1 und x2, y2 so gewählt werden, dass die Breite und die Höhe gleich groß sind.

Beispiele

```
# Quadrat
g.create_rectangle(0, 0, 100, 100,
                   outline = "red", fill = "green")
# Rechteck
g.create_rectangle(0, 0, 170, 100, fill = "green")

# Quadrat
g.create_rectangle(30, 20, 130, 120, outline = "red")
```

2 Zeichnen einer Ellipse bzw. eines Kreises:

```
create_oval(x1, y1, x2, y2, outline = …, fill = …)
```

Die Ellipse wird innerhalb des angegebenen Rechtecks gezeichnet. Auch hier unterscheiden sich ausgefüllte und nicht ausgefüllte Varianten durch die gesetzten Parameter.

Parameter	Beschreibung
x1	x-Koordinate des linken oberen Punkts
y1	y-Koordinate des linken oberen Punkts
x2	x-Koordinate des rechten unteren Punkts
y2	y-Koordinate des rechten unteren Punkts
outline	Rahmenfarbe
fill	Füllfarbe

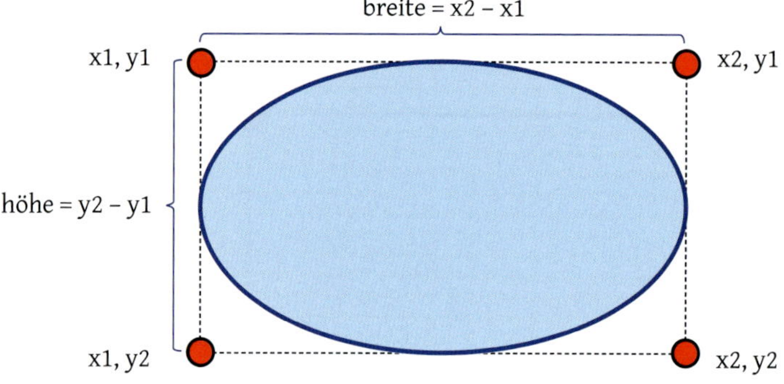

Abb. 8.21: Beispiel für Oval

Bei Kreisen müssen die Werte für x1, y1 und x2, y2 so gewählt werden, dass die Breite und die Höhe gleich groß sind.

Beispiele

```
# Kreis
g.create_oval(0, 0, 100, 100,
              outline = "red", fill = "green")
# Ellipse
g.create_oval(0, 0, 170, 100, fill = "green")

# Kreis
g.create_oval(30, 20, 130, 120, outline = "red")
```

3 Zeichnen eines Dreiecks:

Für das Zeichnen eines Dreiecks steht keine direkte Methode zur Verfügung. Hier können die Methoden create_line() oder create_polygon() verwendet werden. Allerdings stellt die Methode create_polygon() die bessere Variante dar, weil dabei automatisch der Anfangs- und der Endpunkt miteinander verbunden werden. Daher wird sie auch im Programm verwendet.

```
create_polygon(punkte, outline = …, fill = …)
```

Parameter	Beschreibung
punkte	Array mit den Punkten, die verbunden werden sollen
outline	Rahmenfarbe
fill	Füllfarbe

Hiermit kann nun ein Dreieck konstruiert werden, indem ein Array mit drei Punkten erzeugt wird oder die Punkte direkt beim Aufruf der Methode angegeben werden.

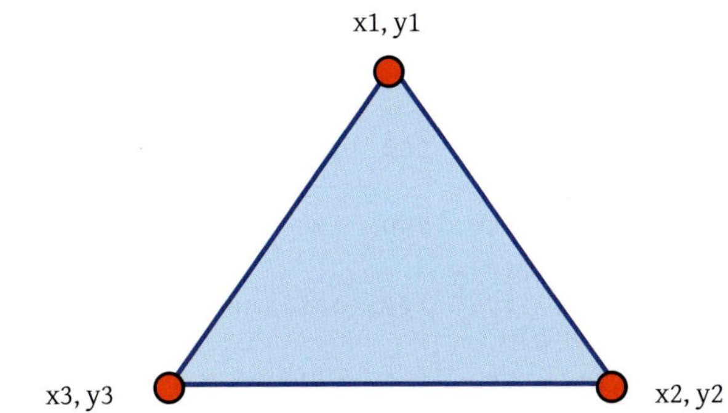

Abb. 8.22: Beispiel für Dreieck

Beispiele

```
g.create_polygon(50,50, 100,100, 0,100,
                 outline = "red", fill = "green")

punkte = (50,50, 100,100, 0,100)
g.create_line(*punkte, outline = "red", fill = "green")
```

Nun kann auf die Auswahl der Radiobuttons reagiert werden, indem das entsprechende Objekt gezeichnet wird. Allerdings würden neue Grafikobjekte über bereits bestehende Objekte gezeichnet werden. Wenn das neue Grafikobjekt dabei die bisherige Zeichnung nicht vollständig überdeckt, sieht das Ergebnis unschön aus. Um diesen Effekt zu verhindern, wird vor dem Zeichnen des neuen Objektes das alte „gelöscht". Dazu wird das alte Objekt mit einem ausgefüllten Rechteck überdeckt, das die Hintergrundfarbe des Canvas hat.

```
g.create_rectangle(0, 0, g.cget("width"), g.cget("height"),
                   fill = g.cget("background"),
                   outline = g.cget("background"))
```

Hierfür muss man die aktuelle Hintergrundfarbe des Canvas holen und diese den Farbparametern des Rechtecktes zuweisen. Um sicherzustellen, dass die gesamte Oberfläche des Canvas durch das Rechteck abgedeckt wird, legt man mit den Eigenschaften width und height des Canvas die Koordinaten des Rechteckes fest. Das fertige Programm sieht dann wie folgt aus:

Quellcode: Programm „Grafikobjekte"

```
import tkinter
from tkinter import ttk

def zeichne_objekt():
    g.create_rectangle(0, 0, g.cget("width"), g.cget("height"),
                       fill = g.cget("background"),
                       outline = g.cget("background"))

    if auswahl.get() == "rechteck":
        g.create_rectangle(50, 20, 200, 100, outline = "red")
    if auswahl.get() == "quadrat":
        g.create_rectangle(50, 20, 200, 170, fill = "blue")
    if auswahl.get() == "ellipse":
        g.create_oval(50, 20, 200, 100, outline = "green")
    if auswahl.get() == "kreis":
        g.create_oval(50, 20, 150, 120, fill = "purple")
    if auswahl.get() == "dreieck":
        g.create_polygon(125, 20, 225, 120, 25, 120,
                         fill = "#AA9900")

# Erzeugen des Hauptfensters
frmMain = tkinter.Tk()
frmMain.title("Grafikobjekte")
frmMain.wm_geometry('600x300')

# Anlegen der Radiobuttons
auswahl = tkinter.StringVar()
auswahl.set("rechteck")
rbRechteck = ttk.Radiobutton(frmMain, text = "Rechteck",
                             variable = auswahl, value = "rechteck",
                             command = zeichne_objekt)
rbRechteck.place(x = 80, y = 50)
```

„Löschen" der aktuellen Ausgabe durch Zeichnen eines Rechteckes mit der Hintergrundfarbe des Canvas.

Je nach Auswahl wird das entsprechende Grafikobjekt gezeichnet.

```
rbQuadrat = ttk.Radiobutton(frmMain, text = "ausgefülltes Quadrat",
                            variable = auswahl, value = "quadrat",
                            command = zeichne_objekt)
rbQuadrat.place(x = 80, y = 80)

rbEllipse = ttk.Radiobutton(frmMain, text = "Ellipse",
                            variable = auswahl, value = "ellipse",
                            command = zeichne_objekt)
rbEllipse.place(x = 80, y = 110)

rbKreis = ttk.Radiobutton(frmMain, text = "ausgefüllter Kreis",
                            variable = auswahl, value = "kreis",
                            command = zeichne_objekt)
rbKreis.place(x = 80, y = 140)

rbDreieck = ttk.Radiobutton(frmMain, text = "ausgefülltes Dreieck",
                            variable = auswahl, value = "dreieck",
                            command = zeichne_objekt)
rbDreieck.place(x = 80, y = 170)


# Anlegen des Canvas
g = tkinter.Canvas(frmMain, width = 400, height = 200)
g.place(x=280, y=50)

# Ausgabesobjekt zeichnen
zeichne_objekt()


# Endlosscheife
frmMain.mainloop()
```

8.9 Aufgaben

Entwickeln Sie für alle Aufgaben eine Windows-Anwendung. Die Bilder sind Gestaltungsvorschläge und können individuell angepasst werden.

1 Durch Betätigen des „Berechnen"-Buttons soll der Durchschnittswert der vier Umsätze berechnet werden.

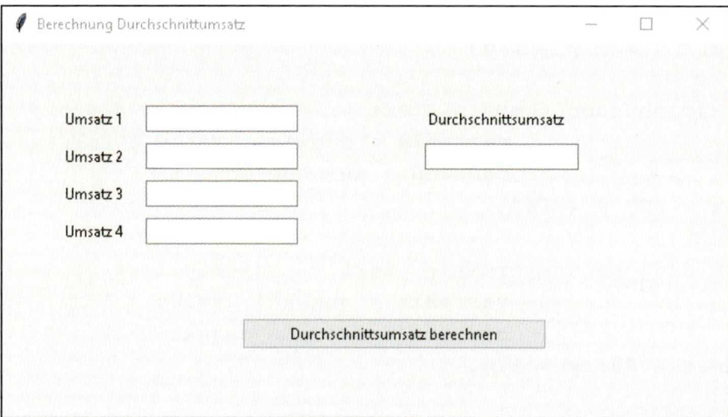

2 In einer Combobox stehen verschiedene Farben zur Auswahl. Bei Auswahl einer Farbe wird die Hintergrundfarbe des Formulars entsprechend angepasst.

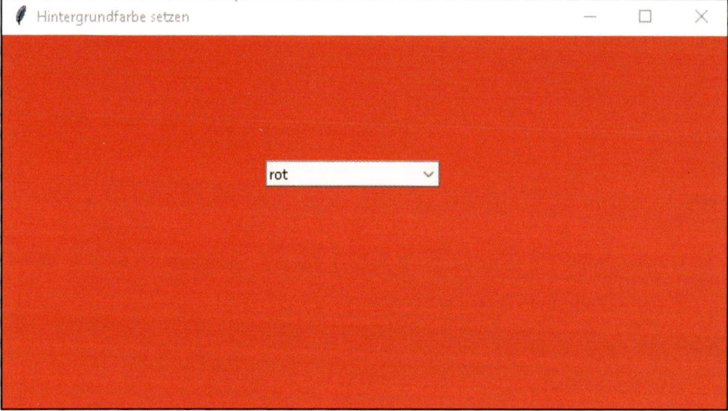

3 Entwerfen Sie eine Schaltung eines Grundstromkreises in einem Grafikprogramm und speichern Sie die Schaltung als Bild ab. Binden Sie dieses Bild nun ins Formular ein. Je nachdem, welche beiden Werte gegeben sind, soll entweder der Widerstand, die Spannung oder die Stromstärke berechnet werden.

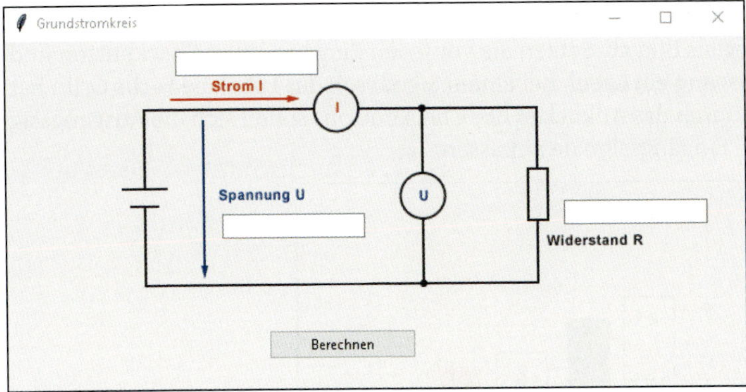

Erweitern Sie die Aufgabe so, dass Sie eine Reihen- oder Parallelschaltung als Bild einbinden und die Werte berechnet werden können.

4 Entwerfen Sie ein Formular mit drei Spalten, welche jeweils drei Radiobuttons enthalten. Beim Drücken des Buttons soll eine entsprechend gestaltete Messagebox erscheinen.

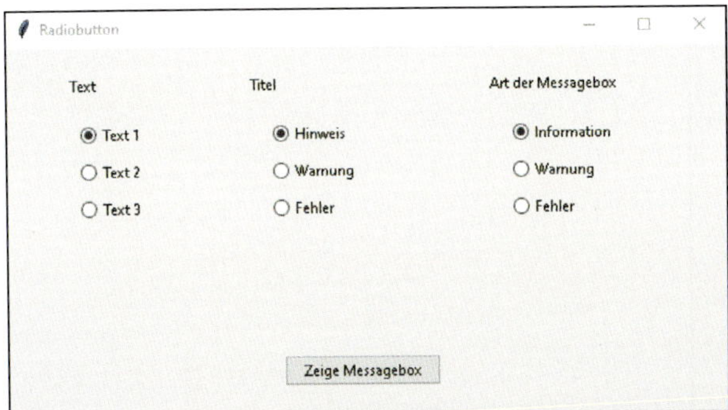

5 Geben Sie jeweils den Tag, den Monat und das Jahr ein. Nach dem Drücken des Buttons soll eine Messagebox ausgegeben werden, die anzeigt, ob das Datum korrekt ist oder nicht.

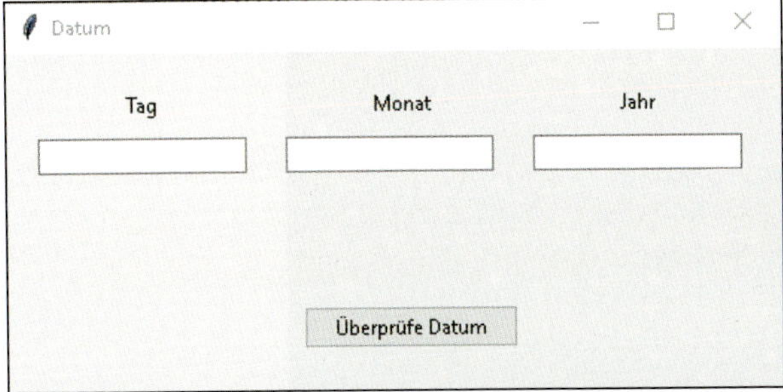

Erweitern Sie das Programm so, dass bei einem falschen Datum auch der bzw. die Fehler angezeigt wird bzw. werden.

6 Entwerfen Sie eine digitale Schaltung mithilfe eines Grafikprogramms und speichern Sie die Schaltung als Bild ab. Setzen Sie vor jeden Eingang einen Checkbutton und hinter jeden Ausgang ein Label. Bei einem Signal soll das Label die Farbe Grün haben, ansonsten Rot. Durch das Anklicken der Checkbuttons sollen sich die Ausgangssignale an die aktuellen Eingangssignale anpassen.

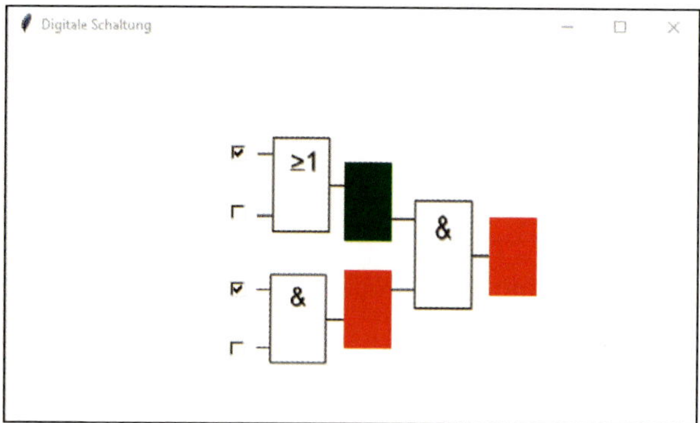

7 Entwickeln Sie einen Taschenrechner nach folgender Vorlage:

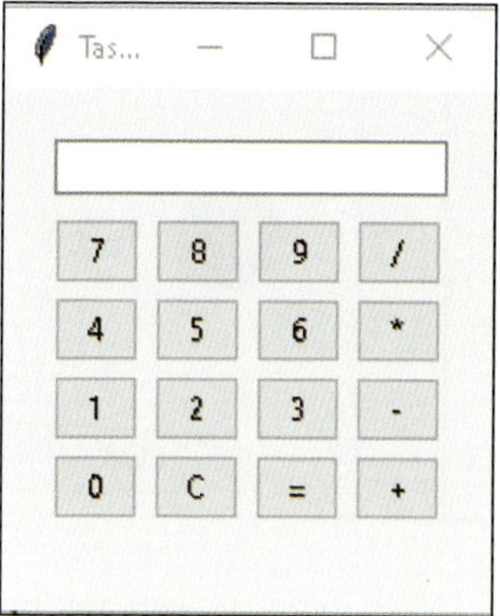

8 Schreiben Sie ein Programm, das 100 Punkte an zufälligen Stellen in einer zufälligen Farbe ausgibt.

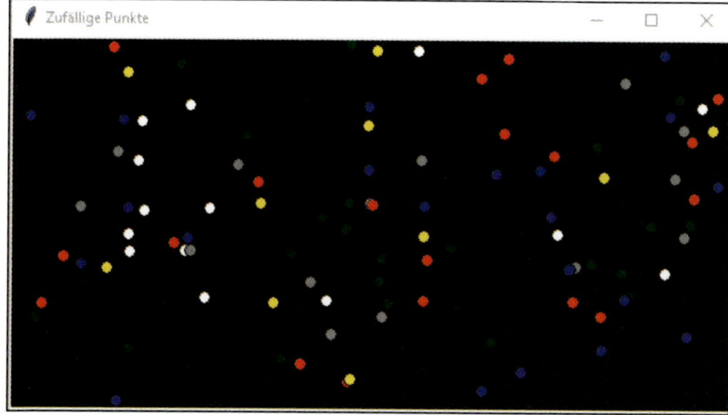

9 Zeichnen Sie mithilfe der Grafikfunktionen folgendes Bild auf dem Formular:

10 Zeichnen Sie mithilfe der Grafikfunktionen folgendes Diagramm und die entsprechenden Geraden auf das Formular. Beschriften Sie die Achsen vollständig.

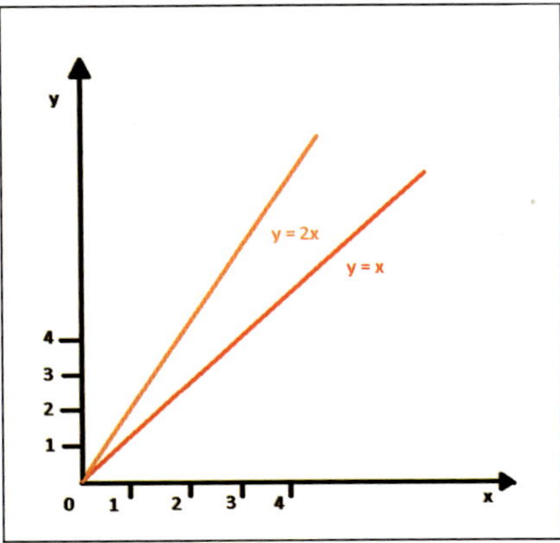

9 Exception-Handling

Es ist nicht zu vermeiden, dass beim Programmieren Fehler entstehen. Logische Fehler lassen sich durch Testen des Programms finden und beseitigen. Schwieriger ist es bei Fehlern, die nicht vorhersagbar sind (z. B. falsche Benutzereingaben). Werden z. B. in der Programmiersprache C Routinen aufgerufen, dann hat der Programmierer keine andere Möglichkeit, als über den Rückgabetyp (auch Ergebnistyp genannt) ein Fehlschlagen anzugeben. Dieser Fehlercode ist häufig -1, wogegen NULL oder 0 Korrektheit anzeigt. Die Abfrage dieser Werte ist nicht mehr zeitgemäß und wird oftmals unterlassen, zumal man meistens davon ausgeht, dass ein Fehler in dieser Situation gar nicht auftreten kann – aber diese Annahme kann ein grober Fehler sein. Zudem wird der Programmfluss durch Abfragen der Returncodes unangenehm unterbrochen, da auch der Rückgabetyp, wenn er nicht gerade einen Fehler anzeigt, weiterverwendet wird. Der Rückgabetyp ist also im weitesten Sinne überladen, da er zwei Zustände anzeigt.

Python bietet die elegante Methode der Exceptions, um mit Fehlern flexibel umzugehen. Das Konzept der Exceptions ermöglicht wesentlich mehr als einen Rückgabetyp, da Objekte erzeugt werden, die das Fehlverhalten genau beschreiben. Im folgenden Kapitel wird gezeigt, wie Exceptions erzeugt, abgefangen und in Klassen eingebettet werden können.

9.1 Fehlerbehandlung mit try – except – finally

Durch Exceptions wird der Programmfluss nicht durch Abfrage der Fehlercodes unterbrochen. Stattdessen übernimmt ein besonders ausgezeichneter Block beim Aufkommen eines Fehlers die Kontrolle. Ein überwachter Block wird durch das Schlüsselwort try eingeleitet und durch except beendet. Hinter except folgt der Programmblock, der dann wichtig wird, wenn der Fehler „gefangen" wird. Somit umgibt dieser try-/except-Block einen Bereich, in dem Fehler abgefangen und behandelt werden.

Syntax:
Exception Handling

```
try:
    Anweisung1
    Anweisung2
    ...
except Exceptiontyp as Name:
    # Behandlung der Exception
else:
    # Alternativer Zweig, welcher nur ausgeführt wird,
    # wenn zuvor keine Exception abgefangen wurde.
    # Dieser Zweig ist optional.
```

```
finally:
    # Dieser Block wird immer durchlaufen, egal ob
    # eine Exception auftritt oder nicht. Er ist aber optional.
```

Beispiel

```
def save_data():
    ...

try:
    value = int(input("Geben Sie eine ganze Zahl ein: "))

except ValueError as ex:
    print("Es ist ein Eingabefehler aufgetreten.")

finally:
    save_data()
```

Auftrag

In einem Windows-Programm sollen in zwei Textfelder Zahlen eingegeben, eine ausgewählte Rechenoperation ausgeführt und danach das Ergebnis ausgegeben werden. Fehlerhafte Eingaben oder Berechnungen sollen abgefangen werden.

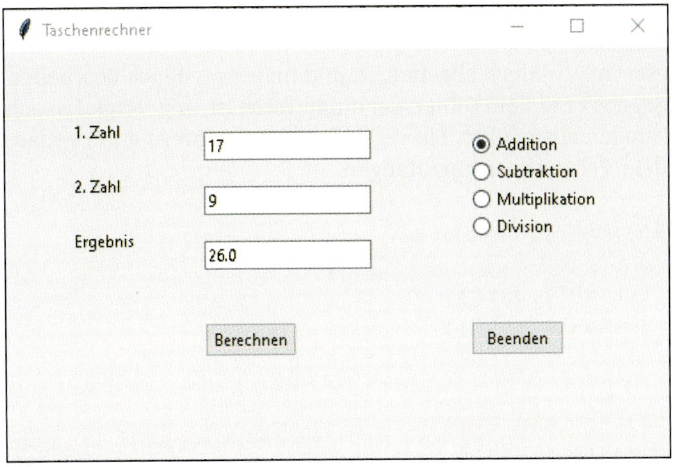

Abb. 9.1: Oberfläche für den Arbeitsauftrag „Taschenrechner“

Diese Art von Aufgabe ist aus früheren Kapiteln bekannt, nur dass bisher stillschweigend davon ausgegangen wurde, dass der Benutzer alle Daten korrekt eingibt. Wurde ein Text statt einer Zahl eingeben, stürzte das Programm beim Berechnen ab, da ein Text nicht in eine Gleitkommazahl umgewandelt werden kann. Dies soll nun geändert werden: Bei einer falschen Eingabe soll eine Fehlermeldung ausgegeben werden. Ausgangslage ist der Taschenrechner aus dem letzten Kapitel. Der Quellcode wird ein wenig angepasst, indem die Berechnung in einen try-/except-Block gekapselt wird. Der Rest des Quellcodes ist im vorherigen Kapitel zu finden.

```
def btnBerechnen_click():
    try:
        zahl1 = float(txtZahl1.get())
        zahl2 = float(txtZahl2.get())
        ergebnis = 0

        if auswahl.get() == "addition":
            ergebnis = zahl1 + zahl2
        if auswahl.get() == "subtraktion":
            ergebnis = zahl1 - zahl2
        if auswahl.get() == "multiplikation":
            ergebnis = zahl1 * zahl2
        if auswahl.get() == "division":
            ergebnis = zahl1 / zahl2

        txtErgebnis.delete(0,'end')
        txtErgebnis.insert(0, ergebnis)

    except Exception as e:
        messagebox.showwarning("Warnung",
                               "Es ist folgender Fehler aufgetreten: \n"
                               + e.args[0])
```


Tritt ein Fehler auf, wird dieser im try-Block abgefangen und im except-Block bearbeitet. In diesem Fall wird eine Messagebox mit dem Fehler, der aufgetreten ist, angezeigt. Danach werden die nächsten Anweisungen ausgeführt. Ein try-Block kann mehrere except-Klauseln enthalten, um verschiedene Fehlertypen aufzufangen.

```
def btnBerechnen_click():
    try:
        zahl1 = float(txtZahl1.get())
        zahl2 = float(txtZahl2.get())
        ergebnis = 0

        if auswahl.get() == "addition":
            ergebnis = zahl1 + zahl2
        if auswahl.get() == "subtraktion":
            ergebnis = zahl1 - zahl2
        if auswahl.get() == "multiplikation":
            ergebnis = zahl1 * zahl2
        if auswahl.get() == "division":
            ergebnis = zahl1 / zahl2
```

```
        txtErgebnis.delete(0,'end')
        txtErgebnis.insert(0, ergebnis)

    except ValueError as e:
        messagebox.showwarning("Warnung",
                               "Es ist folgender Eingabefehler aufgetreten: \n"
                                    + e.args[0])

    except ZeroDivisionError as e:
        messagebox.showwarning("Warnung",
                                "Es ist folgender Rechenfehler aufgetreten: \n"
                                    + e.args[0])

    except Exception as e:
        messagebox.showwarning("Warnung",
                                 "Es ist folgender Fehler aufgetreten: \n"
                                    + e.args[0])
```

Mehrere except-Blöcke

Tritt ein Fehler auf, wird die Abarbeitung der Programmzeilen sofort unterbrochen und das Laufzeitsystem steuert die erste except-Klausel an. Wenn die erste nicht auf den Fehler passt, werden der Reihe nach alle except-Anweisungen bearbeitet, bis die erste Übereinstimmung greift. Im Quellcode sollte daher nicht die letzte except-Anweisung zuerst stehen, da diese auf jeden Fehler passt. Eine Übersicht über einige vordefinierte Exceptions in Python ist in der folgenden Tabelle zu finden. Diese sind auch unter der Bezeichnung Built-in-Exceptions bekannt.

Exception	Grund für die Exception
BaseException	Basisklasse für alle Exceptions
Exception	Basis-Exception; alle vom Benutzer definierten Exceptions sollten von dieser Klasse erben.
ZeroDivisionError	Division durch 0
MemoryError	Nicht genug Speicherplatz
IndexError	Index liegt außerhalb des gültigen Bereiches
TypeError	Unterschiedliche Datentypen
NameError	Globaler oder lokaler Name wurde nicht gefunden
KeyError	Key in einem Dictionary nicht gefunden
OverflowError	Ergebnis einer Rechenoperation ist zu groß
RecursionsError	Maximale Rekursionstiefe erreicht
RuntimeError	Ein Fehler, der nicht in alle anderen Kategorien fällt, wird hier abgefangen.
SyntaxError	Es liegt ein Syntaxfehler vor.
ValueError	Falscher Wert für einen bestimmten Typ
FileExistsError	Das anzulegende Verzeichnis oder die anzulegende Datei existiert schon.

Exception	Grund für die Exception
FileNoFoundError	Das Verzeichnis oder die Datei existiert nicht.
UnicodeEncodeError	Fehler beim Unicode-Encoding
UnicodeDecodeError	Fehler beim Unicode-Decoding
UnicodeTranslateError	Fehler bei der Unicode-Translation
OSError	Eine Systemfunktion erzeugt einen Fehler.
ImportError	Das Modul kann nicht importiert werden.

Da bei einer Exception sofort in den except-Block gesprungen wird, werden in der Regel einige Anweisungen im try-Block nicht mehr abgearbeitet. Wenn bestimmte Anweisungen aber unbedingt ausgeführt werden müssen, können diese in einem finally-Block direkt nach den except-Blöcken implementiert werden. Der finally-Block wird immer ausgeführt, egal ob eine Exception ausgelöst wurde oder nicht. Nachfolgend ein kleines Beispiel, diesmal als Konsolenanwendung:

Beispiel

```
try:
    zahl = int(input("Geben Sie eine ganze Zahl ein: "))
    print("Sie haben folgende Zahl eingegeben: " + str(zahl))

except Exception as e:
    print("\n")
    print("Es ist folgender Fehler aufgetreten: " + e.args[0])

finally:
    print("\n")
    print("Der finally-Block wird immer ausgeführt.")
```

Die Ausgabe bei einer falschen Eingabe sieht folgendermaßen aus:

```
Run: finally_beispiel
C:\Python_Projekte\Finally\venv\Scripts\python.exe C:/Python_Projekte/Finally/finally_beispiel.py
Geben Sie eine ganze Zahl ein: Text
Es ist folgender Fehler aufgetreten: invalid literal for int() with base 10: 'Text'
Der finally-Block wird immer ausgeführt.

Process finished with exit code 0
```

Abb. 9.2: Ausgabe bei falscher Eingabe

9.2 Exceptions werfen

Bisher wurden Exceptions lediglich aufgefangen, aber nicht selbst erzeugt. Routinen, die durch Exceptions ein Misslingen einer Operation anzeigen, finden sich im Laufzeitsystem oder in den Standardroutinen zu Genüge. Muss aber eine Funktion selbst eine Exception auslösen, kann ein Exception-Objekt erzeugt werden. In Python gibt es dafür das Schlüsselwort raise.

Syntax:
Exception werfen

```
raise ExceptionTyp(…)
```

Beispiel

```
raise Exception("Es ist folgender Fehler aufgetreten …")
raise Exception("Limit wurde überschritten.")
```

Auftrag

In ein Konsolenprogramm soll ein Text eingeben werden. Wenn der Text aus mehr als 15 Zeichen besteht, soll eine Exception ausgelöst werden.

```
try:
    text = input("Geben Sie einen Text mit max. 15 Zeichen ein:  ")
    if len(text) > 15:
        raise Exception("Der Text hat mehr als 15 Zeichen.")
    print("Die Eingabe ist ok:  " + text)

except Exception as e:
    print("Es ist folgender Fehler aufgetreten: " + e.args[0])
```

```
Geben Sie einen Text mit max 15 Zeichen ein: Dieser Text ist viel zu lang
Es ist folgender Fehler aufgetreten: Dieser Text hat mehr als 15 Zeichen.

Process finished with exit code 0
```

Abb. 9.3: Ausgabe bei Text, der mehr als 15 Zeichen enthält

9.3 Neue Exception-Klassen definieren

Möchte man auf Fehler noch besser reagieren, sollte man eigene Exception-Klassen definieren. Dazu muss man seine Exception-Klasse immer von der Klasse „Exception" ableiten. Im nachfolgenden Beispiel wird eine neue Exception-Klasse erstellt, die zum Einsatz kommt, wenn ein Grenzwert überschritten wurde.

Beispiel

```
class GrenzwertException(Exception):
    def __init__(self, *args, **kwargs):
        Exception.__init__(self, *args, **kwargs)
```

Diese Klasse wird nun im Hauptprogramm verwendet:

```
class GrenzwertException(Exception):
    def __init__(self, *args, **kwargs):
        Exception.__init__(self, *args, **kwargs)

try:
    eingabe = int(input("Geben Sie eine ganze Zahl ein: "))
    if eingabe > 20:
        raise GrenzwertException("Der Grenzwert von 20 wurde
                                  überschritten.")
    print("Sie haben folgende Zahl eingegeben: " + str(eingabe))

except GrenzwertException as e:
    print("Die Eingabe war nicht korrekt. " + e.args[0])

except Exception as e:
    print("Es ist folgender Fehler aufgetreten: " + e.args[0])
```

Werfen einer Grenzwert-Exception

Abfangen einer Grenzwert-Exception

9.4 Aufgaben

1 Erweitern Sie das Programm zum Überprüfen der Datumsangabe (Kapitel 8.9, Aufgabe 5) so, dass alle fehlerhaften Eingaben abgefangen und angezeigt werden.

2 Schreiben Sie ein Programm, welches einen IndexError erzeugt und abfängt.

10 Arbeiten mit Strings (Textverarbeitung)

Am häufigsten werden in Programmen Werte verarbeitet, welche vom Typ String sind. Bei Strings handelt es sich um eine Folge von Zeichen. Die Zeichen, welche eine Instanz des Datentyps str speichern, können Buchstaben, Satz- und Leerzeichen oder Umlaute sein. Für die Strings stehen verschiedene Mehoden zur Verfügung, mit deren Hilfe diese manipuliert und bearbeitet werden können. Einige davon werden in diesem Abschnitt vorgestellt.

10.1 Initialisierung und Zugriff auf einzelne Zeichen

Die Initialisierung eines Strings erfolgt wie die Initialisierung eines Wertetyps durch einfache Zuweisung eines Wertes. Dies ist aus den vorangegangenen Kapiteln des Buchs bekannt. Dabei wird ein String-Literal immer in doppelten Anführungszeichen angegeben:

Beispiele

```
name = "Lehmann"
s = "Hallo"
```

Auf einzelnen Zeichen von Strings kann durch Angabe des Index zugegriffen werden. Diese werden dann als Wert vom Datentyp str zurückgegeben. Allerdings kann der Wert des Zeichens nur gelesen, aber nicht verändert werden. Dies muss durch entsprechende Methoden geschehen.

Beispiel

```
text = "Hallo"
```

Index	0	1	2	3	4
Zeichen	H	a	l	l	o

```
b0 = text[0]                # Ausgabe "H"
b1 = text[1]                # Ausgabe "a"
last = text[len(text)-1]    # Ausgabe "o"
```

Der Index der Zeichenkette beginnt bei 0 und das letzte Zeichen hat den Index [Anzahl der Zeichen des Strings -1]. Die Anzahl der Zeichen eines Strings kann durch len() ermittelt werden (siehe Kapitel 10.2). Außer len() gibt es noch eine Reihe anderer Methoden. Einige davon sind in der folgenden Tabelle aufgeführt:

Methode	Beschreibung	Beispiel

capitalize()	Gibt einen String zurück, bei dem der erste Buchstabe groß- und der Rest kleingeschrieben ist.	`text = "wasser"`
		`print(text.capitalize())`
		
		Ausgabe: Wasser

casefold()	Wandelt einen String in Kleinbuchstaben um, außer den ersten Buchstaben.	`text = "WaSSer"`
		`print(text.casefold())`
		
		Ausgabe: Wasser

center(laenge, zeichen)	Gibt einen String zurück, welcher die übergebene Länge hat. Dabei steht der Orignialtext in der Mitte und der Rest wird mit dem übergebenen Zeichen aufgefüllt.	`text = "Wasser"`
		`print(text.center(10, "*"))`
		
		Ausgabe: **Wasser**

count(zeichen, start, ende)	Gibt die Anzahl der Zeichen zurück, welche in dem String gefunden wurden. Bei der Angabe von *start* und *ende* wird nur dieser Bereich durchsucht. Dabei ist das Zeichen von *ende* nicht mit enthalten.	`text = "Wasser"`
		`print(text.count("s"))`
		`print(text.count("s", 0, 2))`
		
		Ausgabe: 2
		0

find(zeichen, start, ende)	Sucht in einem String nach dem ersten Vorkommen des Zeichens. Wenn das Zeichen nicht gefunden wird, wird „-1“ zurückgegeben. Mit *start* und *ende* kann der Suchbereich eingeschränkt werden.	`text = "Wasser"`
		`print(text.find("s"))`
		`print(text.find("se"))`
		`print(text.find("o"))`
		
		Ausgabe: 2
		3
		-1

rfind(zeichen, start, ende)	Wie find(), nur dass die Suche vom Ende des Strings aus begonnen wird.	`text = "Wasser"`
		`print(text.rfind("s"))`
		`print(text.rfind("se"))`
		`print(text.rfind("o"))`
		
		Ausgabe: 3
		3
		-1

format(args, kwargs)	Formatiert einen String	`text = "Wasser"`
		`print("{1} und {0}".format(text, "Eis"))`
		
		Ausgabe: Eis und Wasser

Methode	Beschreibung	Beispiel

index(zeichen, start, ende)	Siehe find(), nur dass ein Error ausgegeben wird, wenn das Zeichen nicht gefunden wurde.	`text = "Wasser"`
		`print(text.index("s"))`
		`print(text.index("se"))`
		`print(text.index("o"))`
		
		Ausgabe: 2
		3
		ValueError: substring not found

rindex(zeichen, start, ende)	Wie index(), nur dass die Suche vom Ende des Strings aus begonnen wird.	`text = "Wasser"`
		`print(text.rindex("s"))`
		`print(text.rindex("se"))`
		`print(text.rindex("o"))`
		
		Ausgabe: 3
		3
		ValueError: substring not found

isalpha()	Gibt „True" zurück, wenn alle Zeichen eines Strings aus dem Alphabet stammen. Ansonsten wird „False" zurückgegeben.	`text = "Wasser"`
		`print(text.isalpha())`
		
		`text = "Wasser 01"`
		`print(text.isalpha())`
		
		Ausgabe: True
		False

isdecimal()	Gibt „True" zurück, wenn alle Zeichen eines Strings Zahlen sind. Ansonsten wird „False" zurückgegeben.	`text = "12345"`
		`print(text.isdecimal())`
		
		`text = "12.345"`
		`print(text.isdecimal())`
		
		Ausgabe: True
		False

isspace()	Gibt „True" zurück, wenn alle Zeichen eines Strings Leerzeichen sind. Ansonsten wird „False" zurückgegeben.	`text = ""`
		`print(text.isspace())`
		
		`text = " "`
		`print(text.isspace())`
		
		Ausgabe: False
		True

lower()	Wandelt einen String in Kleinbuchstaben um.	`text = "WaSSer"`
		`print(text.lower())`
		
		Ausgabe: wasser

Methode	Beschreibung	Beispiel

upper()	Wandelt einen String in Großbuchstaben um.	`text = "WaSSer"`
		`print(text.upper())`
		
		Ausgabe: WASSER

replace(alt,neu)	Ersetzt in einem String alle Stellen, wo das Zeichen *alt* gefunden wurde, durch das Zeichen, welches in *neu* angeben ist.	`text = "Wasser"`
		`print(text.replace("s","p"))`
		
		Ausgabe: Wapper

swapcase()	Wandelt in einem String alle Großbuchstaben in Kleinbuchstaben und alle Kleinbuchstaben in Groß-buchstaben um.	`text = "WaSSer"`
		`print(text.swapcase())`
		
		Ausgabe: wAssER

10.2 Länge eines Strings ermitteln

Mit len() kann die Anzahl der Zeichen eines Strings ermittelt werden. Leerzeichen werden dabei mitgezählt. Im Beispiel hat die Variable anzahl den Wert 10.

Beispiel

```
text = "Hallo Welt"
anzahl = len(text)
```

Auftrag

Ein Programm soll erstellt werden, in das ein Text eingegeben werden kann und das danach die Anzahl der Zeichen des Textes ausgibt.

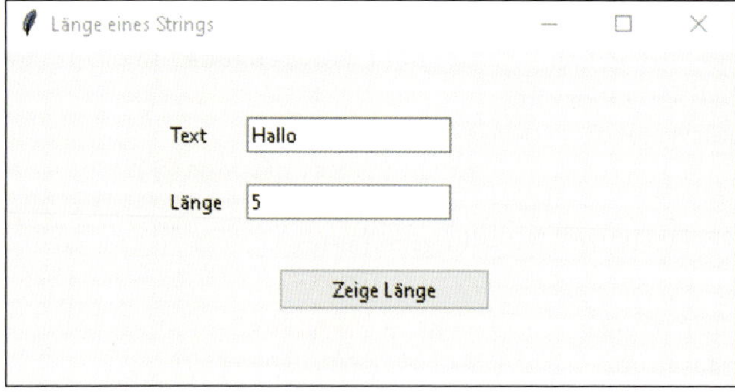

Abb. 10.1: Oberfläche für den Arbeitsauftrag „Länge eines Strings“

Zunächst muss die Oberfläche erstellt werden. Die eigentliche Ermittlung der Zeichenanzahl erfolgt in der Methode btnAusfuehren_click(). Dabei ist zu beachten, dass vor der Ausgabe der Länge der Inhalt des Entrys gelöscht wird.

Quellcode: Programm „Länge eines Strings“

```
import tkinter
from tkinter import ttk

def btnAusfuehren_click():
    text = txtText.get()
    laenge = len(text)
    txtLaenge.delete(0, 'end')
    txtLaenge.insert(0, laenge)


# Erzeugen des Hauptfensters
frmMain = tkinter.Tk()
frmMain.title("Länge eines Strings")
frmMain.wm_geometry('450x200')

# Anlegen des Buttons
btnAufuehren = ttk.Button(frmMain, text = "Zeige Länge", width = 20,
                          command = btnAusfuehren_click)
btnAufuehren.place(x=170, y=130)

# Anlegen der Labels
lblText = tkinter.Label(frmMain, text ="Text")
lblText.place(x=100, y=40)

lblLaenge = tkinter.Label(frmMain, text = "Länge")
lblLaenge.place(x=100, y=80)

# Anlegen der Entrys
txtText = ttk.Entry(frmMain)
txtText.place(x=150, y= 40)

txtLaenge = ttk.Entry(frmMain)
txtLaenge.place(x=150, y= 80)

# Endlosscheife
frmMain.mainloop()
```

Methode, in welcher die Länge des Strings ermittelt und ausgeben wird

10.3 Zeichen einfügen

Für das Einfügen von Zeichen oder Zeichenfolgen in einen String gibt es keinen direkten Befehl. Indirekt kann dafür der +-Operator verwendet werden. Dieser wurde bisher verwendet, um einzelne Strings zusammenzufügen.

Beispiel

```
s0 = "Hallo"
s1 = "Welt"
print(s0 + " " + s1)     # Ausgabe: "Hallo Welt"
```

Zum Einfügen muss der aktuelle String an der einzufügenden Stelle geteilt werden, der neue Teilstring mit dem +-Operator hinzugefügt werden und zum Schluss der Rest des Strings wieder angefügt werden. Um sich einen Stringabschnitt eines bestehenden Strings zu holen, gibt man anstatt eines einzelnen Indexes einen Startindex und einen Endindex an. Beide werden durch einen Doppelpunkt getrennt. Dabei ist das Zeichen des Endindexes nicht im Teilstring enthalten.

Beispiel

```
text = "Hallo"
s1 = text[0:2]  # Ergibt "Ha"
s2 = text[:2]   # Ergibt auch "Ha"
s3 = text[2:5]  # Ergibt "llo"
s4 = text[2:]   # Ergibt auch "llo"
s5 = text[1:4]  # Ergibt "all"
```

Wie aus den Beispielen s2 und s4 ersichtlich, ist es auch möglich, die Angabe für einen Start- bzw. einen Endindex wegzulassen. Beim Startindex wird dann automatisch eine „0“ angenommen und beim Endindex wird das String-Ende gesetzt. Hiermit ist man nun in der Lage, eine Zeichenfolge in einen String einzufügen, was folgendes Beispiel verdeutlicht:

Beispiel

```
text = "Hao"
s1 = text[:2] + "ll" + text[2:]  # Ergibt "Hallo"
```

Auftrag

Ein Programm soll erstellt werden, in das ein Text, ein einzufügender Text und eine Position eingegeben werden können. Beim Drücken des Buttons sollen die Zeichen an der entsprechenden Position in den Text eingefügt und der neue Text soll ausgegeben werden.

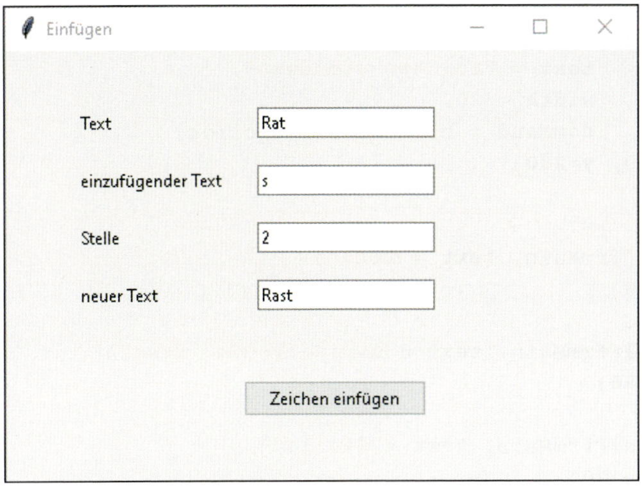

Abb. 10.2: Oberfläche für den Arbeitsauftrag „Einfügen“

Die Lösung für die Aufgabe ist in der Methode btnAusfuehren_Click() implementiert. Erst werden die drei Entrys ausgelesen und ggf. konvertiert und danach wird durch Einfügen der neue Text erzeugt:

Quellcode: Programm „Einfügen“

```
import tkinter
from tkinter import ttk, messagebox

def btnAusfuehren_click():
    try:
        text = txtText.get()
        text2 = txtText2.get()
        stelle = int(txtStelle.get())
        textneu = text[:stelle] + text2 + text[stelle:]
        txtTextNeu.delete(0, 'end')
        txtTextNeu.insert(0, textneu)
    except Exception as e:
        messagebox.showwarning("Warnung",
                               "Es ist folgender Fehler aufgetreten: \n"
                                   + e.args[0])
```

```
# Erzeugen des Hauptfensters
frmMain = tkinter.Tk()
frmMain.title("Einfügen")
frmMain.wm_geometry('450x300')

# Anlegen des Buttons
btnAufuehren = ttk.Button(frmMain,
                          text = "Zeichen einfügen",
                          width = 20,
                          command = btnAusfuehren_click)
btnAufuehren.place(x=170, y=230)

# Anlegen der Labels
lblText = tkinter.Label(frmMain, text ="Text")
lblText.place(x=50, y=40)

lblText2 = tkinter.Label(frmMain, text ="einzufügender Text")
lblText2.place(x=50, y=80)

lblStelle = tkinter.Label(frmMain, text ="Stelle")
lblStelle.place(x=50, y=120)

lblTextNeu = tkinter.Label(frmMain, text = "neuer Text")
lblTextNeu.place(x=50, y=160)

# Anlegen der Entrys
txtText = ttk.Entry(frmMain)
txtText.place(x=180, y= 40)

txtText2 = ttk.Entry(frmMain)
txtText2.place(x=180, y= 80)

txtStelle = ttk.Entry(frmMain)
txtStelle.place(x=180, y= 120)

txtTextNeu = ttk.Entry(frmMain)
txtTextNeu.place(x=180, y= 160)

# Endlosscheife
frmMain.mainloop()
```

10.4 Zeichen löschen

Auch für das Löschen von Zeichen oder Zeichenfolgen aus einem String gibt es keine direkte Funktion. Man kann aber z. B. die replace()-Methode verwenden, um dies zu erreichen. Die replace-Methode ersetzt ein Zeichen durch ein anderes.

Beispiel

```
text = "Hallo"
text = text.replace("a", "e")
print(text)      # Ausgabe: Hello
```

Hier wird das Zeichen „a“ durch „e“ ersetzt. Wird als neues Zeichen ein Leerstring angeben, wird das alte Zeichen quasi „gelöscht“.

Beispiel

```
text = "Hallo"
text = text.replace("a", "")
print(text)      # Ausgabe: Hllo
```

Diese Methode hat aber zwei Nachteile: Erstens werden alle Vorkommen des Zeichens gelöscht und zweitens kann schwer ab einer bestimmten Postion eine bestimmte Anzahl an Zeichen gelöscht werden. Um dies zu erreichen, muss man wieder auf den +-Operator zurückgreifen. Das nächste Beispiel verdeutlicht dieses Vorgehen:

Beispiel

```
text = "Hallo"
stelle = 2
anzahl_zeichen = 2
neuer_text = text[0:stelle] + text[stelle + anzahl_zeichen:]
print(neuer_text)        # Ausgabe: Hao
```

Die Idee dahinter ist, den Text in zwei Teilstrings zu zerlegen. Der erste Teil enthält alle Zeichen vom Anfang bis zur Stelle, an der geteilt wird. Der zweite Teil beginnt an der Stelle, an der geteilt wird, plus der Anzahl an Zeichen, die gelöscht werden sollen. Also beginnt er einige Zeichen später. Nun werden beide Teilstrings wieder zu einem String zusammengefügt. Bei diesem fehlen dann die zu löschenen Zeichen.

Auftrag

Ein Programm soll erstellt werden, in das ein Text, eine Position und eine Anzahl eingegeben werden können. Beim Ausführen soll dann aus dem Text an der angegebenen Position die entsprechende Anzahl von Zeichen entfernt werden.

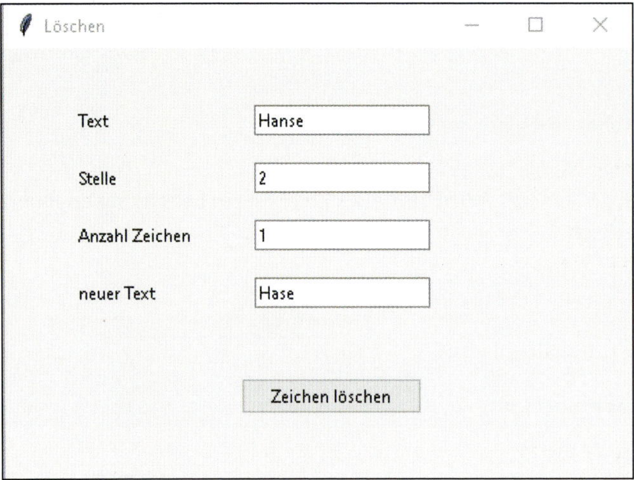

Abb. 10.3: Oberfläche für den Arbeitsauftrag „Löschen"

Die Lösung für die Aufgabe ist erneut in der Methode btnAusfuehren_click() implementiert. Erst werden die drei Entrys ausgelesen und ggf. konvertiert und danach wird der neue Text durch das Löschen der Zeichen nach der zuletzt vorgestellten Methode erzeugt.

Quellcode: Programm „Löschen"

```
import tkinter
from tkinter import ttk, messagebox

def btnAusfuehren_click():
    try:
        text = txtText.get()
        stelle = int(txtStelle.get())
        anzahl = int(txtAnzahl.get())
        textneu = text[:stelle] + text[stelle+anzahl:]
        txtTextNeu.delete(0, 'end')
        txtTextNeu.insert(0, textneu)
    except Exception as e:
        messagebox.showwarning("Warnung",
                               "Es ist folgender Fehler aufgetreten: \n"
                                   + e.args[0])
```

```
# Erzeugen des Hauptfensters
frmMain = tkinter.Tk()
frmMain.title("Löschen")
frmMain.wm_geometry('450x300')

# Anlegen des Buttons
btnAufuehren = ttk.Button(frmMain, text = "Zeichen löschen",
                        width = 20, command = btnAusfuehren_click)
btnAufuehren.place(x=170, y=230)

# Anlegen der Labels
lblText = tkinter.Label(frmMain, text ="Text")
lblText.place(x=50, y=40)

lblStelle = tkinter.Label(frmMain, text ="Stelle")
lblStelle.place(x=50, y=80)

lblAnzahl = tkinter.Label(frmMain, text ="Anzahl Zeichen")
lblAnzahl.place(x=50, y=120)

lblTextNeu = tkinter.Label(frmMain, text = "neuer Text")
lblTextNeu.place(x=50, y=160)

# Anlegen der Entrys
txtText = ttk.Entry(frmMain)
txtText.place(x=180, y= 40)

txtStelle = ttk.Entry(frmMain)
txtStelle.place(x=180, y= 80)

txtAnzahl = ttk.Entry(frmMain)
txtAnzahl.place(x=180, y= 120)

txtTextNeu = ttk.Entry(frmMain)
txtTextNeu.place(x=180, y= 160)

# Endlosscheife
frmMain.mainloop()
```

10.5 Zeichen kopieren

Auch das Kopieren von Zeichen in einen neuen String kann nicht direkt über eine Methode realisiert werden. Allerdings ist das Verfahren, wie dies umsetzen ist, bereits aus den vorherigen Abschnitten bekannt: Man muss aus einem bestehenden String einen Teilstring ab einer bestimmten Anfangstelle bis zu einer bestimmten Endstelle erzeugen und dann einem neuen String zuweisen.

Beispiel

```
text = "Hallo"
position_anfang = 2
position_ende = 4
neuer_text = text[position_anfang:position_ende]
print(neuer_text)        # Ausgabe: ll
```

Im Beispiel werden die Zeichen von der Stelle 2 bis zur Stelle 4 dem neuen String zugewiesen. Dabei ist das Zeichen, welches an der Anfangsposition steht, im neuen String enthalten. Das Zeichen, welches an der Endposition steht, dagegen nicht.

Auftrag

Es soll ein Programm erstellt werden, in welches ein Text, eine Position und eine Anzahl eingegeben werden können. Beim Ausführen soll dann aus dem Text ab der angegebenen Position die entsprechende Anzahl von Zeichen in einen neuen String kopiert und anschließend ausgegeben werden.

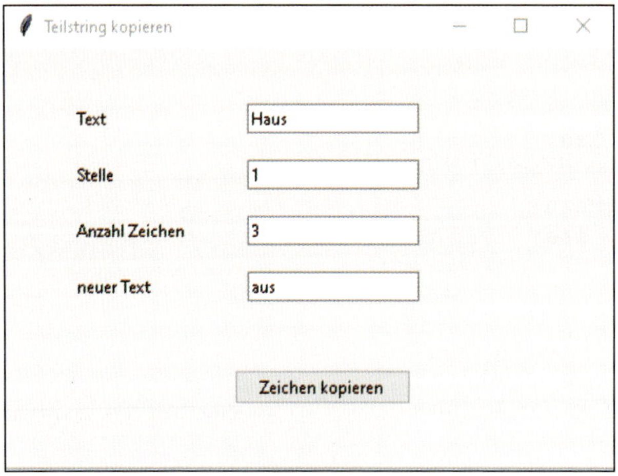

Abb. 10.4: Oberfläche für den Arbeitsauftrag „Kopieren“

Die Lösung der Aufgabe ist wieder in der Methode btnAusfuehren_click() implementiert. Erst werden die drei Entrys ausgelesen und ggf. konvertiert und danach wird der neue Text nach der oben beschriebenen Methode erzeugt.

Quellcode: Programm „Kopieren“

```
import tkinter
from tkinter import ttk, messagebox

def btnAusfuehren_click():
    try:
        text = txtText.get()
        stelle = int(txtStelle.get())
        anzahl = int(txtAnzahl.get())
        textneu = text[stelle:stelle + anzahl]
        txtTextNeu.delete(0, 'end')
        txtTextNeu.insert(0, textneu)
    except Exception as e:
        messagebox.showwarning("Warnung",
                               "Es ist folgender Fehler aufgetreten: \n"
                                    + e.args[0])

# Erzeugen des Hauptfensters
frmMain = tkinter.Tk()
frmMain.title("Teilstring kopieren")
frmMain.wm_geometry('450x300')

# Anlegen des Buttons
btnAufuehren = ttk.Button(frmMain, text = "Zeichen kopieren",
                          width = 20, command = btnAusfuehren_click)
btnAufuehren.place(x=170, y=230)

# Anlegen der Labels
lblText = tkinter.Label(frmMain, text ="Text")
lblText.place(x=50, y=40)

lblStelle = tkinter.Label(frmMain, text ="Stelle")
lblStelle.place(x=50, y=80)

lblAnzahl = tkinter.Label(frmMain, text ="Anzahl Zeichen")
lblAnzahl.place(x=50, y=120)

lblTextNeu = tkinter.Label(frmMain, text = "neuer Text")
lblTextNeu.place(x=50, y=160)

# Anlegen der Entrys
txtText = ttk.Entry(frmMain)
txtText.place(x=180, y= 40)

txtStelle = ttk.Entry(frmMain)
txtStelle.place(x=180, y= 80)
```

```
txtAnzahl = ttk.Entry(frmMain)
txtAnzahl.place(x=180, y= 120)

txtTextNeu = ttk.Entry(frmMain)
txtTextNeu.place(x=180, y= 160)

# Endlosscheife
frmMain.mainloop()
```

10.6 Position von Zeichen ermitteln

Manchmal möchte man ermitteln, ob ein bestimmtes Zeichen oder eine Zeichenfolge in einem String vorhanden ist, und wenn ja, an welcher Position. Dafür wird die Methode find() verwendet.

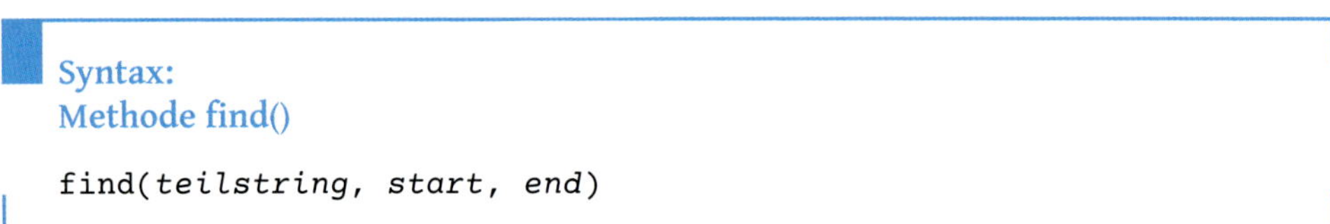

Syntax:
Methode find()

```
find(teilstring, start, end)
```

Parameter	Beschreibung
teilstring	Zeichen oder Zeichenkette, nach dem/der gesucht werden soll.
start	Die Suche beginnt erst ab dieser Stelle.
end	Die Suche wird nur bis zu dieser Stelle durchgeführt.

Die Methode sucht nach dem ersten Vorkommen eines Zeichens oder einer Zeichenkette in einem String und gibt dessen Position zurück. Durch Angabe eines Start- und eines Endwertes kann der Suchbereich eingeschränkt werden. Diese Parameter müssen nicht übergeben werden, wenn die Suche den gesamten String betrifft. Wird das Zeichen bzw. die Zeichenkette nicht gefunden, wird „-1“ zurückgegeben.

Beispiel

```
text = "Hallo"
zeichen = "l"
position = text.find(zeichen)
print(position)          # Ausgabe: 2
```

Im Beispiel wird nach dem ersten Vorkommen eines „l“ in „Hallo“ gesucht und dessen Position ermittelt, in diesem Fall Position 2.

Auftrag

Ein Programm soll erstellt werden, in das ein Text und ein Zeichen eingegeben werden können. Das Programm soll das erste Vorkommen dieses Zeichens im Text ermitteln und dessen Position anzeigen.

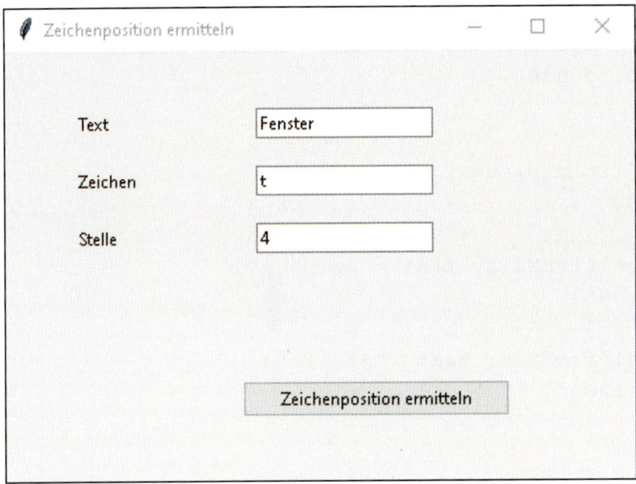

Abb. 10.5: Oberfläche für den Arbeitsauftrag „Zeichenposition ermitteln"

Die Lösung der Aufgabe ist wieder in der Methode btnAusfuehren_click() implementiert. Erst werden die beiden Entrys ausgelesen. Danach wird nach dem Zeichen im Text gesucht und dessen Position dem Ausgabe-Entry zugewiesen. Ist das Zeichen im Text nicht vorhanden, wird „-1" ausgegeben.

Quellcode: Programm „Zeichenposition ermitteln"

```
import tkinter
from tkinter import ttk, messagebox

def btnAusfuehren_click():
    try:
        text = txtText.get()
        zeichen = txtZeichen.get()
        stelle = text.find(zeichen)
        txtStelle.delete(0, 'end')
        txtStelle.insert(0, stelle)
    except Exception as e:
        messagebox.showwarning("Warnung",
                         "Es ist folgender Fehler aufgetreten: \n"
                           + e.args[0])
```

```
# Erzeugen des Hauptfensters
frmMain = tkinter.Tk()
frmMain.title("Zeichenposition ermitteln")
frmMain.wm_geometry('450x300')

# Anlegen des Buttons
btnAufuehren = ttk.Button(frmMain, text = "Zeichenposition ermitteln",
                          width = 30, command = btnAusfuehren_click)
btnAufuehren.place(x=170, y=230)

# Anlegen der Labels
lblText = tkinter.Label(frmMain, text ="Text")
lblText.place(x=50, y=40)

lblZeichen = tkinter.Label(frmMain, text ="Zeichen")
lblZeichen.place(x=50, y=80)

lblStelle = tkinter.Label(frmMain, text ="Stelle")
lblStelle.place(x=50, y=120)

# Anlegen der Entrys
txtText = ttk.Entry(frmMain)
txtText.place(x=180, y= 40)

txtZeichen = ttk.Entry(frmMain)
txtZeichen.place(x=180, y= 80)

txtStelle = ttk.Entry(frmMain)
txtStelle.place(x=180, y= 120)

# Endlosscheife
frmMain.mainloop()
```

10.7 Aufgaben

Erstellen Sie für jede Aufgabe ein Windows-Programm und gestalten Sie die Oberfläche individuell. Benutzen Sie für die Lösung der Aufgaben die im Buch vorgestellten Funktionen. Hinweis: Für einige Aufgaben ist es evtl. notwendig, etwas mehr Text einzugeben. Um dies komfortabel zu ermöglichen, verwenden Sie anstatt eines Entrys das Widget „Text" zur Eingabe. Dieses ermöglicht die mehrzeilige Eingabe von Text.

1 Ein Programm soll entwickelt werden, in das ein Wort und eine Position eingegeben werden können. Ausgabe soll dann das Zeichen sein, das an der entsprechenden Position in dem Wort steht.

Beispiel:
Eingabe: Wort – Hallo
Position – 0
Ausgabe: H

2 Ein Programm soll entwickelt werden, in das der Mitarbeitername und die Abteilung eingegeben werden. Daraus wird das Mitarbeiterkürzel entwickelt, welches sich aus den ersten drei Buchstaben des Namens und den ersten zwei Buchstaben der Abteilung zusammensetzt.

Beispiel:
Eingabe: Mitarbeitername – Schmidt
Abteilung – Rechnungswesen
Ausgabe: SchRe

3 Ein Programm soll entwickelt werden, in das fünf Wörter eingegeben werden können. Danach soll das oder die Wörter mit den meisten Buchstaben ausgegeben werden.

Beispiel:
Eingabe:
1. Wort – Auto
2. Wort – Sommer
3. Wort – All
4. Wort – Winter
5. Wort – Tasse

Ausgabe: Sommer, Winter

4 Ein Programm soll entwickelt werden, in das eine IPv4-Adresse eingegeben werden kann. Es soll dann das dritte Oktett der IPv4-Adresse ermittelt und ausgegeben werden. Hinweis: Jedes Oktett kann aus einer, zwei oder drei Zahlen bestehen. Dies ist vorher nicht bekannt. Aber alle Oktette werden durch einen Punkt voneinander getrennt.

Beispiel:
Eingabe: IPv4-Adresse – 192.178.44.12
Ausgabe: 44

5 Ein Programm soll entwickelt werden, in welches das Datum im Format TT.MM.JJJJ eingegeben wird. Das Datum soll in das Format JJJJ-MM-TT umgewandelt und ausgegeben werden. Als Zusatz kann diese Aufgabe so erweitert werden, dass der Monat als Wort statt als Zahl ausgegeben wird.

Beispiel:
Eingabe: 02.11.2017
Ausgabe: 2017-11-02 oder 2017-November-11

6 Ein Programm soll entwickelt werden, in das ein Wort eingegeben wird, welches dann rückwärts geschrieben ausgegeben wird.

Beispiele:
Eingabe: hund
Ausgabe: dnuh

Eingabe: lagerregal
Ausgabe: lagerregal

7 Ein Programm soll entwickelt werden, in das ein Wort und ein Buchstabe eingegeben werden. Nun soll ermittelt werden, wie oft der Buchstabe in dem Wort vorkommt.

Beispiel:
Eingabe: Wort – Schiff
Buchstabe – f
Ausgabe: 2

8 Ein Programm soll entwickelt werden, in das Text eingeben werden kann und das ausgibt, welche Zeichen in welcher Anzahl in dem Text vorkommen.

Beispiel:
Eingabe: Das ist ein Beispieltext.
Ausgabe: a – 1, d – 1, s – 3, i – 4, t – 3, e – 4,
n – 1, b – 1, p – 1, l – 1, x – 1, . – 1,
Leerzeichen – 3

9 Ein Programm soll entwickelt werden, bei dem ein Klartext mithilfe des Cäsar-Chiffres verschlüsselt wird. Außerdem soll es möglich sein, einen verschlüsselten Text wieder zu entschlüsseln.
Cäsar-Chiffre: Die Verschlüsselung ergibt sich, indem man die Buchstaben des Alphabets um eine bestimmte Anzahl nach rechts verschiebt. Wird über das letzte Zeichen hinaus verschoben, wird wieder vorne angefangen. Die Anzahl bildet dann den Schlüssel.

Beispiel:
Eingabe: Klartext – Hallo
Schlüssel – 2
Ausgabe: Verschlüsselter Text – Jcnnq

10 Ein Programm soll entwickelt werden, in welches eine einfache Rechenaufgabe (nur Addition und Subtraktion) als String eingegeben werden kann. Die Ausgabe ist das Ergebnis der Rechenaufgabe.

Beispiel:
Eingabe: 2 + 3 – 14 + 22 – 6
Ausgabe: 7

Bei Bedarf kann die Aufgabe um Multiplikation und Division erweitert werden. Hierbei sind die mathematischen Regeln zu beachten.

11 Dateiarbeit

Mithilfe des Computers kann man sehr große Datenmengen nach dem EVA-Prinzip bearbeiten. Dieser Bearbeitungszyklus beginnt beim Einlesen der Daten, beinhaltet das Verarbeiten und lässt die Ausgabe folgen. Früher wurden Daten auf Lochkarten gestanzt, später wurden andere Speichermedien eingesetzt, z. B. Magnetbänder. Heutzutage werden Daten auf Festplatten, SSDs und anderen moderen Speicherträgern gespeichert. So unterschiedlich die Speichermedien auch sein mögen, sie haben eines gemeinsam: Die Daten werden in elektronischer Form in Dateien (engl. *files*) bzw. Datenbanken gespeichert. Deswegen ist der Umgang mit Dateien und Datenbanken von fundamentaler Bedeutung. In diesem Kapitel wird der grundlegende Umgang mit Dateien gezeigt. Das Thema Datenbanken wird im folgenden Kapitel 12 behandelt.

Um an die Information einer Datei zu gelangen, muss man den Inhalt auslesen können. Auch braucht man die Rechte, Dateien anzulegen, zu löschen, umzubenennen und sie in Verzeichnissen zu strukturieren. Python bietet hierfür gewisse Zugriffsmöglichkeiten, eine große Rolle spielen dabei Datenströme (engl. *streams*). Die Streams bilden die Basis aller Dateizugriffe. Dabei handelt es sich um Datenströme, in denen die einzelnen Daten unabhängig vom verwendeten Format als Bytes vorliegen. Durch Streams können Daten sehr elegant bewegt werden und ein Programm ohne Datenfluss ist undenkbar. Es gibt zwei Standarddatenströme, welche in diesem Buch bereits verwendet wurden: die Ausgabe von Text auf dem Bildschirm mithilfe von print() und das Einlesen von Text mithilfe von input(). Auch für die Arbeit mit Dateien werden Streams verwendet. Dateien können sowohl im Text- als auch im Binärmodus angesprochen werden. Dabei werden im Textmodus bestimmte Steuerzeichen berücksichtigt, wie z. B. EOF (*end of file*). Dies findet im Binärmodus nicht statt.

Grundlegend ist immer die folgende Vorgehensweise:

- Verknüpfung zum Stream herstellen (z. B. Datei öffnen)
- Bearbeiten der Daten (Lesen/Schreiben)
- Schließen des Streams (z. B. Datei)

Eine der wichtigsten Funktionen, um mit Dateien zu arbeiten, ist die Built-in-Funktion open(). Diese Funktion öffnet eine Datei im angegebenen Modus und gibt ein Objekt auf das File zurück. Einige wichtige Übergabeparameter sind in der nachfolgenden Tabelle zusammengefasst:

Parameter	Beschreibung
r	Read: Öffnet eine Datei zum Lesen. Wenn die Datei nicht existiert, wird ein Fehler ausgegeben (Standardeinstellung).
a	Append: Öffnet eine Datei zum Schreiben, um diese zu erweitern. Legt eine neue Datei an, wenn diese noch nicht existiert.
w	Write: Öffnet eine Datei zum Schreiben. Dabei wird der bestehende Inhalt überschrieben. Existiert die Datei noch nicht, wird diese neu angelegt.
x	Create: Legt eine neue leere Datei an. Wenn die Datei schon existiert, wird eine Fehlermeldung zurückgegeben.
+	Öffnet eine Datei zum Lesen und Schreiben.
t	Öffnet eine Datei im Textmodus (Standardeinstellung).
b	Öffnet eine Datei im Binärmodus.

Dabei ist es ist möglich, einzelne Parameter miteinander zu kombinieren, z. B.

```
handle = open("beispiel.txt", "rb")
```

In den folgenden Abschnitten werden die wesentlichen Grundlagen für das Lesen und Schreiben von Textdateien in Python vorgestellt.

11.1 Lesen und Schreiben von Textdateien

In Python stehen einige Funktionen zur Verfügung, die das Lesen und Schreiben von reinen Textdateien sehr vereinfachen.

Lesen von Textdateien

Zum Lesen einer Datei wird diese im Lesemodus mit der Built-in-Funktion open() geöffnet. Da der Parameter „t" für das Öffnen einer Datei im Textmodus standardmäßig vorgegeben ist, braucht dieser nicht extra angeben zu werden. Die Funktion open() liefert ein Objekt zurück, welches verschiedene Funktionen zum Lesen einer Datei enthält. Einige sind in der folgenden Tabelle aufgeführt:

Funktion	Beschreibung
close()	Schließt ein bestehendes Dateiobjekt.
read(*n*)	Liest *n* Bytes der Datei ein, oder weniger, wenn vorher das Ende der Datei erreicht wurde. Wird *n* nicht angegeben, so wird die Datei vollständig eingelesen.
readline(*n*)	Liest eine Zeile der Datei ein. Durch die Angabe von *n* wird die Anzahl der zu lesenden Bytes begrenzt.
readlines()	Liest alle Zeilen und gibt sie in Form einer Liste von Strings zurück.

Schreiben von Textdateien

Zum Schreiben in eine Datei wird diese im Schreibmodus wiederum mit der Built-in-Funktion open() geöffnet. Da auch hier der Parameter „t" für das Öffnen einer Datei im Textmodus standardmäßig vorgegeben ist, braucht dieser wieder nicht extra angeben zu werden. Die Funktion open() liefert ein Objekt zurück, welches verschiedene Funktionen zum Schreiben in eine Datei enthält. Einige sind in der folgenden Tabelle aufgeführt:

Funktion	Beschreibung
close()	Schließt ein bestehendes Dateiobjekt.
write(*text*)	Schreibt den Text, welcher übergeben wird, in eine Datei.
writelines(*stringliste*)	Schreibt eine Liste von Strings in eine Datei.

Auftrag

Es soll ein Windows-Programm entwickelt werden, mit dessen Hilfe Textdateien gelesen und geschrieben werden können. Der Inhalt soll in einer Textbox angezeigt und verändert werden können.

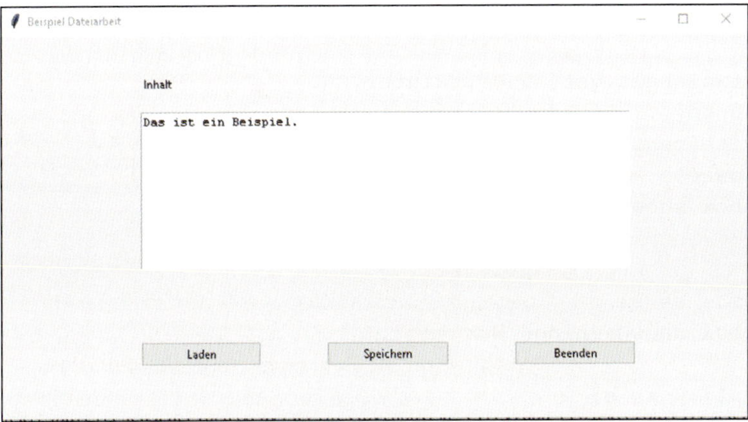

Abb. 11.1: Oberfläche für den Arbeitsauftrag „Beispiel Dateiarbeit"

Zuerst wird wieder eine entsprechdene Windows-Oberfläche entwickelt. Danach werden die Methoden btnLaden_click(), btnSpeichern_click() und btnBeenden_click() implementiert und den einzelnen Buttons zugewiesen.

Zunächst erfolgt das Lesen der Datei. Die Datei **Beispiel.txt** wird zum Lesen geöffnet. Mithilfe des Befehls read() wird der komplette Inhalt der Datei ausgelesen und danach in der Textbox angezeigt. Zum Schluss wird die Datei wieder geschlossen. Eventuelle Exceptions werden abgefangen und in den entsprechenden except-Blöcken ausgewertet:

```
def btnLaden_click():
    try:
        file = open("C:\Python_Verzeichnis\Beispiel.txt", "r")
        text = file.read()
        txtInhalt.insert(tkinter.INSERT, text)
        file.close()

    except IOError:
        messagebox.showwarning("Warnung",
                               "Datei kann nicht geöffnet werden.")
    except Exception as e:
         messagebox.showwarning("Warnung",
                           "Es ist folgender Fehler aufgetreten: \n"
                                + e.args[0])
```


Das Schreiben in eine Datei ist ähnlich gestaltet. Zunächst wird die Datei **Beispiel.txt** zum Schreiben geöffnet oder neu angelegt, danach wird der Inhalt der Textbox in die Datei geschrieben. Zum Schluss wird die Datei wieder geschlossen und eine Erfolgsmeldung ausgegeben. Exceptions werden auch hier wieder abgefangen.

```
def btnSpeichern_click():
    try:
        text = txtInhalt.get("0.0",tkinter.END)
        file = open("C:\Python_Verzeichnis\Beispiel.txt“, "w")
        file.write(text)
        file.close()
        messagebox.showinfo("Information",
                            "Die Daten wurden erfolgreich
                            gespeichert.")
    except IOError as e:
        messagebox.showwarning("Warnung",
                               "Datei kann nicht geöffnet werden.")
    except Exception as e:
        messagebox.showwarning("Warnung",
                        "Es ist folgender Fehler aufgetreten: \n"
                        + e.args[0])
```


Auch wenn das Lesen und Schreiben von Textdateien relativ einfach anmutet, fehlen in dem Programm noch einige nützliche Dinge. Bisher waren der Dateiname und dessen Verzeichnispfad im Programm fest vorgegeben, doch das ist nicht sehr benutzerfreundlich. Um die Benutzerfreundlichkeit zu verbessern, werden die Dialogfelder askopenfilename() und asksaveasfilename() eingeführt. Hiermit erhält der Benutzer die Möglichkeit in den Verzeichnissen zu navigieren und Dateien auszuwählen, so wie man es aus moderen Programmen kennt.

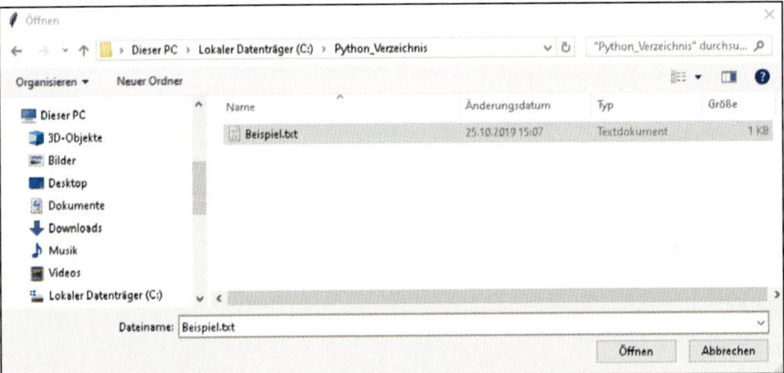

Abb. 11.2: Dialog „askopenfilename“

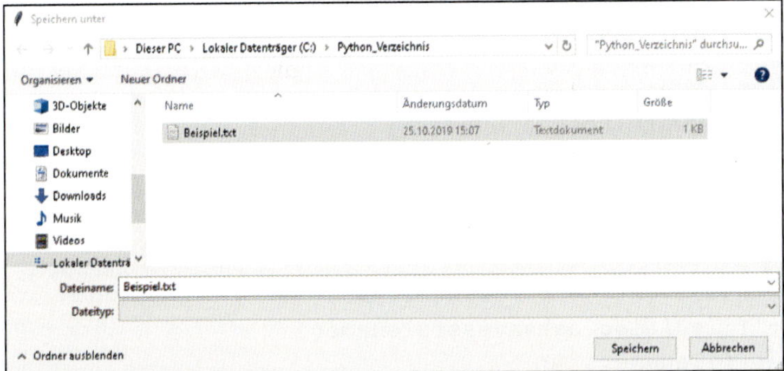

Abb. 11.3: Dialog „asksaveasfilename“

Um diese beiden Dialoge ins Programm einzubinden, muss zunächst das Modul filedialog von Tkinter ins Programm eingebunden werden:

```
from tkinter import filedialog
```

Danach können die beiden Dialoge mit

```
filename =  filedialog.askopenfilename()
```

bzw.

```
filename = filedialog.asksaveasfilename()
```

aufgerufen werden. Beim Schließen der Dialoge wird die ausgewählte Datei zurückgegeben und kann nun weiterverwendet werden. Hier wird der Funktion open() die Variable filename zum Öffnen der Datei übergeben. Der komplette Quellcode für das Programm ist hier nochmals aufgeführt:

Quellcode: Programm „Beispiel Dateiarbeit“

```
import tkinter
from tkinter import ttk, messagebox
from tkinter import filedialog

def btnLaden_click():
    try:
       filename =  filedialog.askopenfilename()
       file = open(filename, "r")
       text = file.read()
       txtInhalt.insert(tkinter.INSERT, text)
       file.close()
    except IOError:
       messagebox.showwarning("Warnung",
                              "Datei kann nicht geöffnet werden")
    except Exception as e:
        messagebox.showwarning("Warnung",
                          "Es ist folgender Fehler aufgetreten: \n"
                               + e.args[0])
def btnSpeichern_click():
    try:
        text = txtInhalt.get("0.0",tkinter.END)
        filename = filedialog.asksaveasfilename()
        file = open(filename, "w")
        file.write(text)
        file.close()
        messagebox.showinfo("Information",
                           "Die Daten wurden erfolgreich
                           gespeichert.")
    except IOError as e:
        messagebox.showwarning("Warnung",
                          "Datei kann nicht geöffnet werden.")
    except Exception as e:
        messagebox.showwarning("Warnung",
                       "Es ist folgender Fehler aufgetreten: \n"
                       + e.args[0])

def btnBeenden_click():
    frmMain.destroy()

# Erzeugen des Hauptfensters
frmMain = tkinter.Tk()
frmMain.title("Beispiel Dateiarbeit")
frmMain.wm_geometry('800x400')
```

Dialog zum Öffnen einer Datei anzeigen

Dialog zum Speichern in einer Datei anzeigen

```
# Anlegen der Buttons
btnLaden = ttk.Button(frmMain, text = "Laden",
                                width = 20, command = btnLaden_click)
btnLaden.place(x=150, y=320)

btnSpeichern = ttk.Button(frmMain, text = "Speichern",
                                width = 20, command = btnSpeichern_click)
btnSpeichern.place(x=350, y=320)

btnBeenden = ttk.Button(frmMain, text = "Beenden",
                                width = 20, command = btnBeenden_click)
btnBeenden.place(x=550, y=320)

# Anlegen der Labels
lblInhalt = tkinter.Label(frmMain, text ="Inhalt")
lblInhalt.place(x=150, y=40)


# Anlegen der Textboxen
txtInhalt = tkinter.Text(frmMain, width = 65, height = 10)
txtInhalt.place(x = 150, y = 80)

# Endlosscheife
frmMain.mainloop()
```

11.2 Informationen über Verzeichnisse und Dateien ermitteln

Oftmals ist es wichtig Informationen über Verzeichnisse und Dateien zu ermitteln und zu verarbeiten. In diesem Abschnitt wird gezeigt, wie man sich Informationen über Verzeichnisse und Dateien holen und anzeigen lassen kann.

Auftrag

Ein Windows-Programm soll entwickelt werden, mit dessen Hilfe Informationen über Verzeichnisse und Dateien ermittelt und angezeigt werden können.

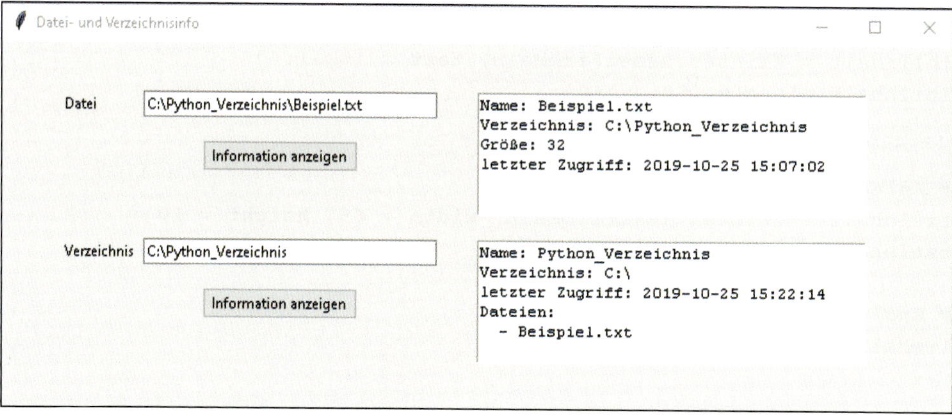

Abb. 11.4: Oberfläche für den Arbeitsauftrag „Datei- und Verzeichnisinfo"

Zuerst wird wieder die Windows-Oberfläche erstellt. Danach werden die Klick-Ereignisse der beiden Buttons erstellt und diesen zugewiesen. Diese enthalten dann die Umsetzung der Aufgabenstellung.

Zunächst wird aber ein kurzer Überblick gegeben, wie man an gewünschte Informationen herankommt. Um Daten über ein bekanntes Verzeichnis bzw. eine bekannte Datei zu ermitteln, wurde in Python das Modul os.path entwickelt. Einige wichtige Funktionen dieses Moduls sind in der nachstehenden Tabelle aufgeführt:

Funktion	Beschreibung
basename(*pfad*)	Gibt den Basisnamen des Pfades zurück.
dirname(*pfad*)	Gibt den Namen des Pfades zurück, in dem sich das Verzeichnis oder die Datei befindet.
exits(*pfad*)	Gibt „True“ zurück, wenn das Verzeichnis oder die Datei existiert. Ansonsten wird „False“ zurückgegeben.
getatime(*pfad*)	Gibt den Zeitpunkt des letzten Zugriffs auf das Verzeichnis oder die Datei zurück. Der Zeitpunkt liegt als Unix-Zeitstempel vor und muss noch umgewandelt werden.

Funktion	Beschreibung
getmtime(*pfad*)	Gibt den Zeitpunkt der letzten Änderung des Verzeichnisses oder der Datei zurück. Der Zeitpunkt liegt als Unix-Zeitstempel vor und muss noch umgewandelt werden.
getsize(*pfad*)	Gibt die Größe der Datei in Bytes zurück.
isfile(*pfad*)	Gibt „True" zurück, wenn es sich bei *pfad* um eine Datei handelt.
isdir(*pfad*)	Gibt „True" zurück, wenn es sich bei *pfad* um ein Verzeichnis handelt.
split(*pfad*)	Spaltet den *pfad* in Verzeichnis und Datei auf.

Um die Funktionen nutzen zu können, muss das Modul os.path in das Programm eingebunden werden. Als Erstes wird in beiden Klick-Funktionen des Programms der Name der Datei bzw. des Verzeichnisses aus dem Textfeld ausgelesen und anschließend getestet, ob die Datei oder das Verzeichnis überhaupt existiert. Wenn dies der Fall ist, kann weitergearbeitet werden. Ansonsten erscheint eine entsprechende Meldung im Anzeigefenster. Die Datei- bzw. Verzeichnisinformationen werden in der entsprechenden Textbox angezeigt. Um eine neue Zeile in der Textbox zu beginnen, wird an jede eingefügte Zeile ein „\n" angehängt. Bei den Informationen über das Verzeichnis werden alle Dateien aufgelistet, die sich in diesem befinden. Dazu wird zunächst mit dem Befehl

```
os.chdir(verzeichnis)
```

in das entsprechende Verzeichnis gewechselt. Danach werden mithilfe einer for-Schleife und

```
os.listdir('.')
```

alle vorhandenen Dateien ausgelesen und im Textfeld angezeigt. Die komplette Lösung der Aufgabe ist im Folgenden aufgeführt:

Quellcode: Programm „Datei- und Verzeichnisinfo"

```
import tkinter
from tkinter import ttk, messagebox
import os.path
from datetime import datetime

def btnDateiInfo_click():
    try:
        datei = txtDatei.get()
        txtDateiInfo.delete(1.0, tkinter.END)
        file_exists = os.path.exists(datei)
        if file_exists:
            txtDateiInfo.insert(tkinter.INSERT, "Name: " +
                                os.path.basename(datei) + "\n")
            txtDateiInfo.insert(tkinter.INSERT, "Verzeichnis: " +
                                os.path.dirname(datei) + "\n")
```

```
            txtDateiInfo.insert(tkinter.INSERT, "Größe: " +
                          str(os.path.getsize(datei)) + "\n")
            zeit = datetime.fromtimestamp(
              os.path.getatime(datei)).strftime('%Y-%m-%d %H:%M:%S')
           txtDateiInfo.insert(tkinter.INSERT, "letzter Zugriff: " +
                          str(zeit) + "\n")
        else:
            txtDateiInfo.insert(tkinter.INSERT,
                            "Datei wurde nicht gefunden.")
    except Exception as e:
        messagebox.showwarning("Warnung",
                         "Es ist folgender Fehler aufgetreten: \n"
                             + e.args[0])

def btnVerzeichnisInfo_click():
    try:
       verzeichnis = txtVerzeichnis.get()
       txtVerzeichnisInfo.delete(1.0, tkinter.END)
       dir_exists = os.path.exists(verzeichnis)
       if dir_exists:
           txtVerzeichnisInfo.insert(tkinter.INSERT, "Name: " +
                         os.path.basename(verzeichnis) + "\n")
         txtVerzeichnisInfo.insert(tkinter.INSERT, "Verzeichnis: " +
                         os.path.dirname(verzeichnis) + "\n")
           zeit = datetime.fromtimestamp(
        os.path.getatime(verzeichnis)).strftime('%Y-%m-%d %H:%M:%S')
           txtVerzeichnisInfo.insert(tkinter.INSERT,
                   "letzter Zugriff: " + str(zeit) + "\n")
           txtVerzeichnisInfo.insert(tkinter.INSERT, "Dateien: \n")
           os.chdir(verzeichnis)
           for folder in os.listdir('.'):
               txtVerzeichnisInfo.insert(tkinter.INSERT, "   - " +
                                        folder + "\n")
    except Exception as e:
        messagebox.showwarning("Warnung",
                         "Es ist folgender Fehler aufgetreten: \n"
                             + e.args[0])

# Erzeugen des Hauptfensters
frmMain = tkinter.Tk()
frmMain.title("Datei- und Verzeichnisinfo")
frmMain.wm_geometry('800x300')

# Anlegen der Buttons
btnDateiInfo = ttk.Button(frmMain, text = "Information anzeigen",
                         width = 20, command = btnDateiInfo_click)
btnDateiInfo.place(x=170, y=80)
```

```
btnVerzeichnisInfo = ttk.Button(frmMain,
                                text = "Information anzeigen",
                                width = 20, command =
btnVerzeichnisInfo_click)
btnVerzeichnisInfo.place(x=170, y=200)

# Anlegen der Labels
lblDatei = tkinter.Label(frmMain, text ="Datei")
lblDatei.place(x=50, y=40)

lblVerzeichnis = tkinter.Label(frmMain, text ="Verzeichnis")
lblVerzeichnis.place(x=50, y=160)

# Anlegen der Entrys
txtDatei = ttk.Entry(frmMain, width = 40)
txtDatei.place(x=120, y= 40)

txtVerzeichnis = ttk.Entry(frmMain, width = 40)
txtVerzeichnis.place(x=120, y= 160)

# Anlegen der Textboxen
txtDateiInfo = tkinter.Text(frmMain, width = 40, height = 6)
txtDateiInfo.place(x = 400, y = 40)

txtVerzeichnisInfo = tkinter.Text(frmMain, width = 40, height = 6)
txtVerzeichnisInfo.place(x = 400, y = 160)

# Endlosscheife
frmMain.mainloop()
```

11.3 Aufgaben

1 Erstellen Sie eine Windows-Anwendung, mit deren Hilfe HTML-Dateien erzeugt, gespeichert, geladen und ausgeführt werden können. Außerdem sollen einige Informationen über die aktuelle Datei angezeigt werden. Die Oberfläche kann frei gestaltet werden. Die nachfolgende Abbildung ist nur ein Vorschlag.

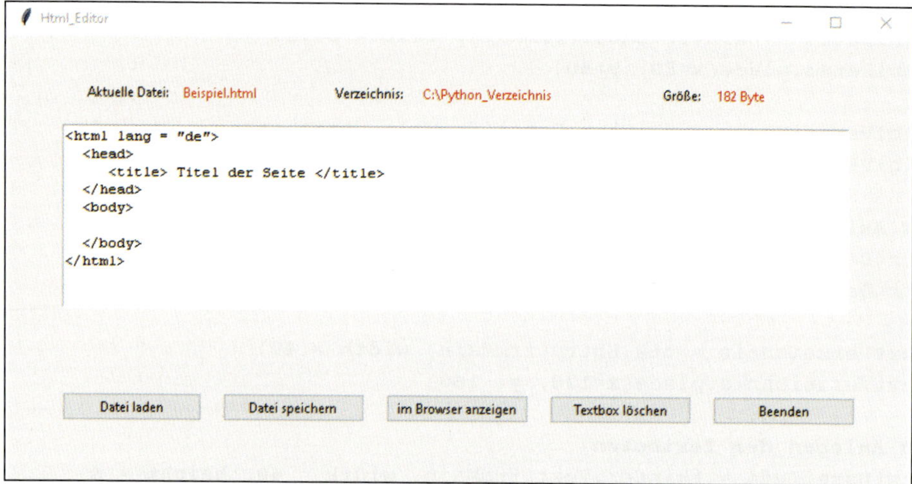

2 Erstellen Sie eine Anwendung, in die Sie einen oder mehrere Suchbegriffe eingeben und eine Textdatei auswählen können. Danach soll das Programm ermitteln, wie oft die Suchbegriffe in der Textdatei vorhanden sind, und das Ergebnis anzeigen. Entwickeln Sie eine benutzerfreundliche Oberfläche.

Beispiel:
1. Suchbegriff: Wasser
2. Suchbegriff: Reise

Suchdatei: Beispiel.txt

Das Wort „Wasser" kommt 12-mal in der Textdatei Beispiel.txt vor.
Das Wort „Reise" kommt 0-mal in der Textdatei Beispiel.txt vor.

12 Arbeit mit Datenbanken

Daten, die man zu einem späteren Zeitpunkt erneut verwenden möchte, kann man in einer oder mehreren Dateien speichern. Dies macht bis zu einem bestimmten Umfang der Datenmenge auch Sinn. Handelt es sich jedoch um größere Datenmengen, bei denen die Daten auch noch auf unterschiedliche Weise zueinander in Beziehung stehen, kommt man um den Einsatz einer Datenbank nicht herum. Dadurch muss man sich auch nicht mehr darum kümmern, wie die Daten abgespeichert werden. Dies übernimmt die Datenbank selbst. Die Kommunikation mit der Datenbank erfolgt über SQL (Structured Query Language). Mithilfe von SQL können z. B. der Aufbau und die Struktur von Tabellen geändert werden. Es ist natürlich auch möglich Daten abzufragen, hinzuzufügen, zu ändern oder zu löschen. Um mit einer Datenbank arbeiten zu können, muss eine Verbindung zwischen dem Programm und der Datenbank hergestellt werden. Dazu wird in Python ein Connection-Objekt erzeugt. Mithilfe dieses Objektes und SQL-Anweisungen kann dann mit der geöffneten Datenbank gearbeitet werden. Mit Python kann eine Verbindung zu allen gängigen relationalen Datenbanken aufgebaut werden. Außerdem besitzt Python mit SQLite selbst ein kleines Datenbanksystem, welches direkt mir Python installiert wird und ganz ohne separaten Datenbankserver auskommt. Im folgenden Kapitel wird gezeigt, wie man eine Verbindung zu einer SQLite- und einer Access-Datenbank aufbaut und wie man Informationen aus dieser im Programm anzeigt und verarbeitet.

12.1 Arbeit mit SQLite

SQLite ist ein kleines realtionales Datenbanksystem, welches schon in Python integriert ist. Es kommt ganz ohne Datenbankserver aus und die Daten werden in einer einzigen Datei abgepeichert. Ursprünglich wurde SQLite für den Einsatz in eingebetteten Datenbanksystemen entworfen und wird heute unter anderem in Betriebsystemen für Mobiltelefone eingesetzt. Trotz der Einfachheit von SQLite werden die wesentlichen Sprachelemente von SQL unterstützt. Um mit SQLite in Python zu arbeiten muss das Modul sqlite3 importiert werden:

```
import sqlite3
```

Danach kann schon eine Verbindung zur Datenbank aufgbaut werden. Dazu wird die Methode connect() aus dem Modul verwendet. Der Methode wird als Parameter der Name der Datenbank, welche geöffnet werden soll, übergeben:

```
connection = sqlite3.connect("beispiel.db")
```

Die Methode gibt ein Objekt zurück, mit dessen Hilfe auf die Datenbank zugegriffen werden kann.

Auftrag

Ein Windows-Programm soll erstellt werden, das eine Verbindung zu einer SQLite-Datenbank aufbaut, die Daten per SQL-Befehl abfragt und dann in einer Textbox anzeigt. Außerdem soll es möglich sein, Daten per SQL-Befehl einzufügen, zu ändern oder zu löschen.

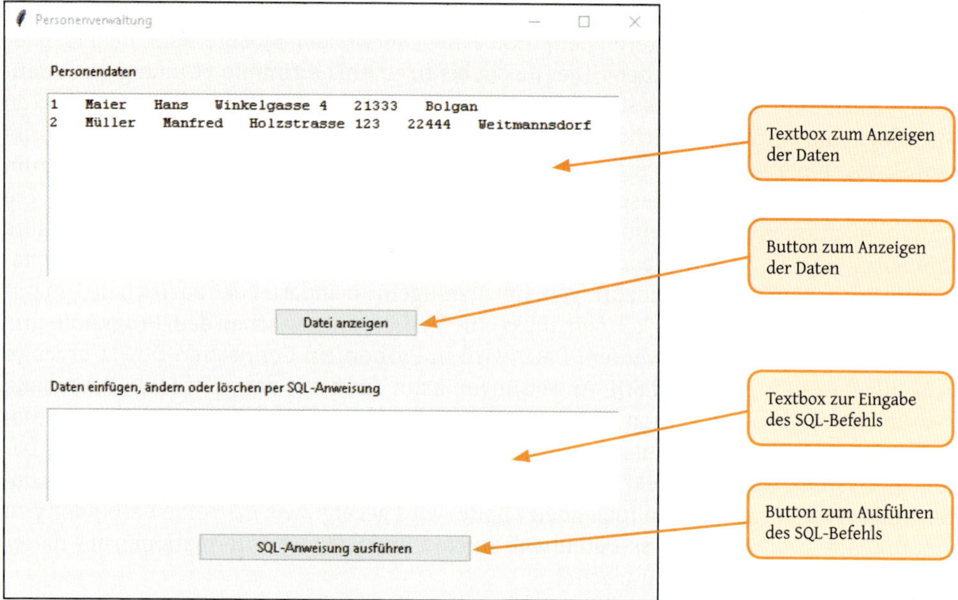

Abb. 12.1: Oberfläche zum Arbeitsauftrag „Personenverwaltung"

Zuerst wird wieder eine Programmoberfläche entworfen. Diese könnte wie in Abb. 12.1 aussehen. Zusätzlich wird noch die Datenbank angelegt und eine Tabelle per SQL eingefügt. Das Anlegen und Öffnen der Datenbank wurde bereits kurz angerissen. Diese kann dann durch ein Datenbank-Objekt erzeugt und angesprochen werden, welches in der Variablen connection gespeichert wird. Danach wird noch die folgende Tabelle in der Datenbank angelegt:

Person
<u>**PersonID**</u>
Name
Vorname
Strasse
PLZ
Ort

Um mit der verbundenen Datenbank arbeiten zu können, muss man in Python einen sogannten „Cursor“ erzeugen. Dies geschieht mithilfe der Methode cursor() des Datenbank-Objektes:

```
cursor = connection.cursor()
```

Mithilfe des Cursors können nun SQL-Anweisungen an die Datenbank gesendet und ausgeführt werden. Dazu verwendet man die Methode execute(). Dieser wird die SQL-Anweisung übergeben, welche auf der Datenbank ausgeführt werden soll.

```
sql_anweisung = "CREATE TABLE Person( " \
          "PersonenID INTEGER PRIMARY KEY AUTOINCREMENT, " \
          "Name TEXT, " \
          "Vorname TEXT, " \
          "Strasse TEXT, " \
          "PLZ TEXT, " \
          "Ort TEXT " \
          ")"
cursor.execute(sql_anweisung)
```

Im vorliegenden Fall verwendet man die SQL-Anweisung CREATE TABLE, um die gewünschte Tabelle zu erzeugen. Auf die einzelnen Bestandteile des SQL-Befehls soll hier nicht weiter eingegangen werden. Das würde den Rahmen dieses Buches sprengen. In der nachfolgenden Tabelle werden kurz die Datentypen von SQLite und deren Entsprechungen in Python aufgelistet.

SQLite-Datentyp	Python-Datentyp
INTEGER	int
REAL	float
TEXT	str
BLOB	bytes
NULL	None

Der grundsätzliche Ablauf bei der Arbeit mit Datenbanken besteht darin, eine Datenbank zu öffnen, eine oder mehrere Aktionen dort auszuführen und danach die Datenbank zu schließen. Das Schließen der Datenbank kann durch die Methode close() erreicht werden:

```
connection.close()
```

Da es bei der Arbeit mit Datenbanken immer zu unvorhersehbaren Ausnahmen kommen kann, wird dieser Code jeweils immer in einem try-Block ausgeführt und auftretende Exceptions werden in einem except-Block behandelt. Im vorliegenden Fall wird nur eine einfache Fehlermeldung mit der aufgetretenen Exception ausgegeben. Dazu kommt noch ein finally-Block, der in jedem Fall ausgeführt wird. In diesem wird die Datenbank geschlossen, falls sie noch offen sein sollte.

```
def db_Personentabelle_anlegen():
   try:
    is_db_open = False
    if os.path.exists("personen.db"):
       connection = sqlite3.connect("personen.db")
       is_db_open = True
       cursor = connection.cursor()
       sql_anweisung = "CREATE TABLE Person( " \
          "PersonenID INTEGER PRIMARY KEY AUTOINCREMENT, " \
          "Name TEXT, v \
          "Vorname TEXT, " \
          "Strasse TEXT, " \
          "PLZ TEXT, " \
          "Ort TEXT " \
          ")"
       cursor.execute(sql_anweisung)

    except Exception as e:
          messagebox.showwarning("Warnung",
                   "Es ist folgender Fehler aufgetreten: \n"
                                   + e.args[0])
    finally:
        if is_db_open == True:
           connection.close()
```

Datenbankverbindung aufbauen

Cursor anlegen

Ausführen der SQL-Anweisung

Datenbank in jedem Fall schließen, wenn sie offen ist.

Nun weden noch zwei weitere Methoden benötigt, welche beim Drücken der Buttons ausgeführt werden: die Methoden btnAnzeigen_click() und btnAusfuehren_click(). Bei der Ersteren sollen alle Datensätze der Tabelle „Person" in der Textbox angezeigt werden. Bei der zweiten Methode wird die SQL-Anweisung, welche in der unteren Textbox steht, ausgeführt. Dieser Vorgang ist in Abb. 12.2 und 12.3 dargestellt. Als Beispiel wird mithilfe von INSERT INTO ein neuer Datensatz in die Tabelle „Person" geschrieben.

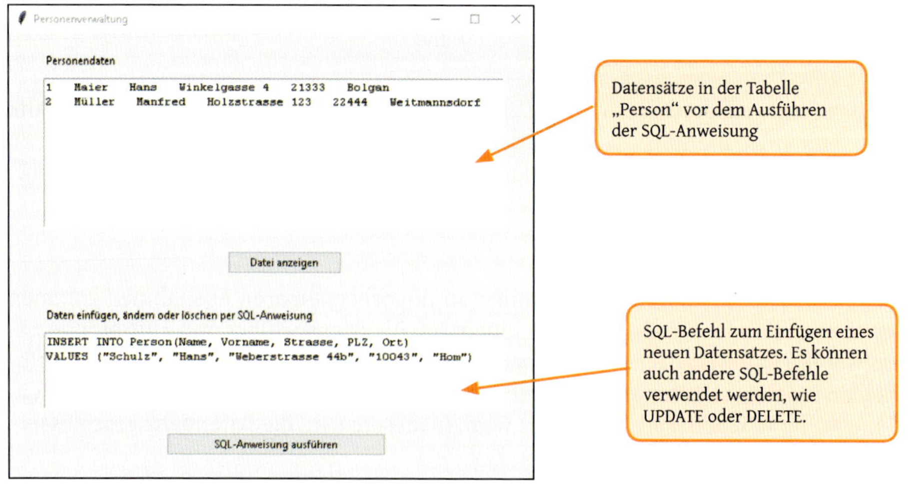

Abb. 12.2: Einen neuen Datensatz per SQL einfügen

Nach dem Ausführen des Befehls mithilfe des Buttons „SQL Anweisung ausführen“ soll der neue Datenbestand angezeigt werden. Dieser sieht wie folgt aus:

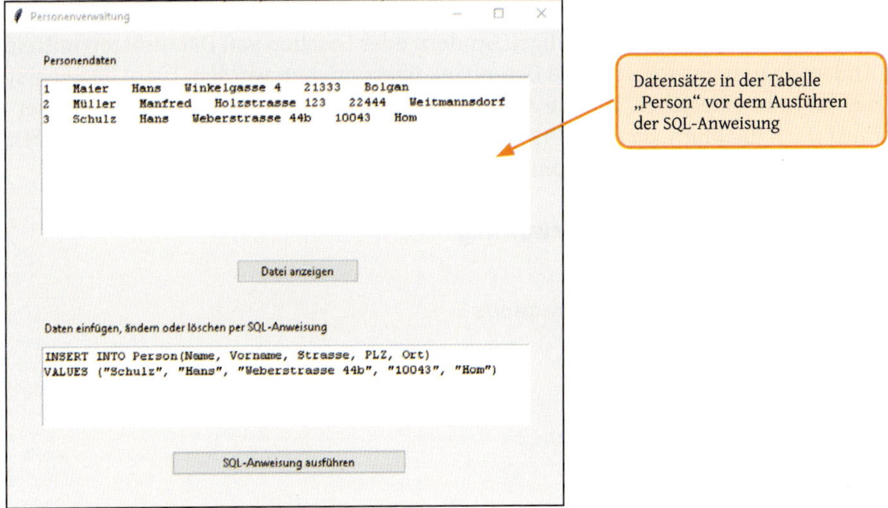

Abb. 12.3: Anzeigen des neuen Datensatzes

Im Prinzip ist die Vorgehensweise in den beiden Methoden sehr ähnlich. Zunächst wird wieder die Datenbankverbindung hergestellt und ein Cursor erzeugt. Danach wird eine der Aufgabe entsprechende SQL-Anweisung ausgeführt und die Datenbankverbindung wieder geschlossen. Bei der Abfrage der aktuellen Datensätze wird die SQL-Anweisung

```
sql_anweisung = "SELECT * FROM Person"
```

Verwendet. Diese wird durch die execute()-Methode ausgeführt und die Datensätze stehen nun im cursor-Objekt zur weiteren Verarbeitung zur Verfügung. Die einzelnen Datensätze können nun mithilfe einer Schleife durchlaufen und angezeigt werden:

```
for datensatz in cursor:
        txtDaten.insert(tkinter.INSERT,
                str(datensatz[0]) + "    " +  # PersonenID
                str(datensatz[1]) + "    " +  # Name
                str(datensatz[2]) + "    " +  # Vorname
                str(datensatz[3]) + "    " +  # Straße
                str(datensatz[4]) + "    " +  # PLZ
                str(datensatz[5]) + „\n“      # Ort
               )
```

Dabei ist jedes abgefrage Attribut durch einen Index ansprechbar. Im Beispiel werden alle Attribute der Tabelle „Person“ mittels der SQL-Abfrage erfasst. Somit besteht ein Datensatz aus sechs Indizes. Für die zweite Methode der Aufgabe wird die SQL-Anweiung aus der Textbox gelesen und dann mit execute() ausgeführt.

```
sql_anweisung = txtSQL.get(1.0, tkinter.END)
cursor.execute(sql_anweisung)
connection.commit()
```

Hierbei ist zu beachten, dass beim Einfügen, Ändern oder Löschen von Datensätzen mittels SQL die Änderungen nicht sofort in die Datenbank übernommen werden. Diese liegen erst einmal nur im Arbeitsspeicher. Um die Änderungen dauerhaft in die Datenbank zu übertragen, muss noch die Methode commit() des Connection-Objektes ausgeführt werden. Mit diesen Informationen kann nun das komplette Programm umgesetzt werden:

Quellcode: Programm „Personenverwaltung“

```
import tkinter
from tkinter import ttk, messagebox
import os
import sqlite3

def db_Personentabelle_anlegen():
    try:
     is_db_open = False
     if os.path.exists("personen.db"):
        connection = sqlite3.connect("personen.db")
        is_db_open = True
        cursor = connection.cursor()
        sql_anweisung = "CREATE TABLE Person( " \
           "PersonenID INTEGER PRIMARY KEY AUTOINCREMENT, " \
           "Name TEXT, " \
           "Vorname TEXT, " \
           "Strasse TEXT, " \
           "PLZ TEXT, " \
           "Ort TEXT " \
           ")"
        cursor.execute(sql_anweisung)

     except Exception as e:
           messagebox.showwarning("Warnung",
                    "Es ist folgender Fehler aufgetreten: \n"
                                 + e.args[0])
     finally:
         if is_db_open == True:
            connection.close()

def btnAnzeigen_click():
     try:
        is_db_open = False
        if os.path.exists("personen.db"):
           connection = sqlite3.connect("personen.db")
```

```
            is_db_open = True
            cursor = connection.cursor()
            sql_anweisung = "SELECT * FROM Person"
            cursor.execute(sql_anweisung)
            txtDaten.delete(1.0, tkinter.END)
            for datensatz in cursor:
                txtDaten.insert(tkinter.INSERT,
                 str(datensatz[0]) + "    " +  # PersonenID
                 str(datensatz[1]) + "    " +  # Name
                 str(datensatz[2]) + "    " +  # Vorname
                 str(datensatz[3]) + "    " +  # Straße
                 str(datensatz[4]) + "    " +  # PLZ
                 str(datensatz[5]) + "\n"      # Ort
                )
    except Exception as e:
            messagebox.showwarning("Warnung",
                     "Es ist folgender Fehler aufgetreten: \n"
                                  + e.args[0])
    finally:
        if is_db_open == True:
           connection.close()


def btnAusfuehren_click():
    try:
        is_db_open = False
        if os.path.exists("personen.db"):
            connection = sqlite3.connect("personen.db")
            is_db_open = True
            cursor = connection.cursor()
            sql_anweisung = txtSQL.get(1.0, tkinter.END)
            cursor.execute(sql_anweisung)
            connection.commit()
    except Exception as e:
            messagebox.showwarning("Warnung",
                       "Es ist folgender Fehler aufgetreten: \n"
                                  + e.args[0])
    finally:
        if is_db_open == True:
            connection.close()

# Erzeugen des Hauptfensters
frmMain = tkinter.Tk()
frmMain.title("Personenverwaltung")
frmMain.wm_geometry('600x500')
```

```
# Anlegen der Buttons
btnAnzeigen = ttk.Button(frmMain, text = "Datei anzeigen",
                         width = 20, command = btnAnzeigen_click)
btnAnzeigen.place(x=250, y=240)

btnAusfuehren = ttk.Button(frmMain, text = "SQL-Anweisung ausführen",
                         width = 40, command = btnAusfuehren_click)
btnAusfuehren.place(x=180, y=440)

# Anlegen der Labels
lblDaten = tkinter.Label(frmMain, text ="Personendaten")
lblDaten.place(x=40, y=20)

lblSQL = tkinter.Label(frmMain,
       text ="Daten einfügen, ändern oder löschen per SQL-Anweisung")
       lblSQL.place(x=40, y=300)

# Anlegen der Textboxen
txtDaten = tkinter.Text(frmMain, width = 65, height = 10)
txtDaten.place(x = 40, y = 50)

txtSQL = tkinter.Text(frmMain, width = 65, height = 5)
txtSQL.place(x = 40, y = 330)

db_Personentabelle_anlegen()

# Endlosscheife
frmMain.mainloop()
```

12.2 Arbeit mit Access-Datenbanken

Bevor die Arbeit mit Access-Datenbanken genauer betrachtet wird, soll zunächst eine Test-Datenbank erstellt werden, die für das nächste Beispiel verwendet wird. Da viele Anwender das Office-Paket von Microsoft installiert haben, liegt mit Access schon eine Datenbank vor. Allerdings sollte man darauf achten, ob Access in der 32-bit-Version oder in der 64-bit-Version vorliegt. Dementsprechend muss die Python-Version auch 32 bit oder 64 bit sein, ansonsten kann es zu Problemen beim Ansprechen der Datenbank kommen. Mit Microsoft Access lässt sich mit wenigen Handgriffen eine Datenbank erstellen. Wird Access geöffnet, erscheint im Normalfall eine Auswahl von Datenbankmöglichkeiten. Für das vorliegende Beispiel wird der Punkt „Leere Datenbank" ausgewählt. In dem Fenster, das anschließend erscheint, gibt man den Namen ein und wählt ein Verzeichnis zum Speichern aus. Im Beispiel wird der Name **Filmverwaltung.accdb** gewählt.

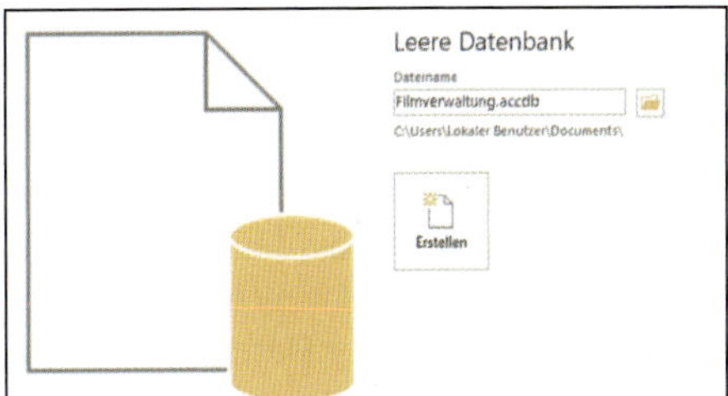

Abb. 12.4: Anlegen einer neuen Access-Datenbank

In dieser Datenbank wird eine neue Tabelle „Film“ mit folgenden Attributen erzeugt:

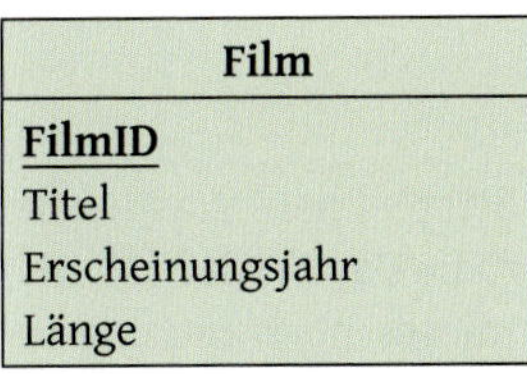

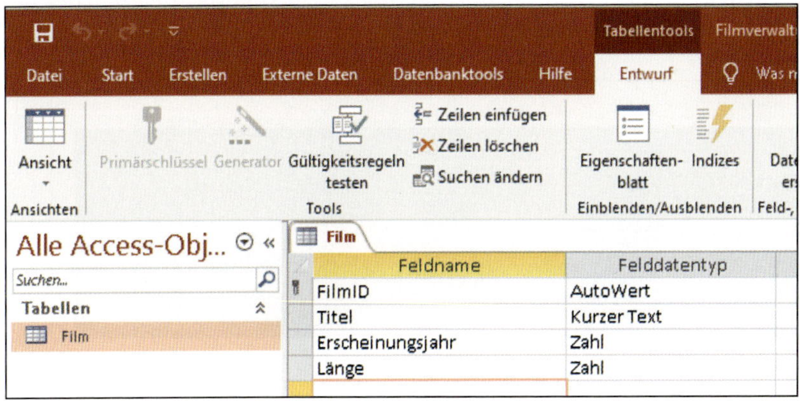

Abb. 12.5: Anlegen der Tabelle „Film“ in Access

Zu Testzwecken sollten in die Tabelle einige Testdaten eingetragen werden.

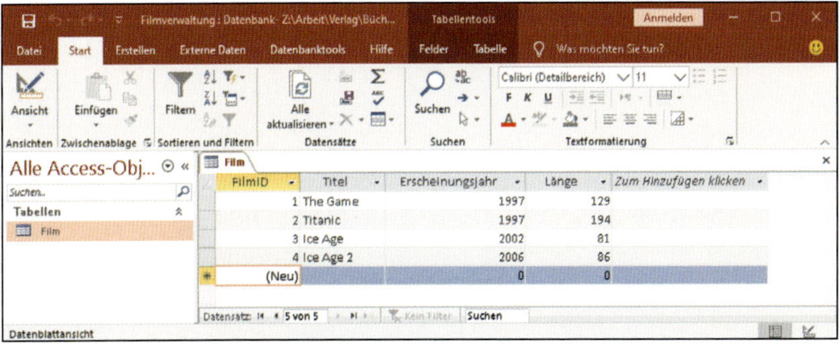

Abb. 12.6 Einfügen von Datensätzen in die Tabelle „Film“

Nach dem Abspeichern der Daten wird Access geschlossen und von nun an auch nicht mehr benötigt.

Um eine Datenbankanbindung aus Python zu erstellen, ist als Erstes zu klären, aus welcher Datenquelle die Daten bezogen werden sollen. Hier kommt ein Datenprovider zum Einsatz. Ein Datenprovider ist ein Modul, welches für den Zugriff auf einen bestimmten Datenspeichertyp geprägt ist. Das folgende Schema zeigt das Grundprinzip einer Datenbankanbindung mithilfe eines Providers.

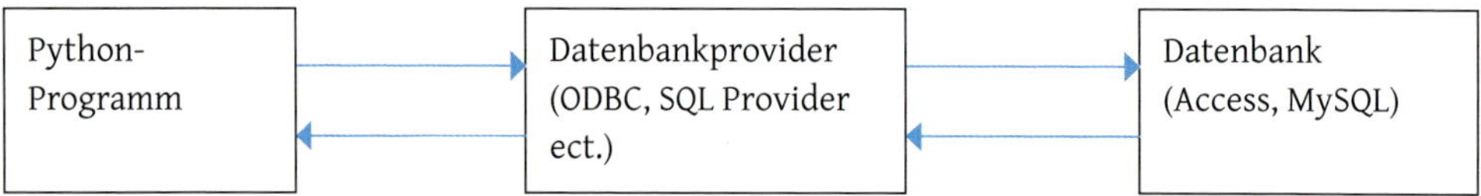

Da hier mit einer Access-Datenbank gearbeitet wrid, wird für das Beispiel der Provider für ODBC genutzt. Das Prinzip ist auf alle anderen Provider übertragbar. Das Modul für den ODBC-Treiber heißt pyodbc. Im Gegensatz zum SQLite-Modul ist dieses noch nicht standardmäßig in Python integriert und muss installiert werden. Dies ist allerdings recht einfach: Es muss nur in der Konsole ins Verzeichnis „Python/Scripts" gewechselt und der Befehl pip install pyodbc ausgeführt werden.

Abb. 12.7: Einrichten von pyodbc

Danach kann das Modul pyodbc ohne Probleme in das Programm importiert und die Access-Datenbank kann angeprochen werden:

```
import pyodbc
```

Auftrag

Ein Windows-Programm soll erstellt werden, das eine Verbindung zu einer Access-Datenbank aufbaut, die Daten per SQL-Befehl abfragt und dann in einer Textbox anzeigt.

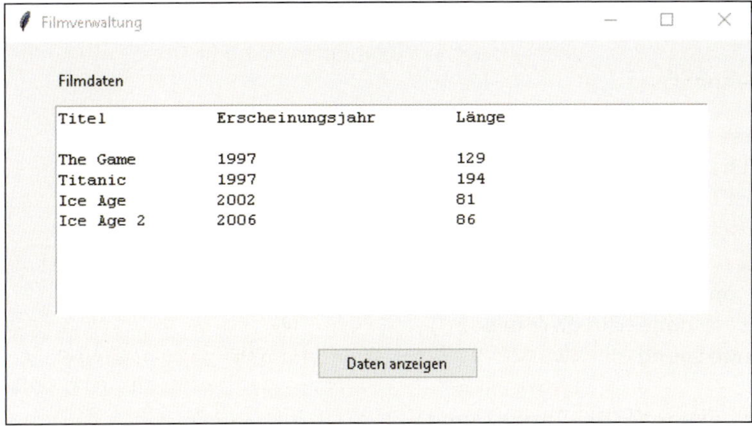

Abb. 12.8: Oberfläche für den Arbeitsauftrag „Filmverwaltung"

Zuerst wird wieder eine Programmoberfläche entworfen. Diese könnte wie in Abb. 12.8 aussehen. Danach wird die Methode btnAnzeigen_click() implementiert und dem Button „Daten anzeigen" (btnAnzeigen) zugewiesen. Dabei bleibt das grundlegende Vorgehen, wie man mit einer Datenbank arbeitet, gleich: zuerst eine Verbindung zur Datenbank aufbauen, danach einen Cursor erstellen und dann mit execute() SQL-Anweisungen ausführen. Zum Schluss wird die Datenbank wieder geschlossen. Dieses Verfahren wurde bereits in Kapitel 12.1 genau erklärt. Das einzige, was sich jetzt unterscheidet, ist der Verbindungsaufbau zur Datenbank. Dazu wird die Funktion connect() des Moduls pyodbc verwendet:

```
connection = pyodbc.connect(
             r'Driver={Microsoft Access Driver (*.mdb,*.accdb)};' /
             'DBQ=C:\Python_Projekte\FilmDB\Filmverwaltung.accdb')
```

Diese Funktion erwartet als Übergabeparameter einen String, in welchem der Datenbanktreiber und die Datenbank angeben ist, welche geöffnet werden soll. Für unsere Aufgabe wird der ODBC-Treiber

```
{Microsoft Access Driver (*.mdb,*.accdb)}
```

für eine Access-Datenbank dem Parameter „Driver" zugeweisen. Dabei ist auf die genaue Schreibweise zu achten, da es ansonsten zu Fehlern kommt. Dem Parameter „DBQ" wird die Filmverwaltungs-Datenbank zugeweisen. Wenn alles korrekt angegeben wurde, dann kann eine Verbindung zur Access-Datenbank problemlos hergestellt werden. Der Rest des Programms ist schon aus dem vorherigen Kapitel bekannt. Diesmal wurden allerdings nur ausgewählte Attribute mit dem SELECT-Befehl abgefragt und die Ausgabe wurde zusätzlich durch die Verwendung von Tabulatoren (\t) etwas formatiert (siehe Abb. 12.8).

Quellcode: Programm „Filmverwaltung“

```
import tkinter
from tkinter import ttk, messagebox
import os
import pyodbc

def btnAnzeigen_click():
    try:
        is_db_open = False
        if os.path.exists("Filmverwaltung.accdb"):
            connection = pyodbc.connect(
             r'Driver={Microsoft Access Driver (*.mdb,*.accdb)};' /
              'DBQ=C:\Python_Projekte\FilmDB\Filmverwaltung.accdb')
            is_db_open = True
            cursor = connection.cursor()
            sql_anweisung = "SELECT Titel, Erscheinungsjahr, Länge" /
                             "FROM Film"
            cursor.execute(sql_anweisung)
            txtDaten.delete(1.0, tkinter.END)
            txtDaten.insert(tkinter.INSERT,
                        "Titel\t\tErscheinungsjahr\t\t\tLänge \n\n")
            for datensatz in cursor:
                txtDaten.insert(tkinter.INSERT,
                    str(datensatz[0]) + "\t\t" +    # Titel
                    str(datensatz[1]) + "\t\t\t" +  # Erscheinungsjahr
                    str(datensatz[2]) + "\n"        # Länge
                            )
    except Exception as e:
            messagebox.showwarning("Warnung",
                            "Es ist folgender Fehler aufgetreten: \n"
                                  + e.args[0])
    finally:
        if is_db_open == True:
            connection.close()


# Erzeugen des Hauptfensters
frmMain = tkinter.Tk()
frmMain.title("Filmverwaltung")
frmMain.wm_geometry('600x300')

# Anlegen des Buttons
btnAnzeigen = ttk.Button(frmMain, text = "Daten anzeigen",
                         width = 20, command = btnAnzeigen_click)
btnAnzeigen.place(x=250, y=240)
```

```
# Anlegen des Labels
lblDaten = tkinter.Label(frmMain, text ="Filmdaten")
lblDaten.place(x=40, y=20)

txtDaten = tkinter.Text(frmMain, width = 65, height = 10)
txtDaten.place(x = 40, y = 50)

# Endlosscheife
frmMain.mainloop()
```

12.3 Aufgaben

1 Erstellen Sie eine Windows-Anwendung, mit der Sie Artikel in einer SQLite-Datenbank verwalten können. Die Datenbank enthält die folgende Tabelle mit den entsprechenden Attributen und wird im Vorfeld durch eine SQL-Anweisung im Programm angelegt. Achten Sie darauf, den einzelnen Attributen sinnvolle Datentypen zuzuweisen. Der Primärschlüssel der Tabelle ist unterstrichen.

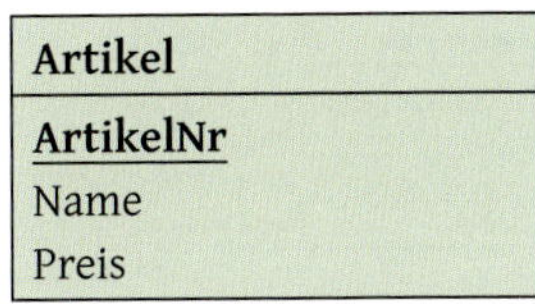

Artikel
ArtikelNr
Name
Preis

Die Oberfläche soll im Wesentlichen wie im Bild dargestellt aussehen:

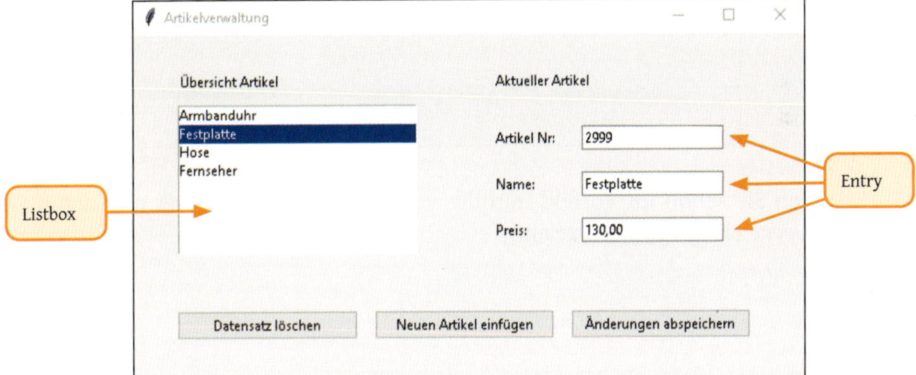

2 Erstellen Sie eine Windows-Anwendung, mit deren Hilfe Sie Vorlesungen in einer Access-Datenbank verwalten können. Die Datenbank enthält die folgende Tabelle mit den dargestellten Attributen. Achten Sie darauf, den einzelnen Attributen sinnvolle Datentypen zuzuweisen. Der Primärschlüssel der Tabelle ist unterstrichen.

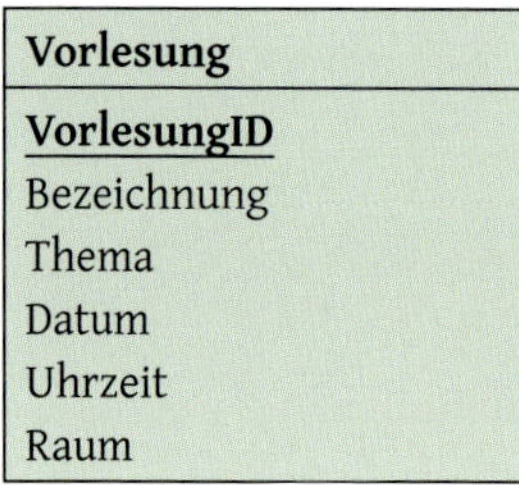

Vorlesung
<u>**VorlesungID**</u>
Bezeichnung
Thema
Datum
Uhrzeit
Raum

Die Oberfläche soll im Wesentlichen wie im Bild dargestellt aussehen:

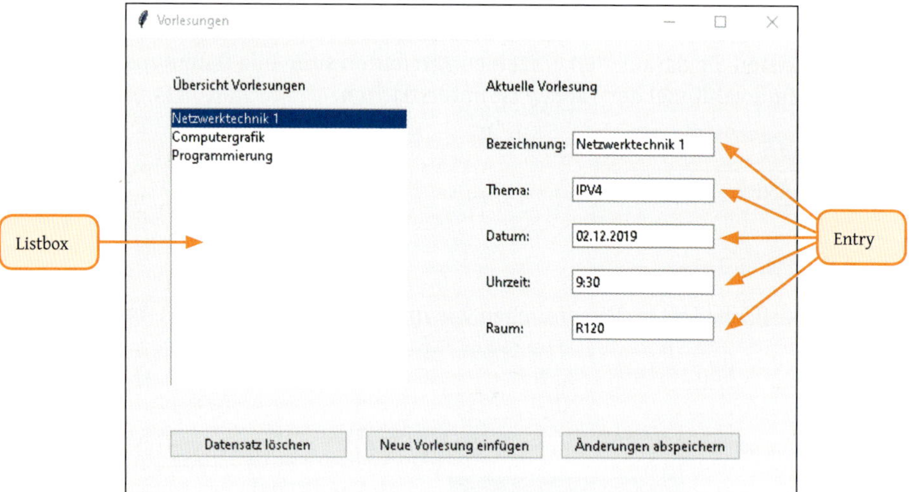

Erstellen Sie schon im Vorfeld mithilfe von Access die Datenbank und fügen Sie für Testzwecke einige Datensätze ein.

Stichwortverzeichnis

Bildquellenverzeichnis

Ingo Patett, Rostock: 171.1, 171.2

iStockphoto.com, Calgary: Lyudinka 95.3; Soloviivka 95.1

JetBrains s.r.o., Praha 4: JetBrains and PyCharm are registered trademarks of JetBrains s.r.o. and/or its affiliates 11.1, 12.1, 12.2, 13.1, 13.2, 14.1, 14.2, 15.1, 19.1, 97.1, 98.1, 106.1, 106.2, 117.1, 117.2, 120.1, 124.1, 126.1, 126.2, 127.1, 127.1, 127.2, 127.2, 128.1, 128.1, 129.1, 129.2, 130.1, 137.1, 141.1, 147.1, 150.1, 151.1, 152.1, 154.1, 159.1, 162.1, 168.1, 168.2, 169.1, 169.2, 169.3, 169.4, 170.1, 170.2, 170.3, 173.1, 177.1, 182.1, 185.1, 188.1, 190.1, 193.1, 199.1, 204.1, 208.1, 210.1, 212.1, 213.1, 219.1, 221.1, 222.1

Microsoft Deutschland GmbH, München: 8.2, 10.1, 10.2, 10.3, 201.1, 201.2, 217.1, 217.2, 217.3, 217.4, 218.1

Python Software Foundation, Beaverton, OR: 8.1, 31.1, 41.1, 47.1, 70.1, 73.1, 76.1, 82.1, 85.1, 88.1, 90.1, 176.1

stock.adobe.com, Dublin: yopinco 95.2, 95.4

Wir arbeiten sehr sorgfältig daran, für alle verwendeten Abbildungen die Rechteinhaberinnen und Rechteinhaber zu ermitteln. Sollte uns dies im Einzelfall nicht vollständig gelungen sein, werden berechtigte Ansprüche selbstverständlich im Rahmen der üblichen Vereinbarungen abgegolten.